[Wissen für die Praxis]

Weiterführend empfehlen wir:

Betriebliches Eingliederungsmanagement (BEM)
ISBN 978-3-8029-1589-5

Das sozialrechtliche Verwaltungsverfahren
ISBN 978-3-8029-1506-2

Kassenleistungen voll ausschöpfen
ISBN 978-3-8029-4069-9

Das gesamte Sozialgesetzbuch SGB I bis SGB XII
ISBN 978-3-8029-2095-0

Weitere Titel unter www.WALHALLA.de

E-Mail: WALHALLA@WALHALLA.de
http://www.WALHALLA.de

Walhalla Fachverlag · Haus an der Eisernen Brücke · 93042 Regensburg
Telefon (0941) 5684-0 · Telefax (0941) 5684-111

Norbert Finkenbusch

Soziale Sicherung bei Arbeitsunfähigkeit

Entgeltfortzahlung, Krankengeld, Verletztengeld

WALHALLA

Bibliografische Information der Deutschen Nationalbibliothek
Die Deutsche Nationalbibliothek verzeichnet diese Publikation in der Deutschen Nationalbibliografie; detaillierte bibliografische Daten sind im Internet über http://dnb.dnb.de abrufbar.

Zitiervorschlag:

Norbert Finkenbusch, Soziale Sicherung bei Arbeitsunfähigkeit
Walhalla Fachverlag, Regensburg 2018

Hinweis: Unsere Werke sind stets bemüht, Sie nach bestem Wissen zu informieren. Alle Angaben in diesem Buch sind sorgfältig zusammengetragen und geprüft. Durch Neuerungen in der Gesetzgebung, Rechtsprechung sowie durch den Zeitablauf ergeben sich zwangsläufig Änderungen. Bitte haben Sie deshalb Verständnis dafür, dass wir für die Vollständigkeit und Richtigkeit des Inhalts keine Haftung übernehmen.
Bearbeitungsstand: Juli 2018

Produktion: Walhalla Fachverlag, 93042 Regensburg
Umschlaggestaltung: grubergrafik, Augsburg
Printed in Germany
ISBN 978-3-8029-7278-2

SBL-CPI-0718-25218-Q

Schnellübersicht

Vorwort	13	
Abkürzungsverzeichnis	14	
Entgeltfortzahlung	17	I
Krankengeld	81	II
Verletztengeld	221	III
Literatur	251	IV
Stichwortverzeichnis	253	V

Gesamtinhaltsübersicht

Vorwort 13

Abkürzungsverzeichnis 14

I. Entgeltfortzahlung 17

1 Voraussetzungen 19

1.1 Persönlicher und sachlicher Anwendungsbereich 19

1.2 Arbeitsverhinderung 20

1.3 Wartezeit 26

1.4 Arbeitsunfähigkeit als alleinige Ursache der Arbeitsverhinderung 30

1.5 Unverschuldete Arbeitsunfähigkeit 39

2 Dauer und Höhe des Anspruchs 42

2.1 Beginn und Ende 42

2.2 Wiederholte Arbeitsunfähigkeit wegen derselben Krankheit 45

2.3 Hinzutritt einer Krankheit 51

2.4 Höhe des Anspruchs auf Entgeltfortzahlung 53

2.5 Fortzuzahlendes Arbeitsentgelt 59

2.6 Tariföffnungsklausel 61

3 Medizinische Vorsorge und Rehabilitation 61

3.1 Voraussetzungen 62

3.2 Dauer der Entgeltfortzahlung 62

3.3 Anzeige- und Nachweispflicht 63

3.4 Arbeitnehmer, die nicht Mitglied einer Krankenkasse sind 64

4 Beendigung des Arbeitsverhältnisses 64

4.1 Anlasskündigung 64

4.2 Darlegungs- und Beweislast 66

4.3 Kündigung vor der Arbeitsunfähigkeit 67

4.4 Aufhebungsvertrag 68

4.5 Kündigung durch den Arbeitnehmer 68

5	Anzeige- und Nachweispflicht des Arbeitnehmers	69
5.1	Arbeitsunfähigkeit im Inland	69
5.2	Arbeitsunfähigkeit im Ausland	75
6	Leistungsverweigerungsrecht des Arbeitgebers	76
6.1	Voraussetzungen	77
6.2	Dauer der Leistungsverweigerung	78
6.3	Bindungswirkung für den Erstattungsanspruch nach § 1 AAG	79
6.4	Übergang des Anspruchs auf Entgeltfortzahlung auf die Krankenkasse	79
7	Ausgleich der Arbeitgeberaufwendungen	80
II.	**Krankengeld**	81
1	Allgemeines	84
2	Leistungsgründe	84
2.1	Sterilisation oder Schwangerschaftsabbruch	85
2.2	Organ-, Gewebe- oder Blutspende	86
2.3	Krankheit oder stationäre Behandlung	86
2.4	Pflege eines erkrankten Kindes	88
3	Voraussetzungen des Anspruchs bei Arbeitsunfähigkeit oder stationärer Behandlung	88
3.1	Versicherungsverhältnis	88
3.2	Arbeitsunfähigkeit	97
3.3	Stationäre Behandlung	104
3.4	Nachweis der Arbeitsunfähigkeit	105
3.5	Begutachtung	107
3.6	Aufklärung und Beratung	109
4	Entstehen des Anspruchs	111
4.1	Grundsatz	111
4.2	Besondere Personenkreise	111
4.3	Wahlerklärung	112
4.4	Versicherungsverhältnis	112
4.5	Fortsetzungserkrankung	113

5 Ruhen des Anspruchs 114
5.1 Arbeitsentgelt 115
5.2 Arbeitseinkommen 119
5.3 Elternzeit 120
5.4 Entgeltersatzleistungen 120
5.5 Ausländische Entgeltersatzleistungen 125
5.6 Verspätete Meldung der Arbeitsunfähigkeit 126
5.7 Wahlerklärung 130
5.8 Beitragsrückstand 131
6 Auszahlung des Krankengeldes 132
6.1 Vorschüsse 132
6.2 Verzinsung 134
6.3 Verletzung der Unterhaltspflicht 136
6.4 Aufrechnung, Verrechnung 139
6.5 Pfändung 140
7 Höhe und Zahlung des Krankengeldes 141
7.1 Regelentgelt für Arbeitnehmer 141
7.2 Regelentgelt für Versicherte, die nicht Arbeitnehmer sind 157
7.3 Höchstregelentgelt 162
7.4 Höhe des Krankengeldes 163
7.5 Begrenzung auf das Netto-Arbeitsentgelt 164
7.6 Bezieher von Leistungen nach dem SGB III 169
7.7 Mehrfachbeschäftigte Arbeitnehmer 171
7.8 Zahlung des Krankengeldes 171
7.9 Anpassung des Krankengeldes 174
8 Beiträge zur Pflege-, Renten- und Arbeitslosenversicherung 176
8.1 Beitragspflichtige Einnahmen 179
8.2 Zubilligung von Rente 181
8.3 Beitragssatz 182
8.4 Tragung der Beiträge 183

9 Dauer des Anspruchs auf Krankengeld 185
9.1 Blockfrist 186
9.2 Leistungsdauer 188
9.3 Anrechenbare Zeiten 193
9.4 Neuer Anspruch auf Krankengeld 194
10 Krankengeld und Rente 196
10.1 Ausschluss des Krankengeldes 196
10.2 Erstattungsanspruch der Krankenkasse 198
10.3 Kürzung des Krankengeldes 198
11 Wegfall und Versagen des Krankengeldes 199
11.1 Aufforderung zum Antrag auf Leistungen zur Teilhabe 199
11.2 Aufforderung zum Rentenantrag 215
11.3 Leistungsbeschränkung bei Selbstverschulden 215
11.4 Mitwirkung des Versicherten 216
12 Krankengeld bei Erkrankung eines Kindes 217
12.1 Voraussetzungen 217
12.2 Altersgrenze 217
12.3 Dauer 218
12.4 Alleinerziehende 218
12.5 Berechnung und Höhe 219
12.6 Beiträge 219
12.7 Schwerstkranke Kinder 219
12.8 Freistellung von der Arbeitsleistung 220

III. Verletztengeld 221
1 Allgemeines 222
2 Anspruch 222
2.1 Voraussetzungen 222
2.2 Dauer 235
2.3 Wiedererkrankung 241
2.4 Ausschluss des Anspruchs auf Krankengeld 242

3 Höhe 243
3.1 Arbeitsentgelt 243
3.2 Kumuliertes Regelentgelt 244
3.3 Arbeitseinkommen 244
3.4 Höchstregelentgelt 245
3.5 Höhe des Verletztengeldes 246
3.6 Günstigkeitsvergleich und Neufestsetzung 246
3.7 Bezieher von Leistungen nach dem SGB II und SGB III 247
3.8 Unternehmer 248
4 Mitgliedschaft und Versicherungspflicht in der Sozialversicherung 249
5 Anrechnung von Einkommen 250
5.1 Arbeitsentgelt oder Arbeitseinkommen 250
5.2 Sozialleistungen 250

IV. Literatur 251

V. Stichwortverzeichnis 253

Vorwort

Die wirtschaftliche Sicherung während einer Arbeitsunfähigkeit ist für Arbeitnehmer und Selbstständige von existenzieller Bedeutung.

Arbeitnehmer erhalten zunächst Entgeltfortzahlung von ihrem Arbeitgeber (Teil I), bevor die Krankenkasse mit Krankengeld eintritt (Teil II). Bei einem Arbeitsunfall wird statt des Krankengeldes ein Verletztengeld gezahlt (Teil III).

Selbstständige, die bei einer gesetzlichen Krankenkasse versichert sind, sind vom Krankengeld ausgeschlossen. Durch eine Wahlerklärung kann der Ausschluss vermieden werden. Außerdem bieten die Krankenkassen Wahltarife an, die das gesetzliche Krankengeld ergänzen.

Dieses Fachbuch greift praxisorientiert die wichtigsten Regelungen heraus. Zahlreiche Beispiele ergänzen die Ausführungen und erleichtern ein besseres Verständnis der komplexen Rechtsmaterie.

Norbert Finkenbusch

Abkürzungsverzeichnis

AAG	Gesetz über den Ausgleich der Arbeitgeberaufwendungen für Entgeltfortzahlung
Abs.	Absatz
AlgW	Arbeitslosengeld bei Weiterbildung
AltTZG	Altersteilzeitgesetz
ArblVers	Arbeitslosenversicherung
AU	Arbeitsunfähigkeit
AU-RL	Arbeitsunfähigkeits-Richtlinie
BAG	Bundesarbeitsgericht
BBiG	Berufsbildungsgesetz
BEEG	Gesetz zum Elterngeld und Elternzeit
BetrAVG	Gesetz zur Verbesserung der betrieblichen Altersversorgung
BFDG	Bundesfreiwilligendienstgesetz
BGB	Bürgerliches Gesetzbuch
BSG	Bundesozialgericht
BT-Drs.	Drucksache des Deutschen Bundestages
Buchst.	Buchstabe
BUrlG	Bundesurlaubsgesetz
BVerfG	Bundesverfassungsgericht
BVG	Bundesversorgungsgesetz
EFZG	Entgeltfortzahlungsgesetz
EStG	Einkommensteuergesetz
EuGH	Europäischer Gerichtshof
GKV	Gesetzliche Krankenversicherung
ff.	fortfolgende
i. S.	im Sinne
IfSG	Infektionsschutzgesetz
JGG	Jugendgerichtsgesetz
KSchG	Kündigungsschutzgesetz
KSVG	Künstlersozialversicherungsgesetz
KV	Krankenversicherung

LSG	Landessozialgericht
MDK	Medizinischer Dienst der Krankenversicherung
MuSchG	Gesetz zum Schutz von Müttern bei der Arbeit, in der Ausbildung und im Studium (Mutterschutzgesetz)
PV	Pflegeversicherung
RV	Rentenversicherung
SGB	Sozialgesetzbuch
SGG	Sozialgerichtsgesetz
StVollzG	Strafvollzugsgesetz
SvEV	Sozialversicherungsentgeltverordnung
u. a.	unter anderem
vgl.	vergleiche
VV	Verwaltungsvereinbarung
z. B.	zum Beispiel
Ziff.	Ziffer
ZPO	Zivilprozessordnung

I. Entgeltfortzahlung

1 Voraussetzungen ... 19
1.1 Persönlicher und sachlicher Anwendungsbereich ... 19
1.2 Arbeitsverhinderung ... 20
1.3 Wartezeit ... 26
1.4 Arbeitsunfähigkeit als alleinige Ursache der Arbeitsverhinderung ... 30
1.5 Unverschuldete Arbeitsunfähigkeit ... 39
2 Dauer und Höhe des Anspruchs ... 42
2.1 Beginn und Ende ... 42
2.2 Wiederholte Arbeitsunfähigkeit wegen derselben Krankheit ... 45
2.3 Hinzutritt einer Krankheit ... 51
2.4 Höhe des Anspruchs auf Entgeltfortzahlung ... 53
2.5 Fortzuzahlendes Arbeitsentgelt ... 59
2.6 Tariföffnungsklausel ... 61
3 Medizinische Vorsorge und Rehabilitation ... 61
3.1 Voraussetzungen ... 62
3.2 Dauer der Entgeltfortzahlung ... 62
3.3 Anzeige- und Nachweispflicht ... 63
3.4 Arbeitnehmer, die nicht Mitglied einer Krankenkasse sind ... 64
4 Beendigung des Arbeitsverhältnisses ... 64
4.1 Anlasskündigung ... 64
4.2 Darlegungs- und Beweislast ... 66
4.3 Kündigung vor der Arbeitsunfähigkeit ... 67
4.4 Aufhebungsvertrag ... 68
4.5 Kündigung durch den Arbeitnehmer ... 68

5 Anzeige- und Nachweispflicht des Arbeitnehmers 69
5.1 Arbeitsunfähigkeit im Inland 69
5.2 Arbeitsunfähigkeit im Ausland 75
6 Leistungsverweigerungsrecht des Arbeitgebers 76
6.1 Voraussetzungen 77
6.2 Dauer der Leistungsverweigerung 78
6.3 Bindungswirkung für den Erstattungsanspruch nach § 1 AAG 79
6.4 Übergang des Anspruchs auf Entgeltfortzahlung auf die Krankenkasse 79
7 Ausgleich der Arbeitgeberaufwendungen 80

I

I. Entgeltfortzahlung

1 Voraussetzungen

Die Fortzahlung des Arbeitsentgelts im Krankheitsfall und die Feiertagsbezahlung sind für Arbeitnehmer im Entgeltfortzahlungsgesetz (EFZG) geregelt. Arbeitnehmer sind Arbeiter, Angestellte sowie die zu ihrer Berufsbildung Beschäftigten (vgl. § 1 Abs. 2 EFZG). Heimarbeiter, Hausgewerbetreibende und ihnen Gleichgestellte erhalten im Krankheitsfall keine Entgeltfortzahlung, sondern einen Zuschlag zum Arbeitsentgelt (vgl. § 10 Abs. 1 Satz 1 EFZG).

1.1 Persönlicher und sachlicher Anwendungsbereich

Das EFZG ist unabhängig von der Staatsangehörigkeit der Betroffenen auf alle Arbeitsverhältnisse in Deutschland anzuwenden. Auf den Wohn- oder Aufenthaltsort des Arbeitnehmers oder des Arbeitgebers kommt es nicht an. Das EFZG gilt auch, wenn die außerhalb der Bundesrepublik ausgeübte Beschäftigung als Ausstrahlung der inländischen Beschäftigung anzusehen ist (vgl. § 4 SGB IV). Umgekehrt haben Personen, deren Beschäftigung in der Bundesrepublik als Einstrahlung im Sinne des § 5 SGB IV anzusehen ist, keinen Anspruch auf Entgeltfortzahlung.

Arbeitnehmer erhalten Entgelt

- an gesetzlichen Feiertagen (vgl. § 2 EFZG),
- im Krankheitsfall (vgl. § 3 Abs. 1 EFZG),
- aufgrund
  - einer nicht rechtswidrigen Sterilisation oder
  - eines nicht rechtswidrigen Abbruchs der Schwangerschaft (vgl. § 3 Abs. 2 EFZG),
- bei einer Spende von Organen, Geweben oder Blut (vgl. § 3a EFZG).

Heimarbeiter erhalten

- einen Zuschlag zum Arbeitsentgelt zur wirtschaftlichen Sicherung im Krankheitsfall (vgl. § 10 EFZG) oder
- die Feiertagsbezahlung (vgl. § 11 EFZG)

(vgl. § 1 Abs. 1 EFZG). Darüber hinaus kann der Anspruch auf Entgeltfortzahlung durch vertragliche Vereinbarungen ergänzt werden (z. B. in Tarif- oder Arbeitsverträgen).

Leistungen der Sozialversicherung wie Krankengeld, Übergangsgeld oder Verletztengeld werden während der Entgeltfortzahlung nicht erbracht. Der Anspruch darauf „ruht" (vgl. u. a. §§ 44 Abs. 3, 49 Abs. 1 Nr. 1 SGB V). Andererseits tritt z. B. die Krankenkasse mit Krankengeld ein, wenn der Arbeitgeber während einer Arbeitsunfähigkeit die Entgeltfortzahlung zu Recht oder zu Unrecht verweigert.

Geringfügig Beschäftigte (vgl. § 8 Abs. 1 SGB IV) sind nicht von der Entgeltfortzahlung ausgeschlossen (vgl. Beispiel 1). Mithin erhalten auch

- Arbeitnehmer in einem auf nicht mehr als drei Monate oder 70 Arbeitstage befristeten Arbeitsverhältnis (längstens bis zum vereinbarten Fristablauf; vgl. § 8 Abs. 2 EFZG) sowie
- geringfügig beschäftigte Arbeitnehmer, deren Arbeitsentgelt regelmäßig im Monat 450 Euro nicht übersteigt,

im Krankheitsfalle das Entgelt fortgezahlt.

Beispiel 1: Geringfügig entlohnte Beschäftigung

Eine Arbeitnehmerin ist geringfügig beschäftigt und erzielt ein monatliches Arbeitsentgelt von 450 Euro. Als Ehegattin eines Krankenkassenmitglieds ist sie in der Krankenversicherung familienversichert (vgl. § 10 Abs. 1 Satz 1 SGB V). Wenn die Arbeitnehmerin arbeitsunfähig ist, erhält sie von ihrem Arbeitgeber das Entgelt fortgezahlt.

Hinweis: Der Anspruch ist auf sechs Wochen begrenzt. Krankengeld wird anschließend nicht gezahlt, weil der Anspruch für familienversicherte Personen ausgeschlossen ist (vgl. § 44 Abs. 2 Satz 1 Nr. 1 SGB V).

1.2 Arbeitsverhinderung

Entgelt ist fortzuzahlen, wenn der Arbeitnehmer durch Arbeitsunfähigkeit infolge Krankheit ohne Verschulden an seiner Arbeitsleistung verhindert ist (vgl. § 3 Abs. 1 Satz 1 EFZG). Es ist nicht erforderlich, dass der Arbeitnehmer die Arbeit (erstmalig) tatsächlich aufgenommen hat.

Der Arbeitsverhinderung durch Arbeitsunfähigkeit infolge Krankheit sind weitere Tatbestände gleichgestellt, die verursacht werden durch:

- eine nicht rechtswidrige Sterilisation
- einen nicht rechtswidrigen Abbruch der Schwangerschaft (vgl. § 3 Abs. 2 EFZG)
- eine Spende von Organen, Geweben oder Blut (vgl. § 3a Abs. 1 Satz 1 EFZG)

1.2.1 Arbeitsunfähigkeit

Der Begriff der Arbeitsunfähigkeit entspricht dem im Krankenversicherungsrecht verwendeten Begriff.[1]

Krankheit ist ein regelwidriger Körper- oder Geisteszustand, der die Notwendigkeit ärztlicher Heilbehandlung und zugleich oder allein Arbeitsunfähigkeit zur Folge hat.[2] Als regelwidrig wird ein Zustand angesehen, der von der Norm, also vom Leitbild des gesunden Menschen, abweicht.[3] Behandlungsbedürftigkeit ist gegeben, wenn der regelwidrige Zustand ohne ärztliche Hilfe nicht mit Aussicht auf Erfolg behoben, mindestens aber gebessert oder vor Verschlimmerung bewahrt werden kann oder wenn ärztliche Behandlung erforderlich ist, um Schmerzen oder sonstige Beschwerden zu lindern.

Hinweis:

Die Arbeitsunfähigkeit wird durch einen Arzt festgestellt. Die Krankenkasse kann die Arbeitsunfähigkeit durch den MDK begutachten lassen, um Zweifel an der Arbeitsunfähigkeit zu beseitigen (vgl. § 275 Abs. 1 Nr. 3 Buchst. b SGB V). Der Arbeitgeber kann die Begutachtung verlangen (vgl. § 275 Abs. 1a Satz 3 SGB V). Davon kann die Krankenkasse nur absehen, wenn sich die medizinischen Voraussetzungen eindeutig aus ihren Unterlagen ergeben (vgl. § 275 Abs. 1a Satz 4 SGB V).

---

1 Für die Vertragsärzte ist die Richtlinie des Bundesausschusses der Ärzte und Krankenkassen über die Beurteilung der Arbeitsunfähigkeit und die Maßnahmen zur stufenweisen Wiedereingliederung (Arbeitsunfähigkeits-Richtlinie) verbindlich.

2 BSG, Urteil vom 19.2.2003, B 1 KR 1/02 R

3 BSG, Urteil vom 20.1.2005, B 3 KR 9/03 R mit weiteren Nachweisen

I

Die Arbeitsunfähigkeit besteht auch, wenn die Behandlungsbedürftigkeit beendet ist,[4] da die Krankheit die wesentliche Ursache der Arbeitsunfähigkeit ist (z. B. bei Erblindung oder beim Defekt eines Hilfsmittels). Ein Dauerzustand steht der Annahme von Arbeitsunfähigkeit nicht entgegen.[5] Davon sind auch Regelwidrigkeiten erfasst, die auf einen Alterungsprozess zurückzuführen sind. Wenn diese Regelwidrigkeiten behandlungsbedürftig werden oder Arbeitsunfähigkeit bedingen, begründen sie den Versicherungsfall der Krankheit.

Die Fortsetzung oder Aufnahme einer Arbeit auf Kosten der Gesundheit (Zwischenbeschäftigung) schließt eine Arbeitsunfähigkeit nicht aus.[6] Dass der Arbeitnehmer möglicherweise eine andere Tätigkeit trotz der gesundheitlichen Beeinträchtigung noch ausüben könnte, ist unerheblich.[7]

Hinweis:

Maßstab für die Beurteilung der Arbeitsunfähigkeit ist die zuletzt ausgeübte oder eine ähnlich geartete Beschäftigung oder Tätigkeit.[8]

1.2.2 Sterilisation, Schwangerschaftsabbruch

Der Arbeitsunfähigkeit sind weitere Tatbestände gleichgestellt (vgl. § 3 Abs. 2 EFZG). Als unverschuldete Arbeitsunfähigkeit gilt auch eine Arbeitsverhinderung aufgrund einer nicht rechtswidrigen Sterilisation oder eines nicht rechtswidrigen Abbruchs der Schwangerschaft (vgl. § 3 Abs. 2 Satz 1 EFZG). Dasselbe gilt für einen rechtswidrigen aber nicht strafbaren Abbruch der Schwangerschaft innerhalb von zwölf Wochen nach der Empfängnis (vgl. § 3 Abs. 2 Satz 2 EFZG).

Arbeitsunfähigkeit ist nicht nur während der mit dem Eingriff verbundenen ärztlichen Maßnahmen gegeben. Sie besteht auch, wenn wegen der Nachwirkungen des Eingriffs nicht gearbeitet werden kann. § 3 Abs. 2 EFZG erfasst außerdem die Fälle, in denen eine durch die Sterilisation oder den Schwangerschaftsabbruch ausgelöste Krankheit Ursache für die Arbeitsunfähigkeit ist.

---

4 BSG, Urteil vom 7.12.2004, B 1 KR 10/03 R
5 BSG, Urteil vom 16.5.1972, 9 RV 556/71
6 BSG, Urteil vom 17.8.1982, 3 RK 28/81
7 BSG, Urteil vom 8.2.2000, B 1 KR 11/99 R
8 BSG, Urteil vom 4.4.2006, B 1 KR 21/05 R

Nicht rechtswidrig ist

- eine Sterilisation, wenn sie nach freier Entscheidung der oder des Betroffenen vorgenommen wird,
- ein Schwangerschaftsabbruch, wenn Gefahr für das Leben oder Gefahr einer schwerwiegenden Beeinträchtigung des körperlichen oder seelischen Gesundheitszustandes der Schwangeren besteht oder wenn dringende Gründe für die Annahme sprechen, dass das Kind an einer nicht behebbaren Gesundheitsschädigung leiden würde (medizinische oder eugenische Indikation) oder
- ein Schwangerschaftsabbruch bis zum Ende der zwölften Woche nach der Empfängnis (z. B. aufgrund einer Vergewaltigung, einer sexuellen Nötigung oder eines sexuellen Missbrauchs von Kindern oder Widerstandsunfähigen; ethische oder kriminologische Indikation).

Beim Schwangerschaftsabbruch ist zwischen einem nicht rechtswidrigen und einem rechtswidrigen, aber straffreien Schwangerschaftsabbruch zu unterscheiden. Für die Entgeltfortzahlung wird zwischen diesen Tatbeständen nicht differenziert.[9] Der unverschuldeten Arbeitsunfähigkeit i. S. des § 3 Abs. 1 EFZG ist deshalb sowohl ein nicht rechtswidriger Abbruch der Schwangerschaft als auch ein Abbruch der Schwangerschaft innerhalb von zwölf Wochen nach der Empfängnis durch einen Arzt gleichzustellen, wenn die schwangere Frau den Abbruch verlangt und dem Arzt durch eine Bescheinigung nachgewiesen hat, dass sie mindestens drei Tage vor dem Eingriff von einer anerkannten Beratungsstelle beraten wurde (vgl. § 3 Abs. 2 Satz 2 EFZG).

Hinweis:

Wenn ein Arzt wegen eines Schwangerschaftsabbruchs eine Arbeitsunfähigkeit bescheinigt, ist grundsätzlich davon auszugehen, dass ein nicht rechtswidriger Schwangerschaftsabbruch oder ein rechtswidriger, aber straffreier Schwangerschaftsabbruch vorliegt. In jedem Fall handelt es sich um eine unverschuldete Verhinderung an der Arbeitsleistung.

[9] BAG, Urteil vom 5.4.1989

1.2.3 Organ-, Gewebe- oder Blutspende

Ein Arbeitnehmer erhält Entgeltfortzahlung, wenn er wegen

- einer Spende von Organen oder Geweben, die nach den §§ 8, 8a des Transplantationsgesetzes erfolgt, oder
- einer Blutspende zur Separation von Blutstammzellen oder anderen Blutbestandteilen im Sinne von § 9 des Transfusionsgesetzes

arbeitsunfähig ist (vgl. § 3a Abs. 1 EFZG). Die Arbeitsverhinderung gilt als unverschuldet.[10] Die Höhe des Anspruchs richtet sich nach dem Anspruch auf Entgeltfortzahlung bei einer Krankheit. Der Arbeitnehmer ist verpflichtet, die Arbeitsunfähigkeit gegenüber seinem Arbeitgeber nachzuweisen. Eine Wartezeit bei „jungen" Arbeitsverhältnissen wie in § 3 Abs. 3 EFZG ist nicht vorgesehen.

Hinweis:

- Wenn der Organempfänger bei einer gesetzlichen Krankenkasse versichert ist, werden dem Arbeitgeber von dieser die Entgeltfortzahlung sowie die Arbeitgeberanteile zur Sozialversicherung und zur betrieblichen Alters- und Hinterbliebenenversorgung in voller Höhe erstattet (vgl. § 3a Abs. 2 Satz 1 EFZG). Es handelt sich um einen eigenständigen Erstattungsanspruch unabhängig von der Betriebsgröße des Arbeitgebers. Das Aufwendungsausgleichsgesetz ist nicht anzuwenden. Die Erstattung ist zu beantragen.
- Wenn der Organempfänger bei einem Unternehmen der privaten Versicherungswirtschaft versichert ist, erstattet dieses dem Arbeitgeber auf Antrag die Kosten in Höhe des tariflichen Erstattungssatzes (vgl. § 3a Abs. 2 Satz 2 EFZG).

Der Anspruch wegen einer Organspende ist vom Anspruch aufgrund einer Krankheit abzugrenzen (vgl. Beispiel 2). Vorrangig ist der Anspruch wegen einer Organspende zu befriedigen.

[10] BT-Drs. 17/9773, S. 46

Beispiel 2: Organ-, Gewebe- oder Blutspende

Fall 1:

Ein Arbeitnehmer ist vom 3.5. bis zum 20.6.2018 wegen einer Krankheit arbeitsunfähig. Während dieser Zeit unterzieht er sich einer Organspende und wäre vom 3.6. bis zum 5.6.2018 an der Arbeitsleistung verhindert gewesen.

Anspruch auf Entgeltfortzahlung:

Nach § 3 EFZG (wegen Krankheit): 3.5.–2.6.2018 und 6.6.–16.6.2018

Nach § 3a EFZG (wegen einer Organ-, Gewebe- oder Blutspende): 3.6.–5.6.2018

Fall 2:

Ein Arbeitnehmer unterzieht sich einer Organspende und ist vom 3.6. bis zum 5.6.2018 an der Arbeitsleistung verhindert. Er erkrankt am 4.6.2018 unabhängig von der Organspende. Die Krankheit verursacht bis zum 20.7.2018 Arbeitsunfähigkeit.

Anspruch auf Entgeltfortzahlung:

Nach § 3 EFZG (wegen Krankheit): 6.6.–17.7.2018

Nach § 3a EFZG (wegen einer Organ-, Gewebe- oder Blutspende): 3.6.–5.6.2018

Ein Gesundheitsschaden im Verlauf der Spende von Organen, Geweben oder Blut, welcher über die regelmäßig entstehenden Beeinträchtigungen hinausgeht und mit der Spende im ursächlichen Zusammenhang steht, ist ein Arbeitsunfall (vgl. § 12a SGB VII). Damit wechselt der Leistungsträger für die Sozialleistungen. Der Anspruch auf Entgeltfortzahlung richtet sich vom Zeitpunkt des Leistungsträgerwechsels an nicht mehr nach § 3a EFZG, sondern nach § 3 EFZG (vgl. Beispiel 3).[11]

[11] Damit sind Folgen für den Anspruch auf Erstattung der Arbeitgeberaufwendungen verbunden. Der Erstattungsanspruch wegen der Organspende richtet sich nach § 3a Abs. 2 EFZG. Der Erstattungsanspruch wegen Krankheit richtet sich nach §§ 1 ff. AAG.

I

Beispiel 3: Arbeitsunfall

Ein Arbeitnehmer befindet sich vom 3.6.2018 an wegen einer Organspende in stationärer Behandlung. Der Eingriff wird am 5.6.2018 durchgeführt. Dabei kommt es zu einem Gesundheitsschaden, für den der Unfallversicherungsträger entschädigungspflichtig ist.

Der Anspruch auf Entgeltfortzahlung richtet sich für die Zeit vom 3.6. bis zum 5.6.2018 nach § 3a EFZG. Vom 6.6.2018 an richtet sich der Anspruch nach § 3 EFZG.

1.3 Wartezeit

Der Anspruch auf Entgeltfortzahlung im Krankheitsfall entsteht frühestens nach vierwöchiger ununterbrochener Dauer des Arbeitsverhältnisses bei demselben Arbeitgeber (vgl. § 3 Abs. 3 EFZG).[12]

Hinweis:

Entgeltfortzahlung nach der Wartezeit wird geleistet, wenn die Arbeitsunfähigkeit nach dem Abschluss des Arbeitsvertrages eingetreten ist. Die Frist von vier Wochen wird vom vereinbarten Arbeitsbeginn an berechnet. Das gilt auch, wenn das Arbeitsverhältnis vertraglich an einem Tag beginnt, an dem tatsächlich nicht gearbeitet wird (weil es sich z. B. um einen gesetzlichen Feiertag handelt).

Die Wartezeit verkürzt nicht die Anspruchsdauer.[13] Die vor dem Ablauf der Wartezeit liegende Arbeitsunfähigkeit ist nicht auf die Dauer des Anspruchs auf Entgeltfortzahlung anzurechnen (vgl. Beispiel 4).[14]

Beispiel 4: Wartezeit

Sachverhalt 1:

Ein Arbeitnehmer schließt am 4.10.2018 einen Arbeitsvertrag. Die Arbeitsaufnahme wird für den 1.11.2018 vereinbart. Der Arbeitnehmer ist seit dem 22.10.2018 bis auf weiteres arbeitsunfähig krank.

[12] Die Wartezeit kann vertraglich ausgeschlossen oder verkürzt werden.
[13] BAG, Urteil vom 12.12.2001, 5 AZR 248/00
[14] BAG, Urteile vom 26.5.1999, 5 AZR 476/98, 5 AZR 338/98

Anspruch auf Entgeltfortzahlung	Hinweis Entgeltfortzahlung	Hinweis Krankengeld
ab 29.11.2018	Der Anspruch auf Entgeltfortzahlung endet spätestens am 9.1.2019.	Der Anspruch auf Krankengeld richtet sich nach dem Versicherungsverhältnis zum Zeitpunkt des Entstehens des Anspruchs auf Krankengeld (vgl. § 46 Satz 1 Nr. 2 SGB V; z. B. 22.10.2018).

Sachverhalt 2:

Ein Arbeitnehmer schließt am 4.10.2018 einen Arbeitsvertrag mit Arbeitgeber B. Die Arbeitsaufnahme wird für den 1.11.2018 vereinbart. Der Arbeitnehmer ist seit dem 22.10.2018 bis auf weiteres arbeitsunfähig krank. Zu diesem Zeitpunkt ist der Arbeitnehmer bei Arbeitgeber A beschäftigt. Das Arbeitsverhältnis mit Arbeitgeber A wurde durch den Arbeitnehmer zum 31.10.2018 gekündigt.

Anspruch auf Entgeltfortzahlung	Hinweis Entgeltfortzahlung	Hinweis Krankengeld
Arbeitgeber A: 22.10.–31.10.2018 Arbeitgeber B: ab 29.11.2018	Der Anspruch auf Entgeltfortzahlung gegen Arbeitgeber A endet mit dem 31.10.2018, weil zu diesem Zeitpunkt das Arbeitsverhältnis endet und nicht wegen Arbeitsunfähigkeit gekündigt wurde. Der Anspruch auf Entgeltfortzahlung gegen Arbeitgeber B endet spätestens am 9.1.2019.	wie oben bei Sachverhalt 1

I

Sachverhalt 3:

Ein Arbeitnehmer schließt am 4.10.2018 einen Arbeitsvertrag mit Arbeitgeber B. Die Arbeitsaufnahme wird für den 1.11.2018 vereinbart. Der Arbeitnehmer ist seit dem 2.10.2018 bis auf weiteres arbeitsunfähig krank. Zu diesem Zeitpunkt ist er bei Arbeitgeber A beschäftigt. Das Arbeitsverhältnis mit Arbeitgeber A wurde durch den Arbeitnehmer zum 31.10.2018 gekündigt.

Anspruch auf Entgeltfortzahlung	Hinweis Entgeltfortzahlung	Hinweis Krankengeld
Arbeitgeber A: 2.10.–31.10.2018 Arbeitgeber B: kein Anspruch auf Entgeltfortzahlung für die Dauer der Arbeitsunfähigkeit vom 2.10.2018 an	Der Arbeitnehmer hat keinen Anspruch auf Entgeltfortzahlung gegen Arbeitgeber B, weil die Arbeitsunfähigkeit vor dem Abschluss des Arbeitsvertrages eingetreten ist.	Der Anspruch auf Krankengeld richtet sich nach dem Versicherungsverhältnis zum Zeitpunkt des Entstehens des Anspruchs auf Krankengeld (vgl. § 46 Satz 1 Nr. 2 SGB V; z. B. 2.10.2018).

Sachverhalt 4:

Ein Arbeitnehmer schließt am 4.10.2018 einen Arbeitsvertrag mit Arbeitgeber B. Die Arbeitsaufnahme wird für den 1.12.2018 vereinbart. Der Arbeitnehmer ist seit dem 2.11.2018 bis auf weiteres arbeitsunfähig krank. Die versicherungspflichtige Beschäftigung bei Arbeitgeber A endete mit dem 31.10.2018.

Anspruch auf Entgeltfortzahlung	Hinweis Entgeltfortzahlung	Hinweis Krankengeld
Arbeitgeber A: kein Anspruch auf Entgeltfortzahlung Arbeitgeber B: ab 29.12.2018	Der Anspruch auf Entgeltfortzahlung gegen Arbeitgeber B endet spätestens am 8.2.2019.	Der Anspruch auf Krankengeld richtet sich nach dem Versicherungsverhältnis zum Zeitpunkt des Entstehens des Anspruchs auf Krankengeld (vgl. § 46 Satz 1 Nr. 2 SGB V; z. B. 2.11.2018). Ggf. besteht ein „nach-

Anspruch auf Entgeltfortzahlung	Hinweis Entgelt-fortzahlung	Hinweis Kranken-geld
		gehender" Leistungsanspruch (vgl. § 19 Abs. 2 SGB V). Im Falle einer Anschluss-versicherung (vgl. § 188 Abs. 4 SGB V) ist das Krankengeld ausgeschlossen.

Jedes rechtlich selbstständige Arbeitsverhältnis ist mit der Wartezeit ausgestattet. Zwei aufeinander folgende rechtlich selbstständige Arbeitsverhältnisse mit demselben Arbeitgeber können ausnahmsweise wie ein einheitliches Arbeitsverhältnis behandelt werden, wenn zwischen diesen Arbeitsverhältnissen ein enger zeitlicher und sachlicher Zusammenhang besteht.[15] Dieses ist der Fall, wenn es sich um eine kurze Unterbrechung von knapp drei Wochen handelt und ein vertraglich vereinbarter Wiedereinstellungsanspruch besteht. Eine neue Wartezeit ist damit nicht verbunden.

Hinweis:

Ein Betriebsübergang (vgl. § 613a BGB) begründet kein neues Arbeitsverhältnis.

Ein Statuswechsel des Arbeitnehmers (z. B. nahtloser Wechsel vom Ausbildungsverhältnis in ein sich anschließendes Arbeitsverhältnis bei demselben Arbeitgeber) begründet ebenfalls keine Unterbrechung; eine neue Wartezeit entsteht nicht.[16]

Eine tatsächliche Unterbrechung innerhalb eines bestehenden Arbeitsverhältnisses (z. B. durch Urlaub oder Krankheit) begründet keine neue Wartezeit.

[15] BAG, Urteil vom 22.8.2001, 5 AZR 699/99 zur witterungsbedingten Unterbrechung des Arbeitsverhältnisses eines Waldarbeiters

[16] BAG, Urteil vom 20.8.2003, 5 AZR 436/02

1.4 Arbeitsunfähigkeit als alleinige Ursache der Arbeitsverhinderung

I

Die Arbeitsunfähigkeit muss die alleinige Ursache für die Arbeitsverhinderung sein (Monokausalität).[17] Ist die Arbeitspflicht bereits aus einem anderen Grund aufgehoben, wird kein Entgelt fortgezahlt. Der Anspruch auf Entgelt kann sich aber nach anderen Vorschriften als dem EFZG richten.

Dadurch werden arbeitsfähige und arbeitsunfähige Arbeitnehmer gleichgestellt. Der Entgeltfortzahlungsanspruch setzt also voraus, dass der erkrankte Arbeitnehmer ohne die Arbeitsunfähigkeit einen Vergütungsanspruch gehabt hätte.[18] Berücksichtigt werden alle realen Ursachen, die im konkreten Fall für den Ausfall der Arbeit tatsächlich wirksam geworden sind.[19]

Die Darlegungs- und Beweislast für die Arbeitsunfähigkeit trägt der Arbeitnehmer, der dieser regelmäßig durch eine ärztliche Bescheinigung genügt.[20] Damit kann zunächst die Monokausalität unterstellt werden. Legt der Arbeitgeber konkrete Umstände dar, die einer Monokausalität entgegenstehen, hat der Arbeitnehmer den Beweis zu erbringen, dass die Arbeitsunfähigkeit die alleinige Ursache der Arbeitsverhinderung ist.

Erkrankt der Arbeitnehmer während eines ruhenden Arbeitsverhältnisses, wird die Zeit des Ruhens nicht auf den Anspruchszeitraum angerechnet.[21] Der Anspruchszeitraum beginnt deshalb nicht mit der Erkrankung, sondern erst mit der tatsächlichen Verhinderung an der Arbeitsleistung infolge der Arbeitsunfähigkeit. Das ist der Zeitpunkt der Aktualisierung des Arbeitsverhältnisses.

1.4.1 Beaufsichtigung, Betreuung oder Pflege eines erkrankten Kindes

Die sich aus familienrechtlicher Pflicht ergebende Notwendigkeit, ein krankes Kind zu beaufsichtigen, zu betreuen oder zu pflegen, stellt für den Arbeitnehmer einen in seiner Person liegenden Grund im Sinne des § 616 Satz 1 BGB dar, der ihn an der Arbeitsleistung

---

17 BAG, Urteile vom 19.1.2000, 5 AZR 637/98; 22.8.2001, 5 AZR 699/99

18 BAG, Urteil vom 24.3. 2004, 5 AZR 355/03

19 BAG, Urteil vom 4.12.2002, 5 AZR 494/01 mit weiteren Nachweisen

20 BAG, Urteil vom 26.2.2003, 5 AZRR 112/02

21 BAG, Urteil vom 29.9.2004, 5 AZR 558/03

hindert.[22] In diesen Fällen ist ihm insoweit eine Arbeitsleistung nicht zuzumuten.[23] Der Vergütungsanspruch stützt sich für alle Arbeitnehmer auf § 616 BGB, es sei denn, die Ansprüche sind einzel- oder tarifvertraglich ausgeschlossen.[24] Für den Anspruch auf bezahlte Freistellung von der Arbeit wegen der Pflege eines erkrankten Kindes kommt es nicht entscheidend auf die Schwere der Erkrankung an. Maßgebend ist vielmehr, ob wegen der Erkrankung die Pflege des Kindes unerlässlich ist.[25]

Ein Arbeitnehmer, der während der Beaufsichtigung, Betreuung oder Pflege eines erkrankten Kindes arbeitsunfähig erkrankt, hat keinen Anspruch auf Entgeltfortzahlung. Der Anspruch auf Entgeltfortzahlung beginnt erst am Tag nach der Beendigung des Verhinderungstatbestandes. Beginnt die Arbeitsunfähigkeit erst während der Erkrankung eines Kindes und kann der Arbeitnehmer deshalb das Kind nicht weiter pflegen, besteht sofort ein Anspruch auf Entgeltfortzahlung.

1.4.2 Arztbesuch/Bestrahlungsbehandlung

Ein Arbeitnehmer ist nicht schon dann arbeitsunfähig krank i. S. d. § 3 Abs. 1 EFZG, wenn er sich während der Arbeitszeit wegen einer Erkrankung in ärztliche Behandlung oder zur Bestrahlungsbehandlung begeben muss. Anspruch auf Entgeltfortzahlung besteht nur dann, wenn die Krankheit auch zur Arbeitsunfähigkeit führt. Führt die Krankheit eines Arbeitnehmers nicht zur Arbeitsunfähigkeit, können sich Entgeltansprüche für einen notwendigen Arztbesuch aus § 616 Satz 1 BGB ergeben, sofern sie nicht vertraglich ausgeschlossen sind.[26]

---

22 Der zur Dienstleistung (= Arbeitsleistung) Verpflichtete wird des Anspruchs auf die Vergütung nicht dadurch verlustig, dass er für eine verhältnismäßig nicht erhebliche Zeit durch einen in seiner Person liegenden Grund ohne sein Verschulden an der Dienstleistung verhindert wird.

23 Versicherte der gesetzlichen Kranken- oder Unfallversicherung mit Anspruch auf Krankengeld oder Verletztengeld wegen der Beaufsichtigung, Betreuung oder Pflege ihres erkrankten Kindes haben für die Dauer dieses Anspruchs gegen ihren Arbeitgeber einen Anspruch auf unbezahlte Freistellung von der Arbeitsleistung (vgl. § 45 Abs. 3 Satz 1 SGB V, § 45 Abs. 4 SGB VII). Der Freistellungsanspruch steht auch Arbeitnehmern zu, die nicht mit einem Anspruch auf Krankengeld bei einer gesetzlichen Krankenkasse versichert sind (vgl. § 45 Abs. 5 SGB V).

24 BAG, Urteil vom 31.7.2002, 10 AZR 578/01 mit weiteren Nachweisen

25 BAG, Urteil vom 11.8.1982, 5 AZR 1082/79

26 BAG, Urteil vom 9.1.1985, 5 AZR 415/82

1.4.3 Beschäftigungsverbote nach dem Infektionsschutzgesetz

Sofern Kranken, Krankheitsverdächtigen, Ansteckungsverdächtigen und Ausscheidern die Ausübung bestimmter beruflicher Tätigkeiten ganz oder teilweise untersagt wurde (vgl. § 31 IfSG), ohne dass Arbeitsunfähigkeit besteht, kann das EFZG nicht angewendet werden. Der Arbeitgeber hat jedoch das Entgelt nach § 616 Satz 1 BGB während der Dauer des Beschäftigungsverbots fortzuzahlen, wenn die Verhinderung auf einen verhältnismäßig geringen Zeitraum beschränkt bleibt und der Anspruch nicht tarifvertraglich ausgeschlossen ist.[27]

1.4.4 Beschäftigungsverbote nach dem Mutterschutzgesetz

Während der Schutzfristen nach § 3 Abs. 1, 2 MuSchG (Schutzfristen vor und nach der Entbindung) sowie der Beschäftigungsverbote nach § 16 MuSchG (ärztliches Beschäftigungsverbot) besteht kein Anspruch auf Entgeltfortzahlung, weil die Arbeitsunfähigkeit nicht die alleinige Ursache für die Arbeitsverhinderung ist. Die Ursache für die Arbeitsverhinderung ist vielmehr das Beschäftigungsverbot. Der Anspruch auf Entgeltfortzahlung endet mit dem Tag vor dem Beginn der Schutzfrist oder des Beschäftigungsverbots. Er entsteht, wenn die Schutzfrist oder das Beschäftigungsverbot endet. Die Zeit einer Arbeitsunfähigkeit ohne Anspruch auf Entgeltfortzahlung ist auf die Anspruchsdauer nicht anzurechnen.

Hinweis:

- Während der Schutzfristen nach § 3 MuSchG werden Mutterschaftsgeld und ein Arbeitgeberzuschuss gezahlt (vgl. §§ 19, 20 MuSchG).
- Bei einem ärztlichen Beschäftigungsverbot nach § 16 Abs. 1 MuSchG wegen einer Gefahr für Leben oder Gesundheit von Mutter oder Kind ist zu prüfen, ob allein das mutterschutzrechtliche Beschäftigungsverbot dazu führt, dass die Schwangere mit der Arbeit aussetzt.[28] Das Beschäftigungsverbot

---

27 Der Arbeitnehmer hat wegen des Verdienstausfalls ggf. einen Anspruch auf Entschädigung (vgl. § 56 IfSG). Der Arbeitgeber zahlt die Entschädigung für die ersten sechs Wochen auftragsweise für die zuständige Behörde aus. In diesem Umfang entsteht ein Erstattungsanspruch des Arbeitgebers. Darüber hinausgehende Entschädigungen werden dem Arbeitnehmer auf Antrag gezahlt.

28 BAG, Urteile vom 9.10.2002, 5 AZR 443/01 mit weiteren Nachweisen; 17.10.2013, 8 AZR 742/12

muss die Ursache für das Nichtleisten der Arbeit und den damit verbundenen Verdienstausfall sein. Ist das Beschäftigungsverbot in diesem Sinne die einzige Ursache für die Arbeitsverhinderung, hat der Arbeitgeber unbefristet Arbeitsentgelt nach § 18 MuSchG zu zahlen (Mutterschutzlohn).

Für ein Beschäftigungsverbot nach § 16 Abs. 1 MuSchG sind der individuelle Gesundheitszustand und die konkrete Arbeitstätigkeit der schwangeren Arbeitnehmerin maßgebend.[29] Es genügt, dass die Fortsetzung der Arbeit mit einer Gefährdung der Gesundheit von Mutter oder Kind verbunden ist. Unerheblich ist die genaue Ursache der Gefährdung. Die Arbeitstätigkeit der Schwangeren oder ihr räumlicher Arbeitsbereich müssen nicht gesundheitsgefährdend sein. Ein Beschäftigungsverbot ist vielmehr auch dann auszusprechen, wenn die Beschäftigung für andere Frauen unabhängig von einer Schwangerschaft keinerlei Gefährdung ergibt, aber im Einzelfall aufgrund der individuellen Verhältnisse der schwangeren Frau die Gesundheit von Mutter oder Kind gefährden würde. Unter dieser Voraussetzung können auch psychische Belastungen der Arbeitnehmerin ein Beschäftigungsverbot begründen. Das individuelle Beschäftigungsverbot des § 16 Abs. 1 MuSchG greift erst ein, wenn der Arzt eine Gefährdung attestiert. Das ärztliche Zeugnis ist für das Beschäftigungsverbot konstitutiv.[30]

Für die Zeit, in der die Schwangere arbeitsunfähig krank ist, ist der alleinige Ursachenzusammenhang mit dem Beschäftigungsverbot nicht gegeben. Das gilt auch, wenn der Arbeitgeber nach Ablauf des Sechswochenzeitraums nicht mehr zur Entgeltfortzahlung im Krankheitsfalle verpflichtet ist. Es kommt also darauf an, ob ein krankhafter Zustand besteht, der zur Arbeitsunfähigkeit der Schwangeren führt. Ist dies der Fall, ist krankheitsbedingte Arbeitsunfähigkeit zu bescheinigen. Ein gleichzeitig ausgesprochenes Beschäftigungsverbot hat die Wirkungen des § 16 MuSchG, begründet aber keine Vergütungspflicht nach § 18 MuSchG. Worauf die krankheitsbedingte Arbeitsunfähigkeit beruht, ist unerheblich.

---

[29] BAG, Urteil vom 7.11.2007, 5 AZR 883/06

[30] Es kommt zur Beweislastumkehr zulasten der Arbeitnehmerin, wenn trotz der Aufforderung durch den Arbeitgeber nicht dargelegt wird, von welchen tatsächlichen Arbeitsbedingungen der Arbeitnehmerin der Arzt bei Erteilung seines Zeugnisses ausgegangen ist und ob krankheitsbedingte Arbeitsunfähigkeit vorgelegen hat.

Je nachdem, ob die schwangere Frau arbeitsunfähig ist oder nicht, hat sie

- entweder einen gesetzlich auf sechs Wochen beschränkten Anspruch auf Entgeltfortzahlung wegen krankheitsbedingter Arbeitsunfähigkeit gegen den Arbeitgeber (vgl. § 3 EFZG) und anschließend auf Krankengeld gegen die Krankenkasse (vgl. § 44 ff. SGB V),
- oder sie hat gegen den Arbeitgeber einen nicht auf sechs Wochen beschränkten Anspruch nach § 18 Satz 1 MuSchG.

Der behandelnde Arzt hat zu beurteilen, ob krankheitsbedingte Arbeitsunfähigkeit vorliegt oder ohne eine aktuelle Arbeitsunfähigkeit Leben oder Gesundheit von Mutter oder Kind bei Fortdauer der Beschäftigung gefährdet ist. Hierbei besteht für den Arzt ein Beurteilungsspielraum.

1.4.5 Elternzeit

Während der Elternzeit nach dem BEEG ruhen die beiderseitigen Hauptpflichten des Arbeitsverhältnisses,[31] soweit der Arbeitnehmer keine Teilzeitbeschäftigung ausübt. Der Arbeitgeber zahlt für die Zeit des Ruhens kein Arbeitsentgelt, sodass der Arbeitnehmer bei Arbeitsunfähigkeit keine Entgeltfortzahlung verlangen kann. Die Elternzeit muss allerdings nicht im unmittelbaren Anschluss an die Schutzfrist des Mutterschutzgesetzes angetreten werden. Der Arbeitnehmer kann erklären, dass er mit der Elternzeit erst nach Beendigung einer während der Schutzfrist eingetretenen Arbeitsunfähigkeit beginnen will. In diesem Fall ist die Arbeitsunfähigkeit ursächlich für den Verdienstausfall, sodass ein Anspruch auf Entgeltfortzahlung nach dem Ablauf der Schutzfrist für höchstens sechs Wochen der Arbeitsunfähigkeit besteht.[32]

Wenn die Arbeitsunfähigkeit während der Elternzeit eintritt, besteht kein Anspruch auf Entgeltfortzahlung. Der Anspruch entsteht nach dem Ende des ruhenden Arbeitsverhältnisses. Die Zeit der Arbeitsunfähigkeit während der Elternzeit wird nicht auf den Anspruch angerechnet.

---

[31] BAG, Urteil vom 29.9.2004, 5 AZR 558/03

[32] BAG, Urteil vom 17.10.1990, 5 AZR 10/90

1.4.6 *Erholungsurlaub*

Bezahlter Urlaub (Erholungsurlaub) wird durch eine Arbeitsunfähigkeit unterbrochen, da Zeiten der Arbeitsunfähigkeit nicht auf den Urlaub angerechnet werden (vgl. § 9 BUrlG).[33] Eine Arbeitsunfähigkeit schließt damit den Urlaubsanspruch aus.[34] An die Stelle der Urlaubsvergütung tritt die Entgeltfortzahlung im Krankheitsfall. Entsprechendes gilt bei bezahltem Bildungsurlaub oder Betriebsurlaub.

1.4.7 *Gesetzliche Feiertage*

Ist der Arbeitnehmer an einem gesetzlichen Feiertag arbeitsunfähig, erhält er für diesen Tag Entgeltfortzahlung (vgl. § 2 EFZG). Die Höhe des fortzuzahlenden Arbeitsentgelts für diesen Feiertag bemisst sich nach § 2 Abs. 1 EFZG (vgl. § 4 Abs. 2 EFZG). Arbeitnehmer, die am letzten Arbeitstag vor oder am ersten Arbeitstag nach Feiertagen unentschuldigt der Arbeit fernbleiben, haben keinen Anspruch auf Bezahlung für diese Feiertage (vgl. § 2 Abs. 3 EFZG; vgl. Beispiel 5).

Beispiel 5: Feiertagsbezahlung

Ein Arbeitnehmer bleibt am 30.4.2018 (Arbeitstag) unentschuldigt der Arbeit fern. Er legt seinem Arbeitgeber am 3.5.2018 eine ärztliche Bescheinigung vor, nach der er seit dem 1.5.2018 (bundesweiter gesetzlicher Feiertag) arbeitsunfähig krank ist. Der Arbeitnehmer hat vom 2.5.2018 an einen Anspruch auf Entgeltfortzahlung. Der Anspruch auf Entgeltfortzahlung für den 1.5.2018 richtet sich nach § 2 Abs. 1 EFZG. Der Anspruch ist allerdings ausgeschlossen, weil der Arbeitnehmer am letzten Arbeitstag vor dem Feiertag (30.4.2018) unentschuldigt der Arbeit ferngeblieben ist (vgl. § 2 Abs. 3 EFZG).

1.4.8 *Streik/Aussperrung*

Während eines Streiks besteht für erkrankte Arbeitnehmer kein Anspruch auf Entgeltfortzahlung.[35] Das gilt auch dann, wenn die Arbeitsunfähigkeit vor dem Beginn des Streiks eingetreten ist. Bei einem Arbeitskampf, der nicht zur völligen Stilllegung des Betriebes

33 BAG, Urteil vom 27.5.2003, 9 AZR 366/02
34 BAG, Urteil vom 1.10.2002, 9 AZR 215/01
35 BAG, Urteil vom 13.12.2011, 1 AZR 495/10 mit weiteren Nachweisen

führt, verliert der Arbeitnehmer den Entgeltfortzahlungsanspruch nicht, wenn

- die Arbeitsunfähigkeit bereits vor Streikbeginn eingetreten ist und sich der Arbeitnehmer nicht am Streik beteiligt oder
- die Arbeitsunfähigkeit zwar nach dem Streikbeginn begonnen hat, der Arbeitnehmer sich aber bis dahin nicht am Streik beteiligt hat, weil er aus anderen Gründen von der Arbeit befreit war (z. B. wegen bereits bewilligten Urlaubs oder Teilnahme an einer Betriebsratsschulung).[36]

Ein Arbeitnehmer beteiligt sich dann an einem Streik, wenn die Gewerkschaft einen entsprechenden Aufruf erlassen hat und der einzelne Arbeitnehmer die Arbeit niederlegt oder ausdrücklich gegenüber dem Arbeitgeber die Teilnahme am Streik erklärt.[37] Der Arbeitgeber kann von einer Streikteilnahme ausgehen, wenn Arbeitnehmer während eines Streiks nicht zur Arbeit erscheinen. Die Tatsache, dass der Arbeitnehmer der streikführenden Gewerkschaft angehört und unmittelbar nach Beendigung seiner Arbeitsunfähigkeit am Streik teilgenommen hat, schließt den Anspruch auf Entgeltfortzahlung nicht aus.

Nimmt ein Arbeitnehmer während einer Arbeitsunfähigkeit an einem Streik teil, verliert er seinen Anspruch auf Entgeltfortzahlung. Der Arbeitgeber kann davon ausgehen, dass der Arbeitnehmer auch bei Arbeitsfähigkeit am Streik teilgenommen hätte. Damit ist die Arbeitsunfähigkeit nicht mehr die alleinige Ursache für die Arbeitsverhinderung.[38]

Der Arbeitgeber kann auf den Streik reagieren, indem er den bestreikten Betrieb oder organisatorisch abgrenzbare Betriebsteile stilllegt.[39] Darüber sind die betroffenen Arbeitnehmer zu unterrichten. Eine individuelle Unterrichtung aller betriebsangehörigen Arbeitnehmer ist nicht erforderlich. Arbeitswillige Arbeitnehmer des betroffenen Betriebs oder Betriebsteils behalten ihren Vergütungsanspruch, wenn deren weitere Beschäftigung dem Arbeitgeber rechtlich möglich und wirtschaftlich zumutbar ist.

Die Aussagen gelten sinngemäß auch bei einer Aussperrung.[40]

---

[36] BAG, Urteil vom 26.7.2005, 1 AZR 133/04
[37] BAG, Urteil vom 15.1.1991, 1 AZR 178/90
[38] BAG, Urteil vom 26.7.2005, 1 AZR 133/04
[39] BAG, Urteil vom 13.12.2011, 1 AZR 495/10
[40] BAG, Urteil vom 7.6.1988, 1 AZR 597/86

1.4.9 Unbezahlter Urlaub

Unbezahlter Urlaub beruht auf einer freiwilligen Vereinbarung zwischen den Sozialpartnern (Arbeitgeber und Arbeitnehmer). Während dieser Zeit ruhen die Hauptpflichten aus dem Arbeitsverhältnis (Arbeitspflicht, Entgeltzahlungspflicht). Deshalb besteht beim Zusammentreffen von Arbeitsunfähigkeit und unbezahltem Urlaub kein Anspruch auf Entgeltfortzahlung (vgl. Beispiel 6).[41] Es gelten die Regeln zum ruhenden Arbeitsverhältnis.

Beispiel 6: Bezahlter und unbezahlter Urlaub

Sachverhalt	Anspruch auf Entgeltfortzahlung (längstens)
Arbeitnehmer A erhält bezahlten Urlaub vom 15.6. bis zum 11.7.2018. Er ist seit dem 20.6.2018 bis auf weiteres arbeitsunfähig krank.	Ja (20.6.–31.7.2018)
Arbeitnehmer B erhält unbezahlten Urlaub vom 1.8. bis zum 30.8.2018. Er ist vom 15.8. bis zum 21.8.2018 arbeitsunfähig krank.	Nein
Arbeitnehmer C erhält unbezahlten Urlaub vom 4.9. bis zum 30.9.2018. Er ist vom 15.9.2018 an bis auf weiteres arbeitsunfähig krank.	Ja (1.10.–11.11.2018)

Ein einseitiger Widerruf der Vereinbarung über den unbezahlten Urlaub ist nicht möglich.[42] Es kann allerdings vereinbart werden, dass der unbezahlte Urlaub als beendet anzusehen ist, wenn Arbeitsunfähigkeit eintritt. Besteht eine Arbeitsunfähigkeit über das vereinbarte Ende des unbezahlten Urlaubs hinaus, lebt der Anspruch auf Entgeltfortzahlung danach auf. Die Zeit der Arbeitsunfähigkeit während des ruhenden Arbeitsverhältnisses (ohne Anspruch auf Entgeltfortzahlung) ist auf die Dauer des Anspruchs nicht anzurechnen.[43]

41 Die Rechtsauffassung, nach der unbezahlter Urlaub zu Erholungszwecken wie tariflicher Urlaub zu behandeln ist, wird als überholt angesehen. § 9 BUrlG ist nicht anwendbar (BAG, Urteil vom 9.8.1994, 9 AZR 384/92; § 9 BUrlG ist nicht analogiefähig).

42 BAG, Urteil vom 25.5.1983, 5 AZR 236/80

43 BAG, Urteil vom 14.6.1974, 5 AZR 467/73

Eine Vereinbarung, in der sich der Arbeitgeber vorbehält, wegen der unsicheren Auftragslage allein zu bestimmen, wann der Arbeitnehmer aus einem unbezahlten Urlaub zurückkehren soll, ist nichtig.[44] Eine solche Vereinbarung ist jedoch in die zulässige Vereinbarung eines unbezahlten Urlaubs für eine bestimmte Zeit umzudeuten, deren Ende sich aus den berechtigten Interessen beider Parteien an dieser Beurlaubung ergibt. Der Wille der Parteien ist durch Auslegung nach den Regeln der §§ 133, 157 BGB zu ermitteln.

§ 9 BUrlG wird durch eine Vereinbarung über einen befristeten unbezahlten Urlaub in zulässiger Weise abbedungen.[45] Während dieser Zeit besteht für die Dauer einer krankheitsbedingten Arbeitsunfähigkeit kein Anspruch auf Entgeltfortzahlung nach § 3 EFZG.

Ein arbeitsbereiter, noch nicht urlaubsberechtigter Arbeitnehmer, der während allgemeiner Betriebsferien nicht beschäftigt wird, hat Anspruch auf Entgeltfortzahlung (vgl. §§ 615, 293 BGB). Davon kann allerdings durch eine vor Beginn der Betriebsferien getroffene Vereinbarung, dass bei nicht urlaubsberechtigten Arbeitnehmern die infolge Betriebsferien arbeitsfreien Tage als unbezahlter Urlaub gelten, abgewichen werden.

1.4.10 Darlegungs- und Beweislast

Der Arbeitgeber trägt die Darlegungs- und Beweislast dafür, dass die Arbeitsunfähigkeit nicht die einzige Ursache für den Arbeitsausfall ist.[46] Andererseits ist der Arbeitnehmer hinsichtlich seines Anspruchs auf Entgeltfortzahlung darlegungs- und beweispflichtig. Der Arbeitnehmer hat somit zunächst nur durch eine ärztliche Bescheinigung zu belegen, dass er wegen Krankheit arbeitsunfähig ist. Der Arbeitgeber hat daraufhin konkrete Umstände darzulegen, warum die Arbeitsunfähigkeit nicht alleinige Ursache der unterlassenen Arbeitsleistung ist. Hat der Arbeitgeber solche Umstände vorgetragen, obliegt es dann wiederum dem Arbeitnehmer, die Monokausalität im Einzelnen darzulegen und ggf. zu beweisen.

[44] BAG, Urteil vom 13.8.1980, 5 AZR 296/78
[45] BAG, Urteil vom 9.8.1994, 9 AZR 384/92
[46] BAG, Urteil vom 1.10.1991, 1 AZR 147/91

1.5 Unverschuldete Arbeitsunfähigkeit

1.5.1 Krankheit

Der Anspruch auf Entgeltfortzahlung ist grundsätzlich unabhängig von der Ursache der Krankheit. Der Anspruch ist allerdings dann ausgeschlossen, wenn die Krankheit selbst verschuldet ist (vgl. § 3 Abs. 1 Satz 1 EFZG; vgl. Beispiel 7). Bei der Beurteilung des Verschuldens sind die von der Rechtsprechung zu vergleichbaren arbeitsrechtlichen Vorschriften entwickelten Grundsätze zu berücksichtigen.

Von einem Verschulden ist auszugehen, wenn in erheblichem Maße gegen das von einem verständigen Menschen im eigenen Interesse zu erwartende Verhalten verstoßen wird und das Abwälzen der Folgen auf den Arbeitgeber unbillig wäre.[47] Selbst verschuldet in diesem Sinne ist eine Krankheit, die sich der Arbeitnehmer durch unverständiges, leichtfertiges oder gegen die guten Sitten im Rechtssinne verstoßendes Verhalten zugezogen hat. Der Arbeitnehmer muss also vorsätzlich oder wenigstens grob fahrlässig gehandelt haben.

Selbstverschulden liegt auch vor, wenn der Arbeitnehmer den Wiedereintritt von Arbeitsfähigkeit hinauszögert oder verhindert.[48]

Beispiel 7: Selbstverschulden

Ein Arbeitnehmer, der als Kraftfahrer die vorgeschriebenen Sicherheitsgurte nicht anlegt, handelt schuldhaft, soweit die bei einem Unfall erlittenen Verletzungen auf das Nichtanlegen des Sicherheitsgurtes zurückzuführen sind.[49]

Alkoholabhängigkeit und ihre Folgen sind eine Krankheit.[50]

Bei einer nach Eintritt einer Drogen- oder Nikotinabhängigkeit auftretenden suchtbedingten Erkrankung wegen des Drogen- oder Nikotinkonsums handelt es sich grundsätzlich nicht um eine selbst verschuldete Krankheit.[51]

Hat sich ein an Alkoholismus erkrankter Arbeitnehmer einer stationären Entwöhnungsmaßnahme unterzogen, bei der er

---

[47] BAG, Urteil vom 18.3.2015, 10 AZR 99/14

[48] BAG, Urteil vom 2.3.2006, 2 AZR 53/05 mit weiteren Nachweisen zur Zulässigkeit der fristlosen Kündigung eines Arbeitnehmers bei bescheinigter Arbeitsunfähigkeit, wenn dieser den Heilungserfolg durch gesundheitswidriges Verhalten gefährdet (hier: Skiurlaub während der Arbeitsunfähigkeit)

[49] BAG, Urteil vom 7.10.1981, 5 AZR 1113/79

[50] BAG, Urteil vom 1.6.1983, 5 AZR 536/80

[51] BAG, Urteil vom 1.6.1983, 5 AZR 536/80

I

eingehend über die Gefahren des Alkohols für sich und seine Gesundheit aufgeklärt worden ist und ist es ihm anschließend gelungen, für eine längere Zeit abstinent zu bleiben, liegt kein Selbstverschulden vor, wenn sich der Arbeitnehmer wiederum dem Alkohol zuwendet und damit erneut arbeitsunfähig krank wird.[52] Da Selbstverschulden nicht auszuschließen ist, ist zu dieser Frage regelmäßig ein Fachgutachten einzuholen. Der Begutachtung hat sich der Arbeitnehmer im Rahmen seiner Mitwirkungspflichten zu unterziehen.

Ein Arbeitnehmer, der im Zustand der Trunkenheit einen Verkehrsunfall verursacht, bei dem er verletzt wird, hat die Krankheit selbst verschuldet.

Eine Krankheit, die auf einer schuldhaften Beteiligung an einer tätlichen Auseinandersetzung beruht, die der Arbeitnehmer begonnen oder provoziert hat, ist selbst verschuldet.[53]

1.5.2 Ausüben einer Nebentätigkeit

Der Anspruch auf Entgeltfortzahlung kann auch ausgeschlossen sein, wenn sich der Arbeitnehmer die Arbeitsunfähigkeit bei Ausübung einer verbotenen oder besonders gefährlichen oder seine Kräfte übersteigenden Nebentätigkeit zugezogen hat.[54] Dieses gilt ebenfalls, wenn die Arbeitsunfähigkeit durch einen Unfall bei einer besonders risikohaften Tätigkeit in der eigenen gewinnorientierten Landwirtschaft eingetreten ist.[55]

Hinweis:

Eine Nebentätigkeit (erlaubt oder unerlaubt) oder Schwarzarbeit schließt die Entgeltfortzahlung nicht grundsätzlich aus, selbst wenn die Krankheit durch die Tätigkeit verursacht wurde (z. B. wegen eines Arbeitsunfalls).

Tarifvertragliche Regelungen, die Entgeltfortzahlungsansprüche generell für den Fall ausschließen, dass sich der Arbeitnehmer einen

---

52 BAG, Urteil vom 18.3.2015, 10 AZR 99/14

53 BAG, Urteil vom 13.11.1974, 5 AZR 54/74

54 BAG, Urteile vom 7.11.1975, 5 AZR 459/74; 21.4.1982, 5 AZR 1019/79; 19.10.1983, 5 AZR 195/81

55 BAG, Urteil vom 9.3.1973, 5 AZR 523/72

Unfall bei einer nicht genehmigten Nebentätigkeit zugezogen hat, sind nichtig.[56]

1.5.3 Sportverletzungen

Schuldhaft handelt,

- wer sich in einer seine Kräfte und Fähigkeiten deutlich übersteigenden Weise sportlich betätigt,
- in besonders grober Weise und leichtsinnig gegen anerkannte Regeln der jeweiligen Sportart verstößt oder
- eine besonders gefährliche Sportart betreibt.

Dem Arbeitnehmer ist nur dann ein Verschulden gegen sich selbst anzulasten, wenn er durch den Sport in nicht mehr sozialadäquater Weise und in einem erheblichen Umfang Verletzungsrisiken auf sich nimmt.[57]

1.5.4 Darlegungs- und Beweislast

Die Darlegungs- und Beweislast zum Verschulden des Arbeitnehmers trägt der Arbeitgeber.[58] Dieser hat einen Anspruch darauf, dass der Arbeitnehmer an der Aufklärung der Krankheitsursachen mitwirkt und die erforderlichen Auskünfte erteilt.[59]

Es kommt zur Beweislastumkehr, wenn Umstände vorliegen, die nach der Lebenserfahrung von vornherein auf ein schuldhaftes Verhalten des Arbeitnehmers schließen lassen (z. B. bei einer Beteiligung an einer tätlichen Auseinandersetzung oder einem Verkehrsunfall infolge Trunkenheit).[60] In diesen Fällen greift der Beweis des ersten Anscheins für ein Verschulden des Arbeitnehmers. Dann hat der Arbeitnehmer zu beweisen, dass ihn an der Arbeitsunfähigkeit kein Verschulden trifft.[61] Dieser hat die Behauptung des Arbeitgebers zu widerlegen und im Einzelnen darzulegen, aus welchen Gründen sein Verhalten nicht als schuldhaft anzusehen ist.[62]

---

[56] BAG, Urteil vom 19.10.1983, 5 AZR 195/81

[57] Keine gefährlichen Sportarten sind Amateurboxen (BAG, Urteil vom 1.12.1976, 5 AZR 601/75), Drachenfliegen (BAG, Urteil vom 7.10.1981, 5 AZR 338/79), Moto-Cross-Rennen (BAG, Urteil vom 25.2.1972, 5 AZR 471/71), Fußball im Amateurverein (BAG, Urteil vom 21.1.1976, 5 AZR 593/74).

[58] BAG, Urteil vom 27.5.1992, 5 AZR 297/91

[59] BAG, Urteile vom 11.5.1988, 5 AZR 446/87; 1.6.1983, 5 AZR 536/80

[60] BAG, Urteil vom 22.3.1973, 5 AZR 567/72

[61] BAG, Urteil vom 30.3.1988, 5 AZR 42/87

[62] BAG, Urteil vom 11.11.1987, 5 AZR 497/86

2 Dauer und Höhe des Anspruchs

2.1 Beginn und Ende

I

Der Anspruch des Arbeitnehmers auf Entgeltfortzahlung besteht während der Arbeitsunfähigkeit bis zur Dauer von sechs Wochen (vgl. § 3 Abs. 1 Satz 1 EFZG; 42 Kalendertage;[63] vgl. Beispiel 8). Tritt die Arbeitsunfähigkeit nach beendetem Arbeitsverhältnis ein, entsteht kein Anspruch auf Entgeltfortzahlung.[64]

Hinweis:

Der Anspruch kann durch einen Tarifvertrag oder eine Betriebsvereinbarung verlängert werden. Der entsprechende Besitzstand kann mit Wirkung für die Zukunft zu Ungunsten der Arbeitnehmer verändert werden.[65]

Der Anspruch entsteht frühestens nach vierwöchiger ununterbrochener Dauer des Arbeitsverhältnisses (vgl. § 3 Abs. 3 EFZG). Er verlängert sich nicht, wenn während der Arbeitsunfähigkeit eine neue Krankheit hinzutritt, die für sich allein ebenfalls Arbeitsunfähigkeit verursachen würde.

Hinweis:

Die zuerst eingetretene Krankheit ist für ihre Dauer maßgeblich für den Anspruch auf Entgeltfortzahlung.[66]

Beispiel 8: Entgeltfortzahlung

Der seit Jahren beschäftigte Arbeitnehmer A ist seit dem 10.10.2018 arbeitsunfähig krank. Der Anspruch auf Entgeltfortzahlung beginnt am 10.10.2018.

Arbeitnehmer B hat am 5.10.2018 mit seinem Arbeitgeber vereinbart, das Arbeitsverhältnis am 1.11.2018 zu beginnen. Es kommt wegen einer seit dem 25.10.2018 bis auf Weiteres bestehenden

[63] BAG, Urteil vom 22.8.2001, 5 AZR 699/99

[64] Ein Anspruch auf Entgeltfortzahlung besteht nicht, wenn die Arbeitsunfähigkeit am letzten Tag des Arbeitsverhältnisses nach dem Ende der Arbeitsschicht eintritt (BAG, Urteil vom 17.4.2002, 5 AZR 2/01).

[65] BAG, Urteil vom 15.11.2000, 5 AZR 310/99

[66] BAG, Urteil vom 9.10.2002, 5 AZR 443/01

Arbeitsunfähigkeit nicht zur vereinbarten Arbeitsaufnahme. Es besteht wegen der vierwöchigen Wartezeit vom 29.11.2018 an Anspruch auf Entgeltfortzahlung.

I

Ein Hinzutritt von Krankheit ist nicht gegeben, wenn zwei verschiedene Krankheiten nacheinander Arbeitsunfähigkeit verursachen, selbst wenn nach dem Ende der ersten Arbeitsunfähigkeit die Beschäftigung nicht wieder aufgenommen wurde und der Arbeitnehmer nur für wenige außerhalb der Arbeitszeit liegende Stunden arbeitsfähig war. Die erneute Arbeitsunfähigkeit begründet einen eigenen Anspruch auf Entgeltfortzahlung (vgl. Beispiel 9).

Beispiel 9: Hinzugetretene Krankheit

Ein seit Jahren in einem Arbeitsverhältnis beschäftigter Arbeitnehmer erkrankt und ist deswegen seit dem 15.7.2018 arbeitsunfähig. Der behandelnde Arzt stellt am 2.8.2018 um 16.30 Uhr fest, dass inzwischen Arbeitsfähigkeit eingetreten ist. Der Arbeitnehmer erleidet auf dem Heimweg nach dem Arztbesuch einen Verkehrsunfall und ist erneut arbeitsunfähig. Da es sich nicht um eine hinzugetretene Krankheit handelt, entsteht aufgrund der erneuten Arbeitsunfähigkeit vom 2.8.2018 an ein eigenständiger Anspruch auf Entgeltfortzahlung.

Die Anspruchsdauer von sechs Wochen wird nach § 187 Abs. 1, § 188 Abs. 2 Alt. I BGB berechnet. Die Anspruchsdauer endet somit spätestens sechs Wochen nach dem Beginn der Arbeitsunfähigkeit (Ereignistag) mit Ablauf des Tages, der nach seiner Benennung dem ersten Tag der Arbeitsunfähigkeit entspricht (vgl. Beispiel 10). Diese Bestimmung der Frist ist regelmäßig dann anzuwenden, wenn die Arbeitsunfähigkeit während der Arbeitszeit oder nach dem Ende der Arbeitsschicht eintritt.[67]

Beispiel 10: Fristberechnung

Ein Arbeitnehmer wird am 20.7.2018 (Freitag) arbeitsunfähig krank. Der Anspruch auf Entgeltfortzahlung endet spätestens am 31.8.2018 (Freitag).

Wenn die Arbeitsunfähigkeit an einem Arbeitstag vor der Arbeitsaufnahme eintritt, ist der erste Tag der Arbeitsunfähigkeit bei der

[67] BAG, Urteil vom 9.7.2003, 5 AZR 610/01

Berechnung des Anspruchszeitraums zu berücksichtigen (vgl. Beispiel 11).[68] Der Anspruch endet dann spätestens mit dem 42. Tag der Arbeitsunfähigkeit. Das gilt auch, wenn ein Arbeitnehmer, dessen Entgelt nach Kalendertagen bemessen ist, an einem arbeitsfreien Tag arbeitsunfähig wird.

Beispiel 11: Fristberechnung

Ein Arbeitnehmer wird am 2.7.2018 (Arbeitstag; Montag) vor der Arbeitsaufnahme arbeitsunfähig krank. Der Anspruch auf Entgeltfortzahlung endet spätestens am 12.8.2018 (Sonntag).

Bei einem Arbeitnehmer, der an einem arbeitsfreien Tag erkrankt und dessen Arbeitsentgelt nach Arbeitstagen bemessen ist, wird der erste Tag der Arbeitsunfähigkeit bei der Berechnung der Anspruchsdauer nicht berücksichtigt (vgl. Beispiel 12).

Beispiel 12: Fristberechnung

Ein Arbeitnehmer wird am 5.8.2018 (Sonntag) arbeitsunfähig krank. Der Sonntag ist arbeitsfrei. Das Arbeitsentgelt des Arbeitnehmers ist nach Arbeitstagen bemessen. Der Anspruch auf Entgeltfortzahlung endet spätestens am 16.9.2018 (Sonntag).

Übersicht: Zusammenfassung – Fristberechnung

	Der erste Tag der AU ist zu berücksichtigen	**Der erste Tag der AU ist nicht zu berücksichtigen**
Beginn der AU vor der Arbeitsschicht	X	
Beginn der AU während der Arbeitsschicht		X
Beginn der AU nach dem Ende der Arbeitsschicht		X
Eintritt der AU an einem arbeitsfreien Tag; Bemessung des Arbeitsentgelts nach Kalendertagen	X	
Eintritt der AU an einem arbeitsfreien Tag; Bemessung des Arbeitsentgelts nach Arbeitstagen		X

[68] BAG Urteil vom 21.9.1971, 1 AZR 65/71

Erkrankt der Arbeitnehmer während eines ruhenden Arbeitsverhältnisses (z. B. während der Elternzeit oder während eines freiwilligen Wehrdienstes), wird die Zeit des Ruhens nicht auf den Anspruchszeitraum angerechnet (vgl. Beispiel 13).[69] Der Sechswochenzeitraum beginnt deshalb nicht mit der Erkrankung, sondern erst mit der tatsächlichen Verhinderung an der Arbeitsleistung infolge der Krankheit. Das ist der Zeitpunkt der Aktualisierung des Arbeitsverhältnisses.

Ein ruhendes Arbeitsverhältnis während der Entgeltfortzahlung (die Arbeitsleistung ist witterungsbedingt unmöglich) lässt den Anspruch auf Entgeltfortzahlung ebenfalls ruhen. Die entsprechende Zeit wird nicht auf die Anspruchsdauer angerechnet (vgl. Beispiel 14).

Beispiel 13: Ruhendes Arbeitsverhältnis

Ein Soldat wird zum 30.6.2018 arbeitsunfähig krank aus dem freiwilligen Wehrdienst entlassen. Die Arbeitsunfähigkeit bestand in der Zeit vom 15.6. bis zum 20.8.2018. Der Arbeitgeber leistet für die Zeit vom 1.7. bis zum 11.8.2018 Entgeltfortzahlung.

Beispiel 14: Ruhendes Arbeitsverhältnis

Ein Arbeitnehmer ist in der Zeit vom 5.1. bis zum 1.4.2019 arbeitsunfähig krank. In seinem Betrieb wird in der Zeit vom 9.1. bis zum 13.1.2019 witterungsbedingt nicht gearbeitet. Der Arbeitnehmer erhält in der Zeit vom 5.1. bis zum 8.1.2019 (4 Tage) und vom 14.1. bis zum 20.2.2019 (38 Tage) Entgeltfortzahlung wegen Krankheit.

2.2 Wiederholte Arbeitsunfähigkeit wegen derselben Krankheit

Der Anspruch auf Entgeltfortzahlung ist bei wiederholter Arbeitsunfähigkeit wegen derselben Krankheit (Fortsetzungserkrankung) innerhalb eines Zeitraums von zwölf Monaten auf insgesamt sechs Wochen begrenzt (vgl. § 3 Abs. 1 Satz 2 EFZG). Zu dieser Begrenzung kommt es nur, wenn die wiederholte Arbeitsunfähigkeit wegen derselben Krankheit während eines ununterbrochenen Arbeitsverhältnisses bei demselben Arbeitgeber eintritt.

[69] BAG, Urteil vom 29.9.2004, 5 AZR 558/03

I

Hinweis:

Ein neuer Anspruch entsteht, wenn der Arbeitnehmer vor der erneuten Arbeitsunfähigkeit mindestens sechs Monate nicht infolge derselben Krankheit arbeitsunfähig war.

2.2.1 Einheitliches Arbeitsverhältnis

Bei einem Arbeitgeberwechsel zwischen zwei Arbeitsunfähigkeitszeiten entsteht ein neuer Anspruch auf Entgeltfortzahlung für längstens sechs Wochen. Die Wartezeit (vgl. § 3 Abs. 3 EFZG) ist zu beachten (vgl. Beispiel 15). Es entsteht ebenfalls ein neuer Anspruch auf Entgeltfortzahlung für längstens sechs Wochen, wenn zwischen zwei Arbeitsunfähigkeitszeiten ein neues Arbeitsverhältnis mit demselben Arbeitgeber eingegangen wird.

Kein neues Arbeitsverhältnis in diesem Sinne liegt bei einem Statuswechsel des Arbeitnehmers vor, wenn z. B. ein Arbeitsverhältnis im Anschluss an ein Berufsausbildungsverhältnis zu demselben Arbeitgeber begründet wird.[70] Ausbildungsverhältnis und Arbeitsverhältnis werden hier gleichgesetzt, weil für beide das Entgeltfortzahlungsgesetz gilt und sie deshalb eine Einheit im Sinne der Entgeltfortzahlung darstellen.

Beispiel 15: Arbeitgeberwechsel

Ein Arbeitnehmer stand in der Zeit vom 1.1.1990 bis zum 31.7.2018 in einem Arbeitsverhältnis. Er war in dieser Zeit zuletzt vom 15.5. bis zum 20.7.2018 arbeitsunfähig krank. Der Arbeitnehmer geht erneut ab 1.9.2018 ein Arbeitsverhältnis mit demselben Arbeitgeber ein. Der Arbeitnehmer wird am 5.10.2018 wegen derselben Krankheit arbeitsunfähig, die zuletzt bis zum 20.7.2018 Arbeitsunfähigkeit verursacht hat. Es besteht ein neuer Anspruch auf Entgeltfortzahlung für längstens sechs Wochen vom 5.10.2018 an.

Zwei aufeinander folgende rechtlich selbstständige Arbeitsverhältnisse mit demselben Arbeitgeber werden wie ein einheitliches Arbeitsverhältnis behandelt werden, wenn zwischen diesen Arbeitsverhält-

[70] BAG, Urteil vom 20.8.2003, 5 AZR 436/02 mit weiteren Nachweisen

nissen ein enger zeitlicher und sachlicher Zusammenhang besteht.[71] Dieses ist jedenfalls dann der Fall, wenn der Arbeitnehmer aus betrieblichen Gründen mit der Zusage der Wiedereinstellung nach Besserung der Auftragslage oder mit einem tarifvertraglichen Anspruch auf Wiedereinstellung nach einer witterungsbedingten kurzen Unterbrechung von drei Wochen entlassen wurde und er tatsächlich seine Beschäftigung zu unveränderten Bedingungen fortsetzen konnte.

Hinweis:

Ein Betriebsübergang begründet kein neues Arbeitsverhältnis.

2.2.2 Fortsetzungserkrankung

Ein Arbeitnehmer ist wiederholt wegen derselben Krankheit arbeitsunfähig (Fortsetzungserkrankung), wenn die Krankheit in der Zeit zwischen dem Ende der vorausgegangenen und dem Beginn der neuen Arbeitsunfähigkeit medizinisch nicht vollständig ausgeheilt war, sondern als Grundleiden latent weiter bestanden hat.[72] Die wiederholte Arbeitsunfähigkeit muss auf demselben nicht behobenen Grundleiden beruhen. Dieses kann verschiedene Krankheitssymptome zur Folge haben.

Hinweis:

Diese Grundsätze gelten auch, wenn eine Maßnahme der medizinischen Vorsorge oder Rehabilitation nach § 9 Abs. 1 EFZG und eine vorangegangene oder nachfolgende Arbeitsunfähigkeit dieselbe Ursache haben.

2.2.3 Sechs-Monats-Zeitraum

Der Anspruch auf Entgeltfortzahlung für die Zeit einer erneuten Arbeitsunfähigkeit wegen derselben Krankheit entsteht wiederum für höchstens sechs Wochen, wenn der Arbeitnehmer vor der erneuten Arbeitsunfähigkeit mindestens sechs Monate nicht infolge

---

71 BAG, Urteil vom 22.8.2001, 5 AZR 699/99

72 BAG, Urteil vom 13.7.2005, 5 AZR 389/04

derselben Krankheit arbeitsunfähig war (vgl. § 3 Abs. 1 Satz 2 Nr. 1 EFZG).[73] Zur Prüfung, ob ein Anspruch auf Entgeltfortzahlung erneut entstanden ist, ist ausgehend vom Beginn der zu beurteilenden Arbeitsunfähigkeit eine Frist von sechs Monaten in die Vergangenheit hinein zu bilden. Nur wenn innerhalb dieses Zeitraums zu keinem Zeitpunkt eine Arbeitsunfähigkeit wegen derselben Krankheit bestanden hat, ergibt sich ein erneuter Anspruch auf Entgeltfortzahlung. Für die Feststellung, ob bereits einmal innerhalb der genannten Frist eine Arbeitsunfähigkeit bestand, ist es unerheblich, ob Entgeltfortzahlung geleistet wurde oder nicht (vgl. Beispiel 16).

Beispiel 16: Fortsetzungserkrankung

Sachverhalt 1:

Arbeitnehmer A ist seit dem 20.6.2018 arbeitsunfähig krank. Er war wegen derselben Krankheit bereits vom 5.4. bis zum 4.5.2018 arbeitsunfähig krank.

Sechs-Monats-Frist	Erneuter Anspruch auf Entgeltfortzahlung für 6 Wochen
20.12.2017 bis 19.6.2018	nein

Sachverhalt 2:

Arbeitnehmer B ist seit dem 12.6.2018 arbeitsunfähig krank. Er war wegen derselben Krankheit bereits vom 2.3.2017 bis zum 5.2.2018 arbeitsunfähig krank.

Sechs-Monats-Frist	Erneuter Anspruch auf Entgeltfortzahlung für 6 Wochen
12.12.2017 bis 11.6.2018	nein

Sachverhalt 3:

Arbeitnehmer C ist seit dem 24.9.2018 arbeitsunfähig krank. Er war wegen derselben Krankheit bereits vom 9.10.2017 bis zum 11.12.2017 arbeitsunfähig krank.

Sechs-Monats-Frist	Erneuter Anspruch auf Entgeltfortzahlung für 6 Wochen
24.3. bis 23.9.2018	ja

[73] BAG, Urteil vom 14.3.2007, 5 AZR 514/06

2.2.4 Zwölf-Monats-Zeitraum

Wenn der Anspruch auf Entgeltfortzahlung nach § 3 Abs. 1 Satz 2 Nr. 1 EFZG ausgeschlossen ist, schließt sich eine weitere Prüfung nach § 3 Abs. 1 Satz 2 Nr. 2 EFZG an. Es besteht dann ein erneuter Anspruch auf Entgeltfortzahlung für höchstens sechs Wochen, wenn seit dem Beginn der ersten Arbeitsunfähigkeit infolge derselben Krankheit eine Frist von zwölf Monaten abgelaufen ist (vgl. Beispiel 17).

Beispiel 17: Fortsetzungserkrankung

Ein Arbeitnehmer ist seit dem 4.9.2018 arbeitsunfähig krank. Er war wegen derselben Krankheit bereits vom 20.2. bis zum 15.6.2018 arbeitsunfähig und hat für sechs Wochen Entgeltfortzahlung erhalten.

Die Zwölf-Monats-Frist verläuft vom 20.2.2018 bis zum 20.2.2019. Innerhalb dieser Frist tritt am 4.9.2018 erneut Arbeitsunfähigkeit wegen derselben Krankheit ein. Es besteht kein Anspruch auf Entgeltfortzahlung.

Der Anspruch lebt nicht auf, wenn während der laufenden Arbeitsunfähigkeit die Frist von zwölf Monaten endet (vgl. Beispiel 18).[74] Ein erneuter Anspruch auf Entgeltfortzahlung kann frühestens entstehen, wenn die „alte" Arbeitsunfähigkeit endet und danach erneut Arbeitsunfähigkeit eintritt.

Beispiel 18: Fortsetzungserkrankung

Ein Arbeitnehmer ist vom 4.6. bis zum 21.12.2018 arbeitsunfähig krank. Er war wegen derselben Krankheit bereits vom 20.6.2017 bis zum 15.3.2018 arbeitsunfähig und hat für sechs Wochen Entgeltfortzahlung erhalten.

Die Zwölf-Monats-Frist verläuft vom 20.6.2017 bis zum 20.6.2018. Innerhalb dieser Frist tritt am 4.6.2018 erneut Arbeitsunfähigkeit wegen derselben Krankheit ein. Es besteht kein Anspruch auf Entgeltfortzahlung. Der Anspruch lebt auch nicht nach dem Ende der Frist von zwölf Monaten auf.

---

74 BAG, Urteil vom 14.3.2007, 5 AZR 514/06

Fortsetzung des Sachverhalts:

Der Arbeitnehmer wird am 6.3.2019 wegen derselben Krankheit erneut arbeitsunfähig. Mit diesem Datum beginnt eine neue Zwölf-Monats-Frist. Es entsteht ein neuer Anspruch auf Entgeltfortzahlung für längstens sechs Wochen.

Wurde während der ersten Arbeitsunfähigkeit der Höchstanspruch nicht erreicht, ergibt sich für die erneute Arbeitsunfähigkeit wegen derselben Krankheit ein Restanspruch (vgl. Beispiel 19).

Beispiel 19: Fortsetzungserkrankung

Ein Arbeitnehmer ist seit dem 4.6.2018 arbeitsunfähig erkrankt. Er war wegen derselben Krankheit bereits vom 20.3. bis zum 15.4.2018 arbeitsunfähig und hat für 27 Tage Entgeltfortzahlung erhalten.

Die Zwölf-Monats-Frist verläuft vom 20.3.2018 bis zum 20.3.2019. Innerhalb dieser Frist tritt am 4.6.2018 erneut Arbeitsunfähigkeit wegen derselben Krankheit ein. Es besteht ein Restanspruch auf Entgeltfortzahlung für 15 Tage.

Tritt eine Krankheit, die sich später als Fortsetzungserkrankung herausstellt, zu einer bereits bestehenden, zur Arbeitsunfähigkeit führenden Krankheit hinzu und dauert sie über deren Ende hinaus an, ist sie für die Zeit, in der sie die alleinige Ursache der Arbeitsunfähigkeit war, als Teil der späteren Fortsetzungserkrankung zu werten (vgl. Beispiel 20).

Beispiel 20: Fortsetzungserkrankung

Ein Arbeitnehmer ist wegen Krankheit A seit dem 15.1.2018 arbeitsunfähig krank. Am 2.2.2018 tritt Krankheit B hinzu, die ebenfalls Arbeitsunfähigkeit verursachen würde. Krankheit A endet am 10.2.2018. Krankheit B endet am 20.2.2018.

Krankheit A war in der Zeit vom 15.1. bis zum 10.2.2018 der ursächliche Verhinderungstatbestand. Wenn Krankheit A zu einem späteren Zeitpunkt erneut Arbeitsunfähigkeit verursacht, ist diese Zeit als anrechenbare Vorerkrankungszeit zu berücksichtigen.

Krankheit B war in der Zeit vom 11.2. bis zum 20.2.2018 die alleinige Ursache für die Arbeitsunfähigkeit (alleiniger Verhinderungstatbestand). Wenn Krankheit B zu einem späteren Zeitpunkt erneut Arbeitsunfähigkeit verursacht, dann ist diese Zeit als anrechenbare Vorerkrankungszeit zu berücksichtigen.

Führen zwei Krankheiten jeweils für sich betrachtet nicht zur Arbeitsunfähigkeit, sondern nur weil sie zusammen auftreten, liegt eine Fortsetzungserkrankung auch vor, wenn später eine der beiden Krankheiten erneut auftritt und allein zur Arbeitsunfähigkeit führt. Auch in diesem Fall ist die erneut auftretende Krankheit Ursache einer vorausgegangenen Arbeitsunfähigkeit.

2.2.5 Beweislast

Für eine Fortsetzungserkrankung trifft den Arbeitgeber die Beweislast.[75] Der Arbeitgeber ist allerdings kaum in der Lage, eine Fortsetzungserkrankung zu belegen, weil er über die Ursachen der Arbeitsunfähigkeit nicht unterrichtet wird.

Zwar kann er nach § 69 Abs. 4 SGB X bei der zuständigen Krankenkasse nachfragen, ob eine Fortsetzungserkrankung vorliegt. Diese Vorschrift greift jedoch nicht bei Arbeitnehmern, die nicht gesetzlich versichert sind. Hinzu kommt, dass für den Arbeitgeber keine Möglichkeit besteht, die wertende Mitteilung der Krankenkasse zu überprüfen.

Der Arbeitnehmer hat deshalb durch eine ärztliche Bescheinigung darzulegen, dass keine Fortsetzungserkrankung vorliegt. Bestreitet der Arbeitgeber diesen Tatbestand, hat der Arbeitnehmer Tatsachen darzulegen, die eine Fortsetzungserkrankung ausschließen. In diesem Zusammenhang hat der Arbeitnehmer den Arzt von seiner Schweigepflicht zu entbinden. Unbeweisbarkeit geht zulasten des Arbeitgebers; von einer Fortsetzungserkrankung kann dann nicht ausgegangen werden.[76]

2.3 Hinzutritt einer Krankheit

Durch den Hinzutritt einer Krankheit verlängert sich die Anspruchsdauer von sechs Wochen nicht (vgl. Beispiel 21; Einheit des

[75] BAG, Urteil vom 13.7.2005, 5 AZRR 389/04

[76] Die objektive Beweislast bleibt beim Arbeitgeber. Der Arbeitnehmer hat in diesem Zusammenhang allerdings seine Obliegenheiten wahrzunehmen und ärztliche Bescheinigungen beizubringen sowie Ärzte von ihrer Schweigepflicht zu entbinden.

Verhinderungsfalls).[77] Vorhergehende Bezugszeiten von Entgeltfortzahlung für die hinzugetretene Krankheit sind von dem Zeitpunkt an anzurechnen, in dem die hinzugetretene Krankheit alleinige Ursache der Arbeitsunfähigkeit ist.[78] Der Anspruch auf Entgeltfortzahlung endet jedoch spätestens mit dem tatsächlichen Entgeltbezug für insgesamt sechs Wochen vom Beginn der Arbeitsunfähigkeit aufgrund der zuerst eingetretenen Krankheit an.

Beispiel 21: Hinzutritt

Ein Arbeitnehmer war wegen Krankheit A vom 18.12.2017 bis zum 17.1.2018 arbeitsunfähig krank und erhielt für 31 Kalendertage Entgeltfortzahlung. Er wird am 22.4.2018 wegen Krankheit B arbeitsunfähig. Am 3.5.2018 tritt Krankheit A hinzu. Krankheit A verursacht ab 11.5.2018 bis auf weiteres alleine Arbeitsunfähigkeit.

Aufgrund der Arbeitsunfähigkeit ab 22.4.2018 besteht längstens bis zum 2.6.2018 ein Anspruch auf Entgeltfortzahlung für sechs Wochen. Daran ändert sich auch nichts durch den Hinzutritt von Krankheit A, da Krankheit B die wesentliche Ursache für die Arbeitsunfähigkeit bleibt. A wird ab 11.5.2018 die alleinige Ursache für die Arbeitsunfähigkeit. Von diesem Zeitpunkt an sind die vorhergehenden Bezugszeiten wegen A zu berücksichtigen.

Danach besteht vom 11.5.2018 an ein Restanspruch für elf Kalendertage. Der Anspruch auf Entgeltfortzahlung endet deshalb bereits mit dem 21.5.2018.

Eine hinzugetretene Krankheit, die parallel zur zuerst eingetretenen Krankheit eine Arbeitsunfähigkeit verursacht, ist nicht als Vorerkrankungszeit zu berücksichtigen (vgl. Beispiel 22).

Beispiel 22: Hinzutritt

Ein Arbeitnehmer war wegen Krankheit A in der Zeit vom 4.9. bis zum 10.10.2018 arbeitsunfähig. Während dieser Zeit trat vom 12.9. bis zum 10.10.2018 Krankheit B hinzu. B hätte alleine ebenfalls Arbeitsunfähigkeit verursacht. Am 11.11.2018 verursacht B erneut Arbeitsunfähigkeit.

[77] BAG, Urteil vom 13.7.2005, 5 AZR 389/04
[78] BAG, Urteil vom 27.7.1977, 5 AZR 318/76

Vom 11.11.2018 an besteht ein Anspruch auf Entgeltfortzahlung für längstens sechs Wochen. Vorerkrankungszeiten sind nicht zu berücksichtigen, da die Krankheit B zu keinem Zeitpunkt die alleinige und damit die wesentliche Ursache für Arbeitsunfähigkeit war.

Verursacht eine zuerst eingetretene Krankheit erneut Arbeitsunfähigkeit, dann ist als Vorerkrankungszeit die Zeit zu berücksichtigen, in der die zuerst eingetretene Krankheit allein oder zusammen mit einer hinzugetretenen Krankheit Arbeitsunfähigkeit verursacht hat (vgl. Beispiel 23).

Beispiel 23: Hinzutritt

Ein Arbeitnehmer war wegen Krankheit A in der Zeit vom 2.10. bis zum 25.10.2018 arbeitsunfähig. Krankheit B trat am 17.10.2018 hinzu und verursachte bis zum 5.11.2018 Arbeitsunfähigkeit. Am 23.12.2018 wird der Arbeitnehmer erneut wegen Krankheit A arbeitsunfähig.

Vom 23.12.2018 an besteht ein Anspruch auf Entgeltfortzahlung für längstens 18 Tage. Die Zeit vom 2.10. bis zum 25.10.2018 (24 Tage) ist als Vorerkrankungszeit zu berücksichtigen.

2.4 Höhe des Anspruchs auf Entgeltfortzahlung

2.4.1 Allgemeines

Das Arbeitsentgelt wird in der zustehenden Höhe fortgezahlt, die maßgebende regelmäßige Arbeitszeit ist dabei zu berücksichtigen (vgl. § 4 Abs. 1 Satz 1 EFZG).[79] Ein höherer Anspruch kann in Tarifverträgen, in Einzelverträgen oder in Betriebsvereinbarungen vereinbart werden.

Der Anspruch auf Entgeltfortzahlung folgt dem modifizierten Entgeltausfallprinzip.[80] Das Entgeltausfallprinzip erhält dem Arbeitnehmer die volle Vergütung einschließlich etwaiger Zuschläge. Lediglich Leistungen, die nicht an die Erbringung der Arbeitsleistung in

[79] Der Anspruch besteht auch für Personen, die verkürzt arbeiten und Leistungen nach dem Altersteilzeitgesetz erhalten, für Zeiten, in denen sie zur Arbeitsleistung verpflichtet sind.

[80] BAG, Urteil vom 8.11.2017, 5 AZR 11/17

einem bestimmten Zeitabschnitt gekoppelt sind, sondern aus besonderem Anlass gezahlt werden, bleiben unberücksichtigt.[81] Maßgebend ist allein die individuelle Arbeitszeit des erkrankten Arbeitnehmers. Es kommt darauf an, welche Arbeitszeit aufgrund der Arbeitsunfähigkeit ausgefallen ist. Bei Schwankungen der individuellen Arbeitszeit ist zur Bestimmung der „regelmäßigen" Arbeitszeit eine vergangenheitsbezogene Betrachtung zulässig und geboten.[82] Änderungen im Arbeitsverhältnis wie

- Verkürzung der Arbeitszeit,
- Erhöhung des Arbeitsentgelts durch Tarifvertrag, Betriebsvereinbarung oder Einzelvertrag oder
- Statuswechsel (z. B. vom Auszubildenden zum Gesellen)

wirken sich auf den Anspruch auf Entgeltfortzahlung während der Arbeitsunfähigkeit aus (vgl. Beispiel 24).[83]

Beispiel 24: Statuswechsel

Ein Auszubildender ist seit dem 20.7.2018 arbeitsunfähig krank. Das Ausbildungsverhältnis endet mit dem 31.7.2018; seit dem 1.8.2018 steht der Arbeitnehmer in einem Beschäftigungsverhältnis als Geselle bei demselben Arbeitgeber. Der Anspruch auf Entgeltfortzahlung richtet sich seit dem 1.8.2018 nach dem Arbeitsentgelt, das in der Beschäftigung als Geselle erzielt worden wäre.

Wird im Betrieb des Arbeitsunfähigen gekürzt gearbeitet und würde sich sein Arbeitsentgelt im Falle der Arbeitsfähigkeit damit mindern, mindert sich entsprechend der Anspruch auf Entgeltfortzahlung (vgl. § 4 Abs. 3 EFZG). Die Ursache der verkürzten Arbeitszeit (z. B. Kurzarbeit, witterungsbedingter Arbeitsausfall) ist unbedeutend.

Für Arbeitszeit, die gleichzeitig in Folge eines gesetzlichen Feiertages ausgefallen ist, erhält der Arbeitnehmer die Entgeltfortzahlung in Höhe der Feiertagsbezahlung (vgl. § 4 Abs. 2 EFZG). Arbeitsentgelt wird in der Höhe gezahlt, wie es bei Arbeitsfähigkeit für diesen Tag gezahlt worden wäre. Es besteht kein Anspruch auf Arbeits-

[81] BAG, Urteil vom 20.1.2010, 5 AZR 53/09
[82] BAG, Urteil vom 21.11.2001, 5 AZR 296/00
[83] BAG, Urteil vom 15.2.1978, 5 AZR 739/76, USK 7828

entgelt, wenn der Arbeitnehmer am Arbeitstag vor oder nach dem Feiertag unentschuldigt der Arbeit fernbleibt (vgl. § 2 Abs. 3 EFZG; vgl. Beispiel 5).

2.4.2 Vergütung nach Arbeitszeit

Das Arbeitsentgelt ist für die regelmäßige Arbeitszeit weiterzuzahlen, die infolge der Arbeitsunfähigkeit ausfällt. Bei Arbeitnehmern, deren Arbeitsentgelt nach Monaten bemessen ist, kann der auf den Kalendertag entfallende Teil des Arbeitsentgelts mit der Zahl der auf die Arbeitsunfähigkeit entfallenden Kalendertage multipliziert werden (vgl. Beispiel 25). Das kalendertägliche Arbeitsentgelt entspricht 1/30 des monatlichen Arbeitsentgelts.[84] Dieses gilt bei gleichbleibendem Wochenlohn entsprechend mit der Maßgabe, dass von den jeweiligen Arbeitstagen auszugehen ist (vgl. Beispiel 26). Bei Stundenlöhnern ist die Zahl der ausgefallenen Stunden mit dem jeweils maßgebenden Stundenlohn zu multiplizieren (vgl. Beispiel 27).[85]

Beispiel 25: Arbeitsentgelt nach Monaten

Ein Arbeitnehmer erzielt ein monatliches Gehalt von 2.500 Euro. Der Arbeitnehmer ist in der Zeit vom 20.8. bis zum 4.9.2018 arbeitsunfähig krank.

Berechnung der Entgeltfortzahlung:

Monatsbetrag	2.500,00 Euro
kalendertäglicher Betrag (Monatsbetrag : 30)	83,33 Euro
Arbeitsunfähigkeitstage	16
Entgeltfortzahlung	**1.333,28 Euro**

Beispiel 26: Arbeitsentgelt nach Wochen

Ein Arbeitnehmer erzielt einen Wochenlohn von 300 Euro. Die Beschäftigung wird von montags bis freitags ausgeübt. Der Arbeitnehmer ist in der Zeit vom 30.7. (Montag) bis zum 11.8.2018 (Samstag) arbeitsunfähig.

[84] BAG, Urteil vom 28.2.1975, 5 AZR 213/74
[85] BAG, Urteil vom 9.7.2003, 5 AZR 610/01

Berechnung der Entgeltfortzahlung:

Wochenbetrag	300,00 Euro
kalendertäglicher Betrag (Wochenbetrag : 5)	60,00 Euro
Arbeitsunfähigkeitstage	10
Entgeltfortzahlung	**600,00 Euro**

Beispiel 27: Arbeitsentgelt nach Stunden

Ein Arbeitnehmer erzielt einen Stundenlohn von 15 Euro. Er ist in der Zeit vom 25.8. bis zum 31.8.2018 arbeitsunfähig.

Berechnung der Entgeltfortzahlung:

Stundenlohn	15,00 Euro
Arbeitsstunden während der Arbeitsunfähigkeit	38,5
Entgeltfortzahlung	**577,50 Euro**

Die individuelle Arbeitszeit folgt in erster Linie aus dem Arbeitsvertrag.[86] Auf die allgemein im Betrieb geltende Arbeitszeit kommt es nicht entscheidend an. Auch die kraft Tarifvertrag oder Betriebsvereinbarung im Betrieb geltende Arbeitszeit kann von der individuellen Arbeitszeit des Arbeitnehmers nach oben oder nach unten abweichen. Grundlage hierfür kann eine ausdrückliche oder konkludente Vereinbarung oder etwa eine betriebliche Übung sein.[87] Bei einer verstetigten, also stets gleichbleibenden Arbeitszeit bereitet die Feststellung der maßgebenden Arbeitszeit keine Schwierigkeiten. Ist ein festes Monatsgehalt vereinbart, ist dieses bei gewerblichen Arbeitnehmern ebenso wie bei Angestellten bis zur Dauer von sechs Wochen fortzuzahlen.

Bei einem Monatslohn oder Gehalt für einen Teilmonat kann das fortzuzahlende Arbeitsentgelt auch ermittelt werden, indem das monatliche Bruttoarbeitsentgelt durch die tatsächlich anfallenden Arbeitstage des Monats dividiert und der sich danach ergebende Betrag mit der Anzahl der krankheitsbedingt ausfallenden Arbeitstage multipliziert wird (vgl. Beispiel 28).[88]

[86] BAG, Urteil vom 24.3.2004, 5 AZR 346/03
[87] BAG, Urteil vom 21.11.2001, 5 AZR 296/00
[88] BAG, Urteil vom 14.8.1985, 5 AZR 384/84

Beispiel 28: Arbeitsentgelt nach Monaten – Alternative

Ein Arbeitnehmer erzielt ein monatliches Gehalt von 2.700 Euro. Die Beschäftigung wird von montags bis freitags ausgeübt. Der Arbeitnehmer ist vom 20.8. bis zum 4.9.2018 arbeitsunfähig.

Berechnung der Entgeltfortzahlung (20.8.–31.8.2018):

Monatsbetrag	2.700,00 Euro
arbeitstäglicher Betrag (Monatsbetrag : 23)	117,39 Euro
Arbeitsunfähigkeitstage (Arbeitstage)	10
Entgeltfortzahlung im August 2018	**1.173,90 Euro**

Berechnung der Entgeltfortzahlung (1.9.–4.9.2018):

Monatsbetrag	2.700,00 Euro
arbeitstäglicher Betrag (Monatsbetrag : 20)	135,00 Euro
Arbeitsunfähigkeitstage (Arbeitstage)	2
Entgeltfortzahlung im September 2018	**270,00 Euro**

Alternative Berechnungen sind möglich. Sie können insbesondere durch Tarifverträge, Betriebsvereinbarungen oder Einzelarbeitsverträge vereinbart werden.[89]

Das zusätzlich für Mehrarbeitsstunden gezahlte Arbeitsentgelt gehört nicht zum fortzuzahlenden Arbeitsentgelt (vgl. § 4 Abs. 1a Satz 1 EFZG). Das Gesetz klammert sowohl die Grundvergütung als auch die Zuschläge für die Mehrarbeitsstunden aus. Maßgeblich für Mehrarbeitsstunden ist die individuelle regelmäßige Arbeitszeit des Arbeitnehmers. Mehrarbeitsstunden in diesem Sinne sind Zeiten, welche die individuelle regelmäßige Arbeitszeit des Arbeitnehmers überschreiten.[90]

Leistet der Arbeitnehmer dagegen regelmäßig eine bestimmte Arbeitszeit, die mit der betriebsüblichen oder tariflichen Arbeitszeit nicht übereinstimmt, gehören die Stunden zur regelmäßigen Arbeitszeit i. S. v. § 4 Abs. 1 Satz 1 EFZG. Mehrarbeitsstunden sind „regelmäßig", wenn sie mit einer gewissen Stetigkeit und Dauer während der Zeit der Arbeitsverhinderung angefallen wären.

Als Referenzzeitraum für die Beurteilung der individuellen Arbeitszeit unter Berücksichtigung von Mehrarbeitsstunden ist ein Zeit-

89 BAG, Urteil vom 24.3.2004, 5 AZR 346/03

90 BAG, Urteil vom 21.11.2001, 5 AZR 296/00

raum von zwölf Monaten vor Beginn der Arbeitsunfähigkeit heranzuziehen.[91]

Das Arbeitsentgelt ist prinzipiell nach vergangenheitsbezogenen Werten zu berechnen, wenn ein Mindestsoll an Arbeitsstunden nicht vereinbart und die Arbeitszeit nicht gleichbleibend ist.[92] Dabei ist grundsätzlich vom letzten abgerechneten Entgeltabrechnungszeitraum im Umfang von mindestens vier Wochen auszugehen. Führt diese Berechnung zu keinem vertretbaren Ergebnis, ist zunächst die Arbeitszeit eines gleichartig beschäftigten Arbeitnehmers zugrunde zu legen. Erst danach sind die letzten drei abgerechneten Entgeltabrechnungszeiträume (z. B. drei Monate oder 12 bzw. 13 Wochen) maßgebend. Das auf diesem Wege ermittelte Arbeitsentgelt ist durch die Zahl der auf den Ausgangszeitraum entfallenden Arbeitstage zu dividieren. Das Ergebnis wird mit der Zahl der infolge Arbeitsunfähigkeit ausgefallenen Arbeitstage multipliziert (vgl. Beispiel 29).[93]

Beispiel 29: Arbeitsentgelt in Sonderfällen

Ein Aushilfsarbeitnehmer wird nach Bedarf eingesetzt. Eine Mindestarbeitszeit ist nicht vereinbart. Eine Berechnung der Entgeltfortzahlung aus dem letzten abgerechneten Entgeltabrechnungszeitraum bzw. nach den Werten eines vergleichbaren Arbeitnehmers führt zu keinem vertretbaren Ergebnis. Der Arbeitnehmer kann von montags bis samstags eingesetzt werden. Er ist vom 4.9. bis zum 20.9.2018 arbeitsunfähig.

Berechnung der Entgeltfortzahlung:

Arbeitsentgelt der letzten 3 abgerechneten Monate (Juni – August 2018)	950,00 Euro
Zahl der möglichen Arbeitstage	79
durchschnittliches fiktives Arbeitsentgelt (werktäglich)	12,03 Euro
Arbeitstage während der Arbeitsunfähigkeit	15
Entgeltfortzahlung	**180,45 Euro**

[91] BAG, Urteil vom 9.7.2003, 5 AZR 610/01
[92] BAG, Urteil vom 29.9.1971, 3 AZR 164/71
[93] BAG, Urteil vom 22.10.1980, 5 AZR 438/78

2.4.3 Vergütung nach Arbeitsleistung

Erhält der Arbeitnehmer eine auf das Ergebnis der Arbeit abgestellte Vergütung, ist der von dem Arbeitnehmer in der für ihn maßgebenden regelmäßigen Arbeitszeit erzielbare Durchschnittsverdienst der Berechnung zugrunde zu legen (vgl. § 4 Abs. 1a Satz 2 EFZG). Danach ist auch beim Leistungslohn das Entgeltausfallprinzip maßgebend. Beim Akkordlohn muss der Lohn weitergezahlt werden, den der Akkordarbeiter erzielt hätte, wenn er nicht krank geworden wäre.[94] Es ist jeweils die Berechnung zu wählen, die dem Entgeltausfallprinzip am besten gerecht wird.

Beim Gruppenakkord kommt es der Bestimmung des tatsächlichen Entgeltausfalls am nächsten, auf den Verdienst der weiterarbeitenden Akkordgruppenmitglieder abzustellen. Das Referenzprinzip[95] ist für die Bestimmung des Entgeltausfalls weniger gut geeignet, weil es die tatsächlichen Besonderheiten der ausgefallenen Arbeit nicht berücksichtigt.

Regelmäßig werden Akkordgruppen aus ungefähr gleich leistungsstarken Arbeitnehmern gebildet. Es ist wahrscheinlich, dass der erkrankte Arbeitnehmer eine dem Verdienst der übrigen Arbeitnehmer entsprechende Vergütung erzielt hätte. Das gilt auch bei einer aus zwei Personen bestehenden Akkordgruppe, wenn der verbleibende Arbeitnehmer allein im Akkord weiterarbeitet. Zwar entfallen für ihn die Vorteile der Zusammenarbeit. Doch tritt deren Bedeutung regelmäßig hinter die Bedeutung der Art der Arbeit an unterschiedlichen Einsatzorten in unterschiedlichen Zeiträumen zurück.

2.5 Fortzuzahlendes Arbeitsentgelt

2.5.1 Allgemeines

Das Bruttoarbeitsentgelt ist die Berechnungsgrundlage für das fortzuzahlende Arbeitsentgelt. Bei einer Nettolohnvereinbarung hat der Arbeitgeber die Arbeitnehmeranteile zur Sozialversicherung und die Lohnsteuer sowie andere gesetzliche Abgaben auch für die Dauer der Entgeltfortzahlung zu übernehmen.

---

[94] BAG, Urteil vom 26.2.2003, 5 AZR 162/02

[95] Das Referenzprinzip betrachtet einen definierten vergangenheitsbezogenen Zeitraum.

Sonntags-, Feiertags- und Nachtarbeitszuschläge sind fortzuzahlen, wenn sie auch bei Arbeitsfähigkeit zu leisten gewesen wären. Die Entgeltfortzahlung für wegen krankheitsbedingter Arbeitsunfähigkeit ausgefallene Feiertagsarbeit schließt die entsprechenden Zuschläge mit ein; Gleiches gilt für Sonntagszuschläge. Diese Zuschläge sind zusätzliche Gegenleistung für die an Sonn- und Feiertagen zu leistende besonders lästige bzw. belastende Arbeit. Als Entgelt rechnen diese Zuschläge nicht zum Aufwendungsersatz i. S. v. § 4 Abs. 1a Satz 1 EFZG, der im Krankheitsfall nicht geschuldet ist.[96]

2.5.2 Sachbezüge

Zum fortzuzahlenden Arbeitsentgelt gehören auch die Sachbezüge. Sie sind in bar abzugelten, wenn sie während der Arbeitsunfähigkeit nicht in Anspruch genommen werden können.

Hinweis:

Die Höhe der Barabgeltung richtet sich nach den Werten der Sozialversicherungsentgeltverordnung.

2.5.3 Einmalig gezahltes Arbeitsentgelt

Einmalig gezahltes Arbeitsentgelt, das dem Arbeitnehmer während der Arbeitsunfähigkeit gewährt wird, ist nicht Bestandteil des nach dem EFZG fortzuzahlenden Arbeitsentgelts. Sinn und Zweck der §§ 3, 4 EFZG lassen erkennen, dass sie nur das laufende Arbeitsentgelt meinen, nicht aber Rechtsgrundlage für die Berücksichtigung einmalig gezahlten Arbeitsentgelts sind.[97]

2.5.4 Kürzung von Sondervergütungen

In Tarifverträgen, Betriebsvereinbarungen oder Einzelverträgen kann die Kürzung von Sondervergütungen für Zeiten der Arbeitsunfähigkeit vereinbart werden (vgl. § 4a Satz 1 EFZG). Dabei darf die Kürzung im Ergebnis nicht zu einem vollständigen Wegfall der

[96] BAG, Urteil vom 14.1.2009, 5 AZR 89/08

[97] Eine einmalig im Jahr gewährte Anwesenheitsprämie ist bei der Berechnung des fortzuzahlenden Arbeitsentgelts nicht zu berücksichtigen (BAG, Urteil vom 15.2.1990, 6 AZR 381/88).

Sondervergütung führen (vgl. § 4a Satz 2 EFZG). Sondervergütungen sind Leistungen, die der Arbeitnehmer zusätzlich zum laufenden Arbeitsentgelt erhält.

Unter den gesetzlichen Begriff der Sondervergütungen fallen auch Anwesenheitsprämien.[98] Diese Geldleistungen bieten dem Arbeitnehmer einen Anreiz, die Zahl seiner berechtigten oder unberechtigten Fehltage im Bezugszeitraum möglichst gering zu halten. Eine derartige Leistung ist nicht an bestimmte Zahlungsmodalitäten gebunden. Sie kann als Prämie für jeden einzelnen Tag, an dem der Arbeitnehmer seine Arbeit aufnimmt, gezahlt werden, oder als Einmalleistung zu einem bestimmten Zeitpunkt (z. B. am Jahresende oder viermal jährlich, bezogen auf den davor liegenden Dreimonatszeitraum). Eine Vereinbarung über den vollständigen Wegfall der Anwesenheitsprämie im Krankheitsfall ist unwirksam.

2.6 Tariföffnungsklausel

Eine vertragliche Anpassung der Entgeltfortzahlung an Besonderheiten der Arbeitsverhältnisse ist möglich (vgl. § 4 Abs. 4 EFZG). Durch Tarifvertrag kann eine von § 4 Abs. 1, 1a, 3 EFZG abweichende Bemessungsgrundlage des fortzuzahlenden Arbeitsentgelts festgelegt werden. Für alle anderen Vorschriften im EFZG besteht keinerlei Möglichkeit, zum Nachteil des Arbeitnehmers tarifvertragliche Regelungen zu vereinbaren, da es sich nicht um tarifdispositives Recht handelt. Die tarifvertraglichen Regelungen können aufgrund einer Vereinbarung zwischen dem Arbeitgeber und dem Arbeitnehmer auch auf nicht tarifgebundene Vertragspartner angewendet werden (vgl. § 4 Abs. 4 Satz 2 EFZG).

3 Medizinische Vorsorge und Rehabilitation

Arbeitnehmer haben einen Anspruch auf Fortzahlung des Arbeitsentgelts während einer Maßnahme der medizinischen Vorsorge oder Rehabilitation (vgl. § 9 Abs. 1 EFZG). Gleichzeitige Arbeitsunfähigkeit ist nicht erforderlich.[99] Sind die Voraussetzungen des § 9 Abs. 1 EFZG erfüllt, gelten die Vorschriften der §§ 3 bis 4a, 6 bis 8 EFZG entsprechend. Besteht vor und während einer Vorsorge- oder Rehabilitationsmaßnahme Arbeitsunfähigkeit, hat der Anspruch

98 BAG, Urteil vom 25.7.2001, 10 AZR 502/00

99 BAG, Urteil vom 10.9.2014, 10 AZR 651/12

auf Entgeltfortzahlung seine Rechtsgrundlage in § 3 Abs. 1 EFZG; in diesen Fällen sind die Voraussetzungen des § 9 Abs. 1 EFZG nicht zu prüfen.

3.1 Voraussetzungen

Ein Anspruch auf Entgeltfortzahlung besteht nur, wenn ein Sozialleistungsträger (vgl. §§ 18 bis 29 SGB I) die Maßnahme bewilligt hat. Es ist nicht erforderlich, dass der Arbeitnehmer stationär behandelt wird. Es geht überwiegend um Maßnahmen der Kranken-, Renten- oder Unfallversicherung oder einer Verwaltungsbehörde der Kriegsopferversorgung (Versorgungsamt).

Liegt eine dieser Voraussetzungen nicht vor, ist der Arbeitgeber nicht zur Weiterzahlung des Arbeitsentgelts verpflichtet.

Um eine Vorsorge- oder Rehabilitationsmaßnahme i. S. des § 9 Abs. 1 EFZG handelt es sich, wenn die Maßnahme von einem Sozialleistungsträger verantwortlich gestaltet und durchgeführt wird. Dies ist nur dann der Fall, wenn der Sozialleistungsträger für ein planvoll gestaltetes medizinisches Heilverfahren sorgt, mit dem ein bestimmter Kur- oder Heilerfolg erreicht werden kann. Dazu gehören eine ausreichende medizinische Betreuung sowie ein gewisser Einfluss auf die Lebensführung des Versicherten. Eine stationäre Unterbringung ist nicht erforderlich. Eine ambulante Maßnahme ist ausreichend.

Die Maßnahme muss in einer Einrichtung der medizinischen Vorsorge oder Rehabilitation nach § 107 Abs. 2 SGB V durchgeführt werden.[100] Eine lediglich damit vergleichbare Einrichtung ist nicht ausreichend.

Hat der Arbeitnehmer eine Maßnahme der medizinischen Vorsorge oder Rehabilitation auf eigene Kosten durchgeführt und werden die Kosten von einem der vorgenannten Träger übernommen (z. B. nach § 18 Abs. 1 BVG), sind die Voraussetzungen des § 9 EFZG ebenfalls erfüllt.

3.2 Dauer der Entgeltfortzahlung

Das Arbeitsentgelt wird für die gesamte Dauer der Maßnahme fortgezahlt, längstens bis zur Dauer von sechs Wochen. Eine Vorsorge- oder Rehabilitationsmaßnahme steht einer Arbeitsunfähigkeit

---

[100] BAG, Urteil vom 25.5.2016, 5 AZR 298/15

gleich.[101] Daraus ergibt sich für den Arbeitgeber das Recht, Zeiten einer Vorsorge- oder Rehabilitationsmaßnahme bei Wiederholungserkrankungen oder -maßnahmen unter den in § 3 Abs. 1 Satz 2 EFZG genannten Voraussetzungen auf die Anspruchsdauer von sechs Wochen anzurechnen. Unter den gleichen Bedingungen kann er auch eine frühere Entgeltfortzahlung wegen einer Arbeitsunfähigkeit auf die Anspruchsdauer während einer Vorsorge- oder Rehabilitationsmaßnahme anrechnen.

3.3 Anzeige- und Nachweispflicht

Der Arbeitnehmer hat dem Arbeitgeber den Beginn der Maßnahme, ihre voraussichtliche Dauer und ggf. eine Verlängerung mitzuteilen (vgl. § 9 Abs. 2 EFZG). Die Mitteilung hat unverzüglich zu erfolgen, d. h., ohne schuldhaftes Zögern (vgl. § 121 Abs. 1 BGB), sobald der Arbeitnehmer den Termin für die Einberufung kennt. Die Mitteilung ist nicht an eine bestimmte Form gebunden, sie kann mündlich abgegeben werden. Mitzuteilen ist auch die voraussichtliche Dauer der Maßnahme. Bei einer späteren Verlängerung muss der Arbeitnehmer seinen Arbeitgeber unverzüglich davon in Kenntnis setzen.

Der Arbeitnehmer hat dem Arbeitgeber eine Bescheinigung über die Bewilligung der Maßnahme nach § 9 Abs. 1 EFZG vorzulegen. Die Vorlagepflicht beginnt mit dem Zugang des Bescheids des Sozialleistungsträgers. Die Vorlage hat unverzüglich zu erfolgen. Aus der Bescheinigung über die Bewilligung der Maßnahme müssen

- die Art der bewilligten Maßnahme,
- die stationäre Durchführung der Maßnahme in einer Einrichtung der medizinischen Vorsorge oder Rehabilitation und
- der bewilligende Sozialleistungsträger

hervorgehen.

Der Arbeitgeber ist berechtigt, die Entgeltfortzahlung zeitweilig zu verweigern, bis der Arbeitnehmer seine Verpflichtung erfüllt (vgl. § 9 Abs. 1 Satz 1 i. V. m. § 7 Abs. 1 Nr. 1 EFZG).

---

[101] BAG, Urteil vom 10.9.2014, 10 AZR 651/12

I

3.4 Arbeitnehmer, die nicht Mitglied einer Krankenkasse sind

Arbeitnehmer, die nicht Mitglied einer Krankenkasse oder nicht in der gesetzlichen Rentenversicherung versichert sind, haben Anspruch auf Entgeltfortzahlung durch den Arbeitgeber bis zu sechs Wochen, wenn eine ärztlich verordnete Maßnahme der medizinischen Vorsorge oder Rehabilitation in einer Einrichtung der medizinischen Vorsorge oder Rehabilitation oder einer vergleichbaren Einrichtung durchgeführt wird (vgl. § 9 Abs. 1 Satz 2 EFZG).[102] Bei diesem Personenkreis kann es sich um geringfügig Beschäftigte (vgl. § 8 SGB IV) oder höher verdienende Arbeitnehmer (vgl. § 6 Abs. 1 Nr. 1 SGB V) handeln.

Die ärztliche Verordnung setzt voraus, dass die Durchführung einer medizinischen Maßnahme der Vorsorge oder der Rehabilitation in einer entsprechenden Einrichtung notwendig ist. Verordnet der Arzt nur eine medizinische Vorsorge- oder Rehabilitationsmaßnahme, ohne die Notwendigkeit der Durchführung zu bestätigen, reicht die Verordnung nicht aus.

Dem Arbeitgeber ist unverzüglich eine ärztliche Bescheinigung über die Erforderlichkeit der Maßnahme vorzulegen (vgl. § 9 Abs. 2 Buchst. b EFZG).

4 Beendigung des Arbeitsverhältnisses

4.1 Anlasskündigung

Der Anspruch auf Entgeltfortzahlung setzt ein bestehendes Arbeitsverhältnis voraus. Mit dem Arbeitsverhältnis endet auch die Entgeltfortzahlung (vgl. § 8 Abs. 2 EFZG). Eine wesentliche Ausnahme hiervon enthält § 8 Abs. 1 EFZG. Der Anspruch auf Fortzahlung des Arbeitsentgelts wird nicht dadurch berührt, dass der Arbeitgeber das Arbeitsverhältnis aus „Anlass der Arbeitsunfähigkeit kündigt" (vgl. § 8 Abs. 1 Satz 1 EFZG). Das Gesetz enthält zwar keinen Kündigungsschutz während der Arbeitsunfähigkeit. Es verhindert aber, dass sich der Arbeitgeber durch eine Kündigung aus Anlass der Arbeitsunfähigkeit von seinen Verpflichtungen zur Entgeltfortzahlung befreit.[103]

---

102 BAG, Urteil vom 7.2.2007, 5 AZR 229/06

103 Mit der Zulässigkeit einer ordentlichen Kündigung wegen Krankheit des Arbeitnehmers befasst sich das BAG, Urteil vom 18.1.2007, 2 AZR 759/05; 8.11.2007, 2 AZR 292/06; 20.11.2014, 2 AZR 755/13.

Das Gleiche gilt, wenn der Arbeitnehmer aus einem vom Arbeitgeber zu vertretenden Grund das Arbeitsverhältnis während der Arbeitsunfähigkeit kündigt (vgl. § 8 Abs. 1 Satz 2 EFZG).

Die Anwendbarkeit der Vorschrift setzt jedoch voraus, dass der Anspruch auf Entgeltfortzahlung während eines Arbeitsverhältnisses entstanden ist.[104] Es besteht kein Anspruch auf Entgeltfortzahlung, wenn die Kündigung aus Anlass der Arbeitsunfähigkeit das Arbeitsverhältnis beendet, bevor die Arbeitsunfähigkeit beginnt.

Der Arbeitgeber kündigt dann aus Anlass der Arbeitsunfähigkeit, wenn die Arbeitsunfähigkeit wesentliche Bedingung der Kündigung ist (vgl. Beispiel 30).[105] Es kommt auf die objektive Ursache, nicht auf das Motiv der Kündigung an. Maßgebend sind die objektiven Umstände bei Ausspruch der Kündigung. Der Arbeitgeber kündigt nicht aus Anlass der Arbeitsunfähigkeit, wenn diese erst nach einer ausgesprochenen Kündigung eintritt oder bekannt wird.

Der Begriff „aus Anlass" wird weit ausgelegt. Es genügt, wenn die Kündigung ihre objektive Ursache und wesentliche Bedingung in der Arbeitsunfähigkeit des Arbeitnehmers hat und den entscheidenden Anstoß für den Kündigungsentschluss gegeben hat.

Hieraus folgert die überwiegende Auffassung im arbeitsrechtlichen Schrifttum, die Anwendung des § 8 Abs. 1 Satz 1 EFZG setze die Arbeitsunfähigkeit des Arbeitnehmers beim Ausspruch der Kündigung voraus. Eine zukünftige Arbeitsunfähigkeit muss mit großer Sicherheit bevorstehen (z. B. aufgrund einer fest terminierten Operation).

Beispiel 20: Kündigung aus Anlass der Arbeitsunfähigkeit

Der Arbeitgeber kündigt,

- weil eine Ersatzkraft für den erkrankten Arbeitnehmer eingestellt wird, um Betriebsablaufstörungen wegen der krankheitsbedingten Abwesenheit zu vermeiden,[106]
- wegen einer sich an die Arbeitsunfähigkeit anschließenden Berufs- oder Erwerbsunfähigkeit des Arbeitnehmers,[107]

[104] BAG, Urteil vom 17.4.2002, 5 AZR 2/01
[105] BAG, Urteil vom 17.4.2002, 5 AZR 2/01
[106] BAG, Urteil vom 26.10.1971, 1 AZR 40/71
[107] BAG, Urteil vom 22.12.1971, 1 AZR 180/71

- wegen eines mit der Arbeitsunfähigkeit in Zusammenhang stehenden gesetzlichen Beschäftigungsverbots,[108]
- einem arbeitsunfähig erkrankten Arbeitnehmer aus betriebsbedingten Gründen ohne eine soziale Auswahl (vgl. § 1 Abs. 3 KSchG) zu treffen, wenn die Arbeitsunfähigkeit einen entscheidenden Grund für die Kündigung darstellt.[109]

Die gleiche Beurteilung gilt auch, wenn der Arbeitgeber das Arbeitsverhältnis aus einem der folgenden Anlässe kündigt:

- Fortdauer einer Arbeitsunfähigkeit
- nicht rechtswidrige Sterilisation
- nicht rechtswidriger Schwangerschaftsabbruch
- rechtswidriger, aber straffreier Schwangerschaftsabbruch
- Organtransplantation

Eine Kündigung aus Anlass der Arbeitsunfähigkeit während der vierwöchigen Wartezeit (vgl. § 3 Abs. 3 EFZG) entbindet den Arbeitgeber ebenfalls nicht davon, Entgeltfortzahlung zu leisten (vgl. Beispiel 31).

Beispiel 31: Anlasskündigung während der Wartezeit

Ein Arbeitnehmer steht seit dem 1.5.2018 in einem Arbeitsverhältnis. Dieses wird aus Anlass einer am 15.5.2018 eingetretenen Arbeitsunfähigkeit gekündigt. Der Arbeitnehmer hat während der Wartezeit bis zum 28.5.2018 keinen Anspruch auf Entgeltfortzahlung. Für die Zeit vom 29.5. bis zum 9.7.2018 hat der Arbeitgeber Entgelt fortzuzahlen (längstens bis zum Ende der Arbeitsunfähigkeit).

4.2 Darlegungs- und Beweislast

Die Darlegungs- und Beweislast dafür, dass aus Anlass der Arbeitsunfähigkeit gekündigt worden ist, trifft im Streitfall als anspruchsbegründende Tatsache den Arbeitnehmer.[110] Fallen Kündigung und

108 BAG, Urteil vom 26.4.1978, 5 AZR 7/77
109 BAG, Urteil vom 28.11.1979, 5 AZR 725/77
110 BAG, Urteil vom 13.5.2004, 2 AZR 426/03 (Nichtigkeit einer Kündigung bei einem Verstoß gegen Treu und Glauben) mit weiteren Nachweisen

Beginn der Arbeitsunfähigkeit oder deren Verlängerung zeitlich zusammen, so spricht der Beweis des ersten Anscheins dafür, dass die Arbeitsunfähigkeit oder deren Fortdauer Anlass der Kündigung war. Dies zu widerlegen ist dann Sache des Arbeitgebers.[111]

Wird das Arbeitsverhältnis vor Beginn der Arbeitsunfähigkeit gekündigt, liegt keine Anlasskündigung vor. Erhebt der Arbeitnehmer zulässig Kündigungsschutzklage, so ist für die soziale Rechtfertigung der Kündigung der Arbeitgeber beweispflichtig (vgl. § 1 Abs. 2 KSchG).

4.3 Kündigung vor der Arbeitsunfähigkeit

Grundsätzlich endet mit dem Arbeitsverhältnis auch der Anspruch auf Entgeltfortzahlung. Bei einer vor dem Eintritt von Arbeitsunfähigkeit ausgesprochenen Kündigung entfällt der Anspruch auf Entgeltfortzahlung mit Ablauf der Kündigungsfrist. Dies gilt auch dann, wenn der Arbeitgeber die Entgeltfortzahlung nicht für sechs Wochen gezahlt hat.[112]

Nach dem Wortlaut des § 8 Abs. 1 Satz 1 EFZG muss die Arbeitsunfähigkeit bei Ausspruch der Kündigung nicht objektiv vorliegen. Kündigt der Arbeitgeber wegen einer bevorstehenden Arbeitsunfähigkeit, wird ebenfalls „aus Anlass der Arbeitsunfähigkeit" gekündigt.[113] Es bedarf lediglich hinreichend sicherer Anhaltspunkte der bevorstehenden Arbeitsunfähigkeit. Bloße Vermutungen oder vage Ankündigungen können keine Grundlage dafür sein, dass die Arbeitsunfähigkeit objektive Ursache der Kündigung ist. Steht dagegen die künftige Arbeitsunfähigkeit so gut wie sicher fest, kann sie die Grundlage der Kündigung sein. Das ist gerade bei einem fest vereinbarten Operationstermin der Fall, wenn die Operation mit Arbeitsunfähigkeit verbunden ist. Krankheitsbedingte Arbeitsunfähigkeit tritt eben nicht stets unvorhersehbar und schicksalhaft ein, sondern unterliegt vielfach der Planung durch Patienten und Ärzte.

---

111 BAG, Urteil vom 20.8.1980, 5 AZR 218/78
112 BAG, Urteil vom 17.4.2002, 5 AZR 2/01
113 BAG, Urteil vom 17.4.2002, 5 AZR 2/01

4.4 Aufhebungsvertrag

§ 8 Abs. 1 Satz 1 EFZG ist anzuwenden, wenn das Arbeitsverhältnis aus Anlass der Arbeitsunfähigkeit gekündigt wird und anschließend auf Initiative des Arbeitgebers hin ein Aufhebungsvertrag geschlossen wird.[114] Entscheidend ist der materielle Beendigungsgrund und nicht die formelle Gestaltung durch Kündigung oder Aufhebungsvertrag.

Hinweis:

Das Gleiche gilt, wenn ein Aufhebungsvertrag ohne vorherige Kündigung geschlossen wird.

4.5 Kündigung durch den Arbeitnehmer

Einen Anspruch auf Entgeltfortzahlung über die Beendigung des Arbeitsverhältnisses hinaus kann ein Arbeitnehmer auch dann fordern, wenn er selbst aus wichtigem Grund kündigt und der Arbeitgeber diesen Grund zu vertreten hat (vgl. § 8 Abs. 1 Satz 2 EFZG). Davon ist ebenfalls auszugehen, wenn der Arbeitnehmer nicht fristlos, sondern fristgemäß kündigt.

Wichtige Gründe können sein:

- Tätlichkeiten
- grobe Beleidigungen
- ungerechtfertigte Verdächtigungen (z. B. des Diebstahls)
- unsittliches Verhalten
- Verstöße gegen Arbeitsschutzvorschriften
- bestimmte Vertragsverletzungen wie etwa die unberechtigte Verweigerung der Entgeltzahlung oder Entgeltfortzahlung oder ein Zahlungsverzug des Arbeitgebers.

Die Darlegungs- und Beweislast für das Vorliegen eines vom Arbeitgeber zu vertretenden wichtigen Grundes trifft den kündigenden Arbeitnehmer.

114 BAG, Urteil vom 20.8.1980, 5 AZR 589/79

5 Anzeige- und Nachweispflicht des Arbeitnehmers

5.1 Arbeitsunfähigkeit im Inland

Die Arbeitsunfähigkeit und deren voraussichtliche Dauer sind dem Arbeitgeber unverzüglich anzuzeigen (vgl. § 5 Abs. 1 Satz 1 EFZG; Anzeigepflicht) und spätestens am ersten Arbeitstag nach Ablauf des dritten Kalendertages der Arbeitsunfähigkeit durch eine ärztliche Bescheinigung nachzuweisen (vgl. § 5 Abs. 1 Satz 2 EFZG; Nachweispflicht). Die Anzeige- und Nachweispflicht gilt für alle Arbeitnehmer unabhängig vom Anspruch auf Entgeltfortzahlung.[115] Der Arbeitnehmer hat seinen Pflichten somit auch während der vierwöchigen Wartezeit ohne Anspruch auf Entgeltfortzahlung (vgl. § 3 Abs. 3 EFZG), bei einer selbstverschuldeten Arbeitsunfähigkeit, einem ruhenden Arbeitsverhältnis oder nach dem Ende des Anspruchs auf Entgeltfortzahlung während einer länger dauernden Arbeitsunfähigkeit nachzukommen.

Hinweis:

Die Anzeige kann der Arbeitnehmer ohne nachteilige Folgen nur unterlassen, wenn der Arbeitgeber aufgrund besonderer Umstände bereits Kenntnis von der Arbeitsunfähigkeit hat (z. B. nach einem Arbeitsunfall im Betrieb). Dabei wird es sich um wenige Ausnahmefälle handeln, weil der Arbeitgeber oder die Arbeitskollegen im Regelfall keinen medizinischen Sachverstand haben.

5.1.1 Anzeige der Arbeitsunfähigkeit

Dem Arbeitgeber ist die Arbeitsunfähigkeit und deren voraussichtliche Dauer unverzüglich ohne schuldhaftes Zögern (vgl. § 121 Abs. 1 Satz 1 BGB) anzuzeigen (vgl. § 5 Abs. 1 Satz 1 EFZG). Der Arbeitgeber ist im Regelfall am ersten Tag der Arbeitsunfähigkeit während der ersten Betriebsstunden zu unterrichten.[116] Dazu gehört auch eine Prognose des Arbeitnehmers über die Arbeitsunfähig-

---

[115] Der Nachweis ist auch zu führen, wenn kein Anspruch auf Entgeltfortzahlung besteht, weil z. B. der Arbeitnehmer die Arbeitsunfähigkeit schuldhaft herbeigeführt hat bzw. wegen Ablaufs der Sechs-Wochen-Frist bei einer einheitlichen Erkrankung keinen Anspruch auf Entgeltfortzahlung mehr hat.

[116] BAG, Urteil vom 31.8.1989, 2 AZR 13/89

keit und ihre voraussichtliche Dauer vor dem ersten Arztbesuch. Eine briefliche Information ist in diesem Zusammenhang nicht ausreichend.

I

Eine Anzeige ist darüber hinaus erforderlich, wenn eine Arbeitsunfähigkeit länger als angenommen oder durch den Arzt bescheinigt andauert (Fortsetzungserkrankung).

Eine bestimmte Form ist für die Anzeige nicht vorgeschrieben; sie kann u. a. mündlich oder telefonisch erfolgen. Anzuzeigen ist der Tatbestand der Arbeitsunfähigkeit. Als Ursache der Arbeitsunfähigkeit ist anzugeben, dass sie auf Krankheit beruht. Der Arbeitnehmer ist nicht verpflichtet, die Art der Krankheit oder die Diagnose zu nennen. Verletzt der Arbeitnehmer schuldhaft die Anzeigepflicht, kann dieses zu Schadenersatzansprüchen des Arbeitgebers führen.

Adressat der Anzeige ist der Arbeitgeber. Welche Person konkret über die Arbeitsunfähigkeit zu informieren ist, richtet sich nach den organisatorischen Bedingungen des Unternehmens. Die Kosten der Anzeige trägt der Arbeitnehmer.

5.1.2 Nachweis der Arbeitsunfähigkeit

5.1.2.1 Erstbescheinigung

Dauert die Arbeitsunfähigkeit länger als drei Kalendertage, hat der Arbeitnehmer eine ärztliche Bescheinigung über die Arbeitsunfähigkeit sowie deren voraussichtliche Dauer spätestens an dem darauffolgenden Arbeitstag vorzulegen (Erstbescheinigung; vgl. § 5 Abs. 1 Satz 2 EFZG; Beispiel 32). Es ist auf die betriebsüblichen Arbeitstage abzustellen. Der Arbeitgeber ist berechtigt, die Vorlage einer ärztlichen Bescheinigung früher zu verlangen. Die Arbeitsunfähigkeit ist von ihrem ersten Tag an zu bescheinigen.

Hinweis:

Bei der Berechnung der Vorlagefrist von drei Kalendertagen ist der erste Tag der Arbeitsunfähigkeit mitzurechnen.

5.1.2.2 Folgebescheinigung

Die bescheinigte voraussichtliche Dauer der Arbeitsunfähigkeit begrenzt deren Wirksamkeit. Es ist eine erneute ärztliche Bescheinigung beizubringen, wenn die Arbeitsunfähigkeit länger andauert

(Folgebescheinigung; vgl. § 5 Abs. 1 Satz 4 EFZG). Für die Vorlage der Folgebescheinigung sieht das Gesetz keine Frist vor. Die Praxis fordert, die Nachweispflicht entsprechend § 5 Abs. 1 Satz 2 EFZG auszulegen.[117]

5.1.3 Beweislast

Der Arbeitnehmer hat die Anspruchsvoraussetzungen darzulegen und zu beweisen. In der Regel führt er den Beweis der krankheitsbedingten Arbeitsunfähigkeit durch die Vorlage einer ärztlichen Arbeitsunfähigkeitsbescheinigung i. S. d. § 5 Abs. 1 Satz 2 EFZG.[118] Die ordnungsgemäß ausgestellte Arbeitsunfähigkeitsbescheinigung ist das gesetzlich ausdrücklich vorgesehene und insoweit wichtigste Beweismittel für krankheitsbedingte Arbeitsunfähigkeit.[119] Bezweifelt der Arbeitgeber die attestierte Arbeitsunfähigkeit, beruft er sich insbesondere darauf, der Arbeitnehmer habe den die Bescheinigung ausstellenden Arzt durch Simulation getäuscht oder der Arzt habe den Begriff der krankheitsbedingten Arbeitsunfähigkeit verkannt, muss er die Umstände, die gegen die Arbeitsunfähigkeit sprechen, näher darlegen und notfalls beweisen, um die Beweiskraft des Attestes zu erschüttern.

Beispiel 32: Nachweis

Sachverhalt (Im Betrieb wird jeweils von montags bis freitags gearbeitet)	**Dauer der Arbeitsunfähigkeit von mehr als drei Kalendertagen am ...**	**Folgender Arbeitstag**
Arbeitnehmer A ist seit dem 22.10.2018 (Montag) bis auf weiteres arbeitsunfähig krank.	24.10.2018	25.10.2018 (Donnerstag)
Arbeitnehmer B ist seit dem 23.10.2018 (Dienstag) bis auf weiteres arbeitsunfähig krank.	25.10.2018	26.10.2018 (Freitag)

117 BAG, Urteil vom 29.8.1980, 5 AZR 1051/79
118 BAG, Urteil vom 13.7.2005, AZR 389/04
119 BAG, Urteil vom 17.6.2003, 2 AZR 123/02

I

Sachverhalt (Im Betrieb wird jeweils von montags bis freitags gearbeitet)	Dauer der Arbeitsunfähigkeit von mehr als drei Kalendertagen am ...	Folgender Arbeitstag
Arbeitnehmer C ist seit dem 24.10.2013 (Mittwoch) bis auf weiteres arbeitsunfähig krank.	26.10.2018	29.10.2018 (Montag)
Arbeitnehmer D ist seit dem 25.10.2018 (Donnerstag) bis auf weiteres arbeitsunfähig krank.	27.10.2018	29.10.2018 (Montag)
Arbeitnehmer E ist seit dem 26.10.2018 (Freitag) bis auf weiteres arbeitsunfähig krank.	28.10.2018	29.10.2018 (Montag)

5.1.4 Kurzzeitige Erkrankung

Die Regelung, einen Nachweis schon zu einem früheren Zeitpunkt zu verlangen, eröffnet dem Arbeitgeber die Möglichkeit, abweichend von der gesetzlichen Grundnorm auch bei kurzzeitiger Erkrankung von bis zu drei Tagen einen Nachweis durch eine ärztliche Bescheinigung zu verlangen (vgl. § 5 Abs. 1 Satz 3 EFZG). Sie gestattet ihm außerdem, die Frist für die Vorlage einer ärztlichen Bescheinigung gegenüber der gesetzlichen Regelfrist abzukürzen.[120]

Hinweis:

Es liegt im Ermessen des Arbeitgebers

- eine frühere Vorlage zu verlangen und
- zu entscheiden, ob generell, abteilungsbezogen oder im Einzelfall von § 5 Abs. 1 Satz 2 EFZG abgewichen werden soll.

In der Sache selbst enthält sich das Gesetz damit einer abschließenden Regelung. § 5 Abs. 1 Satz 3 EFZG räumt dem Arbeitgeber gegenüber den Arbeitnehmern ein einseitiges Bestimmungsrecht ein. Eine vertragliche Regelung ist nicht erforderlich.

[120] BAG, Beschluss vom 25.1.2000, 1 ABR 3/99; Urteil vom 26.2.2003, 5 AZR 112/02

Es liegt im Ermessen des Arbeitgebers, sein Recht auszuüben.[121] Dazu ist es nicht erforderlich, dass gegen den Arbeitnehmer ein begründeter Verdacht besteht, er habe in der Vergangenheit eine Erkrankung nur vorgetäuscht. Das Recht des Arbeitgebers kann durch eine ausdrückliche Regelung in einem Tarifvertrag ausgeschlossen werden.

§ 5 Abs. 1 Satz 3 EFZG begründet einen Anspruch des Arbeitgebers (vgl. § 194 Abs. 1 BGB). Dieser Anspruch kann in einem Einzelfall ausgeübt, arbeitsvertraglich vereinbart oder durch Tarifvertrag geltend gemacht werden.

Nimmt der Arbeitnehmer zu Beginn seiner Krankheit an, er werde nicht länger als drei Kalendertage an der Arbeitsleistung verhindert sein und stellt sich dann später heraus, dass er sich in dieser Annahme geirrt hat, bleibt er von der Nachweispflicht für die ersten drei Tage der Arbeitsunfähigkeit befreit, wenn er für sie keine ärztliche Bescheinigung erhalten kann.

5.1.5 Begutachtung der Arbeitsunfähigkeit

Die ärztliche Arbeitsunfähigkeitsbescheinigung reicht regelmäßig aus, um den Anspruch auf Entgeltfortzahlung zu begründen. Ist diese Voraussetzung erfüllt, kann der Arbeitgeber die Fortzahlung des Arbeitsentgelts nicht mit einem bloßen Bestreiten der Arbeitsunfähigkeit verweigern.

Die Krankenkassen sind verpflichtet, eine Arbeitsunfähigkeit durch den MDK begutachten zu lassen, um Zweifel an der Arbeitsunfähigkeit zu beseitigen. Die Zweifel an der Arbeitsunfähigkeit müssen nicht begründet werden (vgl. § 275 Abs. 1 Nr. 3 Buchst. b SGB V). Zweifel an der Arbeitsunfähigkeit können medizinische, rechtliche oder sonstige Ursachen haben. Zweifel an der Arbeitsunfähigkeit kann u. a. der Arbeitgeber deshalb haben, weil die Arbeitsunfähigkeit nach

- innerbetrieblichen Differenzen,
- einer Kündigung bis zur fristgerechten Beendigung oder
- vorheriger Ankündigung durch den Arbeitnehmer

angezeigt wird.

---

[121] BAG, Urteil vom 14.11.2012, 5 AZR 886/11

Zweifel an der Arbeitsunfähigkeit sind insbesondere in den Fällen anzunehmen, in denen

- Versicherte auffällig häufig oder auffällig häufig nur für kurze Dauer arbeitsunfähig sind oder der Beginn der Arbeitsunfähigkeit häufig auf einen Arbeitstag am Beginn oder am Ende einer Woche fällt oder
- die Arbeitsunfähigkeit von einem Arzt festgestellt ist, der durch die Häufigkeit der von ihm ausgestellten Bescheinigungen über Arbeitsunfähigkeit auffällig geworden ist

(vgl. § 275 Abs. 1a Satz 1 SGB V).

Darüber hinaus sind nach den Richtlinien über die Zusammenarbeit der Krankenkassen mit dem MDK[122] Zweifel an der Arbeitsunfähigkeit u. a. dann angebracht, wenn

- ein Fehlverhalten des Arbeitnehmers im Hinblick auf das bescheinigte Krankheitsbild vorliegt,
- die Arbeitsunfähigkeitsmeldung nach innerbetrieblichen Differenzen oder nach Beendigung des Arbeitsverhältnisses erfolgt,
- der Arbeitnehmer die Arbeitsunfähigkeit angekündigt hat.

Die Arbeitsunfähigkeit ist unverzüglich nach der Vorlage einer ärztlichen Bescheinigung über die Arbeitsunfähigkeit zu begutachten. Die Krankenkasse kann trotz eines entsprechenden Verlangens des Arbeitgebers von einer Beauftragung des MDK absehen, wenn sich die medizinischen Voraussetzungen der Arbeitsunfähigkeit eindeutig aus den der Krankenkasse vorliegenden Unterlagen ergeben.

Hinweis:

Der MDK informiert die Krankenkasse über das Ergebnis der Begutachtung. Der Arbeitgeber wird von der Krankenkasse über die weitere Arbeitsunfähigkeit unterrichtet. Ist der behandelnde Arzt mit dem Ergebnis nicht einverstanden, kann er bei der Krankenkasse ein Zweitgutachten beantragen.

---

[122] MDK-Richtlinien vom 27.8.1990

5.2 Arbeitsunfähigkeit im Ausland

Tritt die Arbeitsunfähigkeit im Ausland ein, ist der Arbeitnehmer verpflichtet, dem Arbeitgeber die Arbeitsunfähigkeit und deren voraussichtliche Dauer sowie die Adresse am Aufenthaltsort in der schnellstmöglichen Art mitzuteilen (vgl. § 5 Abs. 2 Satz 1 EFZG). Die durch die Meldung entstehenden Kosten hat der Arbeitgeber zu tragen (vgl. § 5 Abs. 2 Satz 2 EFZG). Der Arbeitgeber, der sich auf Missbrauch beruft, hat damit die Möglichkeit, den Arbeitnehmer durch einen in erreichbarer Nähe des Aufenthaltsortes ansässigen Arzt seiner Wahl untersuchen zu lassen.[123] Mitglieder einer gesetzlichen Krankenkasse sind zudem verpflichtet, ihrer Krankenkasse die Arbeitsunfähigkeit und deren voraussichtliche Dauer unverzüglich anzuzeigen (vgl. § 5 Abs. 2 Satz 3 EFZG). Dauert die Arbeitsunfähigkeit länger als angezeigt, haben sie ihrer Krankenkasse auch die voraussichtliche Fortdauer der Arbeitsunfähigkeit mitzuteilen (vgl. § 5 Abs. 2 Satz 4 EFZG).

Aufgrund entsprechender Regelungen in den EWG-Verordnungen bzw. in den bilateralen Abkommen über Soziale Sicherheit besteht für den Arbeitnehmer auch die Möglichkeit, die Anzeige- und Nachweispflicht gegenüber ausländischen Sozialversicherungsträgern zu erfüllen (vgl. § 5 Abs. 2 Satz 5 EFZG). Diese Bestimmungen gelten sowohl für Arbeitnehmer, die sich vorübergehend im Ausland aufhalten (z. B. Urlaubsreisende) als auch für Personen, die als Grenzgänger außerhalb der Bundesrepublik wohnen, aber bei einem deutschen Arbeitgeber beschäftigt sind.

Der Arbeitnehmer ist bei Rückkehr in das Inland verpflichtet, dem Arbeitgeber und der Krankenkasse seine Rückkehr unverzüglich anzuzeigen (vgl. § 5 Abs. 2 Satz 7 EFZG).

Die deutsche Krankenkasse ist an die Feststellungen des ausländischen Versicherungsträgers über die Arbeitsunfähigkeit in tatsächlicher und rechtlicher Hinsicht gebunden, soweit sie den Arbeitnehmer nicht im Aufenthaltsland durch einen Arzt ihres Vertrauens untersuchen lässt. Kommt der Versicherte seinen Anzeige- und Nachweispflichten in einem Staat, mit dem ein Sozialversicherungsabkommen besteht, in der vorgeschriebenen Weise beim zuständigen Sozialversicherungsträger nach, ist der Beweis der Arbeitsunfähigkeit ordnungsgemäß geführt. Bei ernsthaften Zweifeln an

[123] Art. 18 Abs. 5 EWG-VO 1408/71; EuGH, Urteil vom 3.6.1992, C-45/90

der Arbeitsunfähigkeit kann der Arbeitgeber beim ausländischen Sozialversicherungsträger eine gutachterliche Stellungnahme entweder im Rahmen des zwischenstaatlichen Abkommens im Ausland mit körperlicher Untersuchung des Erkrankten oder unter Einschaltung des Medizinischen Dienstes auch ohne körperliche Untersuchung nach Aktenlage verlangen.

6 Leistungsverweigerungsrecht des Arbeitgebers

Der Arbeitgeber hat ein Leistungsverweigerungsrecht, wenn der Arbeitnehmer seiner Nachweispflicht hinsichtlich der Arbeitsunfähigkeit nicht nachkommt oder den Übergang eines Schadenersatzanspruchs gegen einen Dritten auf den Arbeitgeber verhindert (vgl. § 7 Abs. 1 EFZG).

Verstößt der Arbeitnehmer gegen die Pflicht, seine Arbeitsunfähigkeit anzuzeigen, ergibt sich daraus kein Recht des Arbeitgebers, die Entgeltfortzahlung zu verweigern. Ein Verstoß gegen die Anzeigepflicht kann allerdings folgende Konsequenzen nach sich ziehen:

- Schadensersatzansprüche des Arbeitgebers
- Abmahnung
- Kündigung

Das Leistungsverweigerungsrecht steht dem Arbeitgeber nur zu, wenn der Arbeitnehmer die Verletzung seiner Obliegenheiten zu vertreten hat (vgl. § 7 Abs. 2 EFZG).

Das Leistungsverweigerungsrecht des Arbeitgebers ist vorläufig, solange der Arbeitnehmer die Arbeitsunfähigkeit nicht nachweist. Die Entgeltfortzahlung ist auch für die Vergangenheit zu leisten, wenn der Verweigerungsgrund wegfällt, weil der Arbeitnehmer seiner Nachweispflicht entsprochen hat.

Davon zu unterscheiden ist der Sachverhalt, in dem ein Arbeitgeber die Arbeitsunfähigkeit in zulässiger und hinreichender Weise bestreitet. Gelingt dem Arbeitnehmer der Beweis der anspruchsbegründenden Arbeitsunfähigkeit weder durch die Vorlage einer Arbeitsunfähigkeitsbescheinigung noch in sonstiger Weise, steht dem Arbeitgeber ein dauerhaftes Leistungsverweigerungsrecht zu.[124]

---

[124] BAG, Urteil vom 26.2.2003, 5 AZR 112/02

Verhindert der Arbeitnehmer den Anspruchsübergang, kann der Arbeitgeber die Entgeltfortzahlung endgültig verweigern. Das gilt auch für Wiederholungserkrankungen.

6.1 Voraussetzungen

Der Arbeitgeber hat das Recht, die Fortzahlung des Arbeitsentgelts zu verweigern, solange

- der Arbeitnehmer seiner Verpflichtung schuldhaft nicht nachkommt, die von ihm nach § 5 Abs. 1 EFZG vorzulegenden ärztlichen Bescheinigungen vorzulegen,
- der Arbeitnehmer seine Verpflichtungen im Zusammenhang mit einem Auslandsaufenthalt nicht wahrnimmt oder
- bei einer länger dauernden Arbeitsunfähigkeit keine Folgebescheinigung vorlegt.

Der Arbeitgeber ist lediglich berechtigt, die Entgeltfortzahlung zeitweilig zu verweigern. Die Verletzung der Mitteilungspflichten des § 5 Abs. 2 Satz 1 EFZG kann je nach den Umständen des Einzelfalls dazu führen, dass der Beweis für das Vorliegen der krankheitsbedingten Arbeitsunfähigkeit als nicht erbracht anzusehen ist.

Teilt der Arbeitnehmer dem Arbeitgeber seine im Ausland eingetretene Arbeitsunfähigkeit telefonisch mit und fragt der Arbeitgeber nicht nach der Urlaubsanschrift, kann er die Entgeltfortzahlung nicht mit der Begründung verweigern, ihm sei damit die Möglichkeit genommen worden, die Arbeitsunfähigkeit überprüfen zu lassen.[125]

Der Arbeitgeber ist nach § 7 Abs. 1 Nr. 1 EFZG ferner berechtigt, die Fortzahlung des Arbeitsentgelts zu verweigern, solange der Arbeitnehmer ihm die zur Geltendmachung des Schadenersatzanspruchs erforderlichen Angaben vorenthält.

Der Arbeitgeber ist außerdem berechtigt, die Entgeltfortzahlung zu verweigern, wenn durch das Verhalten des Arbeitnehmers zwischen dem Eintritt des schädigenden Ereignisses und dem Zeitpunkt des Forderungsübergangs auf den Arbeitgeber der Forderungsübergang verhindert wird (z. B. durch Abfindungsvergleich). Wird der Schadenersatzanspruch durch einen Abfindungsvergleich vermindert oder vernachlässigt der Arbeitnehmer dabei fahrlässig die Interessen

[125] BAG, Urteil vom 19.2.1997, 5 AZR 83/96

des Arbeitgebers (z. B. wenn der Arbeitnehmer bei Abschluss des Vergleichs damit hätte rechnen müssen, später wegen der Unfallfolgen erneut arbeitsunfähig zu werden), so steht dem Arbeitgeber ein Leistungsverweigerungsrecht für den entsprechenden Entgeltanteil zu.[126]

6.2 Dauer der Leistungsverweigerung

Der Arbeitgeber ist nur so lange zur Verweigerung der Entgeltfortzahlung berechtigt, wie der Arbeitnehmer den ihm obliegenden Pflichten nicht nachkommt.[127] Die Entgeltfortzahlung ist deshalb nachzuholen, wenn der Verweigerungsgrund nachträglich entfällt.[128]

Kommt der Arbeitnehmer seiner Verpflichtung zur Beibringung einer Arbeitsunfähigkeitsbescheinigung (vgl. § 5 Abs. 1 Satz 2, 3 EFZG) nicht nach, folgt hieraus allein kein endgültiges Leistungsverweigerungsrecht des Arbeitgebers, sondern nur ein Zurückbehaltungsrecht (vgl. § 7 Abs. 1 Nr. 1 EFZG). Es endet, wenn der Arbeitnehmer anderweitig beweist, arbeitsunfähig zu sein.[129]

Wenn der Arbeitnehmer den Übergang eines Schadenersatzanspruchs auf den Arbeitgeber verhindert, kann der Arbeitgeber die Entgeltfortzahlung endgültig verweigern. Dies gilt sowohl für den laufenden Arbeitsunfähigkeitsfall als auch bei den Wiederholungserkrankungen, die Folge derselben Schädigung sind und in denen der Arbeitgeber wegen der Verhinderung des Forderungsübergangs keinen Ersatz erhalten kann.

Ein zeitweiliges Leistungsverweigerungsrecht kann sich auch in ein endgültiges verwandeln. Dieses kommt insbesondere dann in Betracht, wenn der Arbeitnehmer nicht mehr die in § 5 EFZG angesprochenen Pflichten erfüllen und seine Arbeitsunfähigkeit auch sonst nicht nachweisen kann. Erfüllt z. B. ein Arbeitnehmer die Anzeigepflicht für eine Arbeitsunfähigkeit im Ausland nicht, kann er diese nach seiner Rückkehr nach Deutschland nicht mehr rechtswirksam nachholen, da die gesetzliche Bestimmung von einer Unterrichtung aus dem Ausland ausgeht.

---

[126] BAG, Urteil vom 7.12.1988, 5 AZR 757/87
[127] BAG, Urteil vom 27.8.1971, 1 AZR 107/71
[128] BAG, Urteil vom 23.1.1985, 5 AZR 592/82
[129] BAG, Urteil vom 1.10.1997, 5 AZR 726/96

Ebenfalls verwandelt sich ein vorläufiges in ein endgültiges Leistungsverweigerungsrecht, wenn die erheblich verspätete Vorlage einer Arbeitsunfähigkeitsbescheinigung die Forderung auf Entgeltfortzahlung als Verstoß gegen Treu und Glauben (vgl. § 242 BGB), also als rechtsmissbräuchlich erscheinen lässt.[130] Hier müssen aber schon besondere Umstände vorliegen, die eine verspätete Vorlage als Verstoß gegen Treu und Glauben erscheinen lassen.

Hat der Arbeitnehmer die Verletzung der ihm nach § 5 Abs. 1, 2 und § 6 Abs. 2 EFZG auferlegten Anzeige- und Nachweispflichten nicht zu vertreten, ist der Arbeitgeber nicht berechtigt, die Entgeltfortzahlung zu verweigern (vgl. § 7 Abs. 2 EFZG). Voraussetzung für eine berechtigte Verweigerung ist demnach, dass der Arbeitnehmer die ihm obliegenden Verpflichtungen vorsätzlich oder fahrlässig nicht erfüllt.

6.3 Bindungswirkung für den Erstattungsanspruch nach § 1 AAG

Liegen die in § 7 Abs. 1 Nr. 1 oder 2 EFZG genannten Tatbestände vor, ist der Arbeitgeber zwar berechtigt, aber nicht verpflichtet, die Fortzahlung des Arbeitsentgelts zu verweigern. Die Entscheidung des Arbeitgebers ist für die Krankenkasse hinsichtlich der Erstattung der Arbeitgeberaufwendungen nach § 1 AAG bindend. Verzichtet der Arbeitgeber z. B. auf eine ärztliche Arbeitsunfähigkeitsbescheinigung für nur wenige Tage und zahlt er das Arbeitsentgelt weiter, hat die Krankenkasse den Erstattungsanspruch nach § 1 AAG zu erfüllen.[131]

6.4 Übergang des Anspruchs auf Entgeltfortzahlung auf die Krankenkasse

Dem gesetzlich krankenversicherten Arbeitnehmer steht neben dem Anspruch auf Entgeltfortzahlung ein Anspruch auf Krankengeld zu. Dieser Anspruch ruht, soweit und solange der Arbeitgeber Entgeltfortzahlung leistet (vgl. § 49 Abs. 1 Nr. 1 SGB V). Erfüllt der Arbeitgeber den Anspruch des Arbeitnehmers auf Entgeltfortzahlung berechtigt oder unberechtigt nicht, fehlt es am entsprechenden Ruhenstatbestand für das Krankengeld. Krankengeld ist in diesem Fall auszuzahlen.

---

130 BAG, Urteil vom 27.8.1971, 1 AZR 107/71

131 BSG, Urteil vom 9.9.1981, 3 RK 51/80, USK 81143

Der Anspruch des Arbeitnehmers auf Entgeltfortzahlung geht in Höhe des gezahlten Krankengeldes auf die Krankenkasse über (vgl. § 115 Abs. 1 SGB X). Die Krankenkasse tritt in die Rechtsposition des Arbeitnehmers ein und hat die arbeitsrechtlichen Voraussetzungen des Anspruchs auf Arbeitsentgelt zu beachten.[132] Der Anspruch muss insbesondere innerhalb tarifvertraglich geregelter Ausschlussfristen angemeldet bzw. klageweise geltend gemacht werden.

Die zu Unrecht nicht gezahlte Entgeltfortzahlung kann mit einer „Lohnklage" beim Arbeitsgericht geltend gemacht werden.[133] Die Klage kann sowohl von der Krankenkasse als auch vom Versicherten (gewillkürte Prozessstandschaft) erhoben werden. Der Versicherte hat die Klage mit der Maßgabe zu erheben, dass Zahlung an die Krankenkasse erfolgen soll.

7 Ausgleich der Arbeitgeberaufwendungen

Arbeitgeber, die regelmäßig nicht mehr als 30 Arbeitnehmer beschäftigen, nehmen am Ausgleich der Arbeitgeberaufwendungen für Entgeltfortzahlung im Krankheitsfall teil (vgl. § 1 Abs. 1 AAG). Am Ausgleich der Arbeitgeberaufwendungen für Mutterschaftsleistungen nehmen alle Arbeitgeber unabhängig von der Zahl der beschäftigten Arbeitnehmer teil (vgl. § 1 Abs. 2 AAG). Ihnen steht eine vollständige oder teilweise Erstattung bestimmter Aufwendungen zu. Das Verfahren wird von allen Krankenkassen im Sinne des Sozialgesetzbuches (vgl. § 4 SGB V) durchgeführt. Ausgenommen ist lediglich die landwirtschaftliche Krankenkasse. Das Aufwendungsausgleichsgesetz entspricht den Anforderungen an ein verfassungsgemäßes Ausgleichsverfahren.[134]

---

[132] BAG, Urteil vom 5.11.2003, 5 AZR 562/02

[133] BAG, Urteil vom 19.3.2008, 5 AZR 432/07

[134] BVerfG, Beschluss vom 18.11.2004, 1 BvR 302/96

II. Krankengeld

1	Allgemeines	84
2	Leistungsgründe	84
2.1	Sterilisation oder Schwangerschaftsabbruch	85
2.2	Organ-, Gewebe- oder Blutspende	86
2.3	Krankheit oder stationäre Behandlung	86
2.4	Pflege eines erkrankten Kindes	88
3	Voraussetzungen des Anspruchs bei Arbeitsunfähigkeit oder stationärer Behandlung	88
3.1	Versicherungsverhältnis	88
3.2	Arbeitsunfähigkeit	97
3.3	Stationäre Behandlung	104
3.4	Nachweis der Arbeitsunfähigkeit	105
3.5	Begutachtung	107
3.6	Aufklärung und Beratung	109
4	Entstehen des Anspruchs	111
4.1	Grundsatz	111
4.2	Besondere Personenkreise	111
4.3	Wahlerklärung	112
4.4	Versicherungsverhältnis	112
4.5	Fortsetzungserkrankung	113
5	Ruhen des Anspruchs	114
5.1	Arbeitsentgelt	115
5.2	Arbeitseinkommen	119
5.3	Elternzeit	120
5.4	Entgeltersatzleistungen	120
5.5	Ausländische Entgeltersatzleistungen	125
5.6	Verspätete Meldung der Arbeitsunfähigkeit	126
5.7	Wahlerklärung	130
5.8	Beitragsrückstand	131

6	Auszahlung des Krankengeldes	132
6.1	Vorschüsse	132
6.2	Verzinsung	134
6.3	Verletzung der Unterhaltspflicht	136
6.4	Aufrechnung, Verrechnung	139
6.5	Pfändung	140
7	Höhe und Zahlung des Krankengeldes	141
7.1	Regelentgelt für Arbeitnehmer	141
7.2	Regelentgelt für Versicherte, die nicht Arbeitnehmer sind	157
7.3	Höchstregelentgelt	162
7.4	Höhe des Krankengeldes	163
7.5	Begrenzung auf das Netto-Arbeitsentgelt	164
7.6	Bezieher von Leistungen nach dem SGB III	169
7.7	Mehrfachbeschäftigte Arbeitnehmer	171
7.8	Zahlung des Krankengeldes	171
7.9	Anpassung des Krankengeldes	174
8	Beiträge zur Pflege-, Renten- und Arbeitslosenversicherung	176
8.1	Beitragspflichtige Einnahmen	179
8.2	Zubilligung von Rente	181
8.3	Beitragssatz	182
8.4	Tragung der Beiträge	183
9	Dauer des Anspruchs auf Krankengeld	185
9.1	Blockfrist	186
9.2	Leistungsdauer	188
9.3	Anrechenbare Zeiten	193
9.4	Neuer Anspruch auf Krankengeld	194

10 Krankengeld und Rente ... 196
10.1 Ausschluss des Krankengeldes ... 196
10.2 Erstattungsanspruch der Krankenkasse ... 198
10.3 Kürzung des Krankengeldes ... 198
11 Wegfall und Versagen des Krankengeldes ... 199
11.1 Aufforderung zum Antrag auf Leistungen zur Teilhabe ... 199
11.2 Aufforderung zum Rentenantrag ... 215
11.3 Leistungsbeschränkung bei Selbstverschulden ... 215
11.4 Mitwirkung des Versicherten ... 216
12 Krankengeld bei Erkrankung eines Kindes ... 217
12.1 Voraussetzungen ... 217
12.2 Altersgrenze ... 217
12.3 Dauer ... 218
12.4 Alleinerziehende ... 218
12.5 Berechnung und Höhe ... 219
12.6 Beiträge ... 219
12.7 Schwerstkranke Kinder ... 219
12.8 Freistellung von der Arbeitsleistung ... 220

II

II. Krankengeld

1 Allgemeines

Das Sozialgesetzbuch (SGB) garantiert einen Anspruch auf wirtschaftliche Sicherung bei Krankheit (vgl. § 4 Abs. 2 Satz 1 Nr. 2 SGB I). Die Krankenkassen leisten zu diesem Zweck Krankengeld (vgl. § 21 Abs. 1 Nr. 2 Buchst. g SGB I).

Das Krankengeld ersetzt in gesetzlich definierten Fällen ausgefallenes Arbeitsentgelt oder Arbeitseinkommen. Häufigster Anwendungsfall ist die Arbeitsunfähigkeit eines Arbeitnehmers oder anderer Personen, die mit einem Anspruch auf Krankengeld versichert sind. Daneben gibt es weitere Tatbestände, die einen Anspruch auf Krankengeld begründen. Andere Sozialleistungsträger können vorrangig verpflichtet sein, anstelle des Krankengeldes eine andere Entgeltersatzleistung zu erbringen (z. B. Verletztengeld).

Das Krankengeld richtet sich in seiner Höhe nach dem Arbeitsentgelt oder dem Arbeitseinkommen, das vor einer Arbeitsunfähigkeit oder einem anderen anspruchsbegründenden Tatbestand erzielt wurde. Eine Ausnahme macht das Kinderkrankengeld, welches sich nach dem während der Freistellung entgangenen Netto-Arbeitsentgelt richtet (außer bei schwerstkranken Kindern). Solange der Anspruch auf Krankengeld besteht, bleibt die Leistung in ihrer Höhe konstant (Ausnahme: jährliche Anpassung an die Einkommensentwicklung).

2 Leistungsgründe

Krankengeld wird geleistet wegen

- einer durch Krankheit erforderlichen Sterilisation (vgl. § 24b Abs. 2 Satz 2 SGB V),
- eines nicht rechtswidrigen Schwangerschaftsabbruchs (vgl. § 24 Abs. 2 Satz 2 SGB V),
- krankheitsbedingter Arbeitsunfähigkeit (vgl. § 44 Abs. 1 SGB V),
- stationärer Behandlung in einem Krankenhaus, einer Vorsorge- oder Rehabilitationseinrichtung auf Kosten der Krankenkasse (vgl. § 44 Abs. 1 SGB V),
- einer Spende von Organen, Geweben oder Blut (vgl. § 44a Satz 1 SGB V),
- Beaufsichtigung, Betreuung oder Pflege eines erkrankten Kindes (vgl. § 45 Abs. 1, 4 SGB V).

2.1 Sterilisation oder Schwangerschaftsabbruch

Es besteht ein Anspruch auf Krankengeld, wenn Versicherte wegen einer krankheitsbedingten Sterilisation oder wegen eines nicht rechtswidrigen Abbruchs der Schwangerschaft durch einen Arzt arbeitsunfähig werden.

Hinweis:

Wenn bereits vor der Sterilisation wegen einer Krankheit Krankengeld gezahlt wird, dann richtet sich der Anspruch weiter nach §§ 44 ff. SGB V. Die Anspruchsdauer verlängert sich durch die Sterilisation nicht.

Nicht rechtswidrig ist

- eine Sterilisation, wenn sie medizinisch erforderlich ist und nach freier Entscheidung der oder des Betroffenen vorgenommen wird,
- ein Schwangerschaftsabbruch, wenn Gefahr für das Leben oder Gefahr einer schwerwiegenden Beeinträchtigung des körperlichen oder seelischen Gesundheitszustandes der Schwangeren besteht oder wenn dringende Gründe für die Annahme sprechen, dass das Kind, wenn es zur Welt käme, an einer nicht behebbaren Gesundheitsschädigung leiden würde (medizinische oder eugenische Indikation) oder
- ein Schwangerschaftsabbruch bis zum Ende der zwölften Woche nach der Empfängnis z. B. aufgrund einer Vergewaltigung, einer sexuellen Nötigung oder eines sexuellen Missbrauchs von Kindern oder Widerstandsunfähigen (ethische oder kriminologische Indikation).

Beim Schwangerschaftsabbruch ist zwischen einem nicht rechtswidrigen und einem rechtswidrigen, aber straffreien Schwangerschaftsabbruch (soziale Indikation) zu unterscheiden.[135] Der Abbruch einer Schwangerschaft aufgrund einer sozialen Indikation findet innerhalb von zwölf Wochen nach der Empfängnis durch einen Arzt statt, wenn die schwangere Frau den Abbruch verlangt und dem Arzt durch eine Bescheinigung nachgewiesen hat, dass sie mindestens

---

135 BVerfG, Urteil vom 27.10.1998, 1 BvR 2306/96

drei Tage vor dem Eingriff von einer anerkannten Beratungsstelle beraten wurde.

Ein Anspruch auf Krankengeld besteht nur bei medizinischer, eugenische, ethischer oder kriminologischer Indikation. Bei einem Abbruch aufgrund einer sozialen Indikation besteht kein Anspruch auf Krankengeld.

2.2 Organ-, Gewebe- oder Blutspende

Spender von Organen, Geweben oder Blut zur Separation von Blutstammzellen oder anderen Blutbestandteilen (vgl. § 27 Abs. 1a Satz 1 SGB V) haben Anspruch auf Krankengeld, wenn sie durch eine im Rahmen des Transplantationsgesetzes erfolgende Spende arbeitsunfähig sind (vgl. § 44a Satz 1 SGB V). Die Spende umfasst auch Vor- und Nachbereitungshandlungen.[136] Folgeerkrankungen der Spende können eine Komplikation oder einen Gesundheitsschaden darstellen, für den die Unfallversicherung zuständig ist. Ansonsten ist die Krankenkasse des Spenders zuständig.

Die Spende muss an den Versicherten einer gesetzlichen Krankenkasse erfolgen. Das Krankengeld wird dem Spender von der Krankenkasse des Empfängers in Höhe des vor Beginn der Arbeitsunfähigkeit regelmäßig erzielten Nettoarbeitsentgelts oder Arbeitseinkommens bis zur Höhe des Betrages der kalendertäglichen Beitragsbemessungsgrenze geleistet. Ansprüche nach dieser Vorschrift haben auch Personen, die nicht gesetzlich krankenversichert sind.

Nicht als Spende gelten:

- Entnahme von Organen und Geweben, die auf den Patienten rückübertragen werden
- Entnahme von Blut und Blutbestandteilen
- Gewinnung von menschlichen Samenzellen

2.3 Krankheit oder stationäre Behandlung

Wenn eine Krankheit die Ursache für Arbeitsunfähigkeit ist, richtet sich der Anspruch auf Krankengeld nach § 44 Abs. 1 SGB V. Das gilt gleichfalls, wenn Versicherte auf Kosten der Krankenkasse

[136] BSG, Urteil vom 15.5.2012, B 2 U 16/11 R

stationär behandelt werden. Stationäre Behandlung kann durchgeführt werden als:

- Krankenhausbehandlung (vgl. § 39 Abs. 1 SGB V)
- stationäre Vorsorgeleistung (vgl. § 23 Abs. 4 SGB V)
- Vorsorgeleistungen für Mütter oder Väter (vgl. § 24 Abs. 1 SGB V)
- stationäre Rehabilitationsleistung (vgl. § 40 Abs. 2 SGB V)
- Rehabilitationsleistungen für Mütter oder Väter (vgl. § 41 Abs. 1 SGB V).

Werden die Kosten einer stationären Behandlung nicht von der Krankenkasse getragen, besteht nur dann ein Anspruch auf Krankengeld, wenn der Versicherte während der Maßnahme arbeitsunfähig krank ist (vgl. Beispiel 33).

Beispiel 33: Stationäre Behandlung

Eine Arbeitnehmerin ist seit Jahren versicherungspflichtig beschäftigt und Mitglied einer Krankenkasse. Der Rentenversicherungsträger erbringt in der Zeit vom 20.7. bis zum 10.8.2018 stationäre Leistungen zur medizinischen Rehabilitation. Die Versicherte wird daraus am 10.8.2018 entlassen und ist bis auf Weiteres arbeitsunfähig krank. Die Arbeitsunfähigkeit trat bereits am 5.8.2018 ein.

Die Versicherte hat zunächst (ab 20.7.2018) keinen Anspruch auf Krankengeld, da sie nicht zu Lasten der Krankenkasse, sondern zu Lasten des Rentenversicherungsträgers stationär behandelt wird und auch nicht arbeitsunfähig krank ist. Durch den Eintritt von Arbeitsunfähigkeit am 5.8.2018 hat sie jedoch die Voraussetzungen für den Anspruch auf Krankengeld von diesem Zeitpunkt an erfüllt.

Anmerkung: Für die tatsächliche Zahlung von Krankengeld ist u. a. zu prüfen, wann der Anspruch auf Krankengeld entstanden ist, ob der Arbeitgeber Entgeltfortzahlung leistet oder ob der Rentenversicherungsträger Übergangsgeld zahlt. Während der Zahlung von Arbeitsentgelt oder Übergangsgeld ruht der Anspruch auf Krankengeld in voller Höhe.

2.4 Pflege eines erkrankten Kindes

Anspruch auf Krankengeld besteht, wenn ein versichertes und erkranktes Kind zu beaufsichtigen, zu betreuen oder zu pflegen ist und der Versicherte deshalb der Arbeit fernbleiben muss (vgl. § 45 Abs. 1, 4 SGB V).

3 Voraussetzungen des Anspruchs bei Arbeitsunfähigkeit oder stationärer Behandlung

Krankengeld wird überwiegend aus Anlass einer krankheitsbedingten Arbeitsunfähigkeit oder während einer stationären Behandlung von der Krankenkasse gezahlt. Voraussetzungen des Anspruchs sind

ein Versicherungsverhältnis,[137] das den Anspruch auf Krankengeld einschließt,

- Krankheit und
- Arbeitsunfähigkeit oder stationäre Behandlung auf Kosten der Krankenkasse.

3.1 Versicherungsverhältnis

3.1.1 Allgemeines

Anspruch auf Krankengeld haben nur Versicherte einer Krankenkasse (vgl. § 44 Abs. 1 SGB V). Der Anspruch ist unabhängig von der Art des Versicherungsverhältnisses (Versicherungspflicht oder Versicherungsberechtigung). Damit besteht ein Anspruch auf Krankengeld, wenn der Anspruch darauf während der Versicherung entsteht.

Hinweis:

In einer obligatorischen Anschlussversicherung (vgl. § 188 Abs. 4 SGB V) ist der Anspruch auf Krankengeld nicht generell ausgeschlossen.

---

137 Es entsteht kein Versicherungsverhältnis und damit kein Anspruch auf Krankengeld, wenn die Wiederaufnahme der Arbeit nach der Rückkehr aus dem unbezahlten Urlaub z. B. wegen Arbeitsunfähigkeit fehlschlägt (BSG, Urteil vom 16.2.2005, B 1 KR 8/04 R).

Es ist allerdings auch denkbar, dass die Arbeitsunfähigkeit vor dem Beginn des Versicherungsverhältnisses eintritt. In diesem Fall sind die Voraussetzungen für den Anspruch auf Krankengeld frühestens mit dem Beginn des Versicherungsverhältnisses erfüllt (vgl. Beispiel 34). Das Versicherungsverhältnis aufgrund einer Beschäftigung gegen Entgelt beginnt, wenn die Arbeit tatsächlich aufgenommen wird oder zumindest ein Anspruch auf Arbeitsentgelt besteht.[138]

Beispiel 34: Arbeitsunfähigkeit vor Beginn der Versicherung

Sachverhalt: Die versicherungspflichtige Beschäftigung eines Arbeitnehmers sowie dessen Mitgliedschaft bei einer Krankenkasse enden mit dem 31.1.2018. Aufgrund eines Arbeitsvertrages soll am 1.3.2018 eine neue versicherungspflichtige Beschäftigung aufgenommen werden. Dazu kommt es nicht, weil der Arbeitnehmer am 10.2.2018 auf unabsehbare Zeit arbeitsunfähig krank wird. Der neue Arbeitgeber leistet deswegen vom 29.3. bis zum 9.5.2018 Entgeltfortzahlung (vgl. § 3 Abs. 1, 3 EFZG).

Versicherungsverlauf: Der Arbeitnehmer steht aufgrund der versicherungspflichtigen Beschäftigung bis zum 31.1.2018 in einem Versicherungsverhältnis (vgl. § 5 Abs. 1 Nr. 1 SGB V). An dieses schließt sich wegen des fehlenden anderweitigen Versicherungsschutzes die obligatorische Anschlussversicherung an (vgl. § 188 Abs. 4 SGB V). Zur erneuten Versicherungspflicht als Arbeitnehmer (vgl. § 5 Abs. 1 Nr. 1 SGB V) kommt es mit dem Beginn der Entgeltfortzahlung durch den Arbeitgeber vom 29.3.2018 an. Damit endet auch die obligatorische Anschlussversicherung.

Anspruch auf Krankengeld: Beim Eintritt der Arbeitsunfähigkeit am 10.2.2018 ist der Anspruch auf Krankengeld ausgeschlossen, weil der Versicherte weder Arbeitsentgelt noch Arbeitseinkommen erzielt (vgl. § 44 Abs. 2 Satz 1 Nr. 1 SGB V). Die Voraussetzungen für den Anspruch auf Krankengeld sind erst mit dem erneuten Eintritt von Versicherungspflicht vom 29.3.2015 an erfüllt. Allerdings ruht der Anspruch auf Krankengeld für die Dauer der Entgeltfortzahlung.

[138] BSG, Urteil vom 4.3.2014, B 1 KR 64/12 R

Nur im Ausnahmefall kann eine Arbeitsunfähigkeit, die nach der Beendigung des Versicherungsverhältnisses eingetreten ist, zu einem Anspruch auf Krankengeld führen.[139]

3.1.2 Ausschluss des Anspruchs

Bestimmte Versicherte sind vom Anspruch auf Krankengeld ausgeschlossen (vgl. § 44 Abs. 2 SGB V):

- Personen, die Arbeitslosengeld II nach dem SGB II beziehen (vgl. § 5 Abs. 1 Nr. 2a SGB V)
- Personen, die in Einrichtungen der Jugendhilfe für eine Erwerbstätigkeit befähigt werden sollen (vgl. § 5 Abs. 1 Nr. 5 SGB V)
- Teilnehmer an Leistungen zur Teilhabe am Arbeitsleben sowie an Abklärung der beruflichen Eignung oder Arbeitserprobung, die keinen Anspruch auf Übergangsgeld haben (vgl. § 5 Abs. 1 Nr. 6 SGB V)
- Studenten, die an staatlichen oder staatlich anerkannten Hochschulen eingeschrieben sind (vgl. § 5 Abs. 1 Nr. 9 SGB V)
- Personen, die eine in Studien- oder Prüfungsordnungen vorgeschriebene berufspraktische Tätigkeit verrichten (vgl. § 5 Abs. 1 Nr. 10 SGB V)
- zu ihrer Berufsausbildung ohne Arbeitsentgelt Beschäftigte und den Praktikanten gleichgestellte Auszubildende des Zweiten Bildungswegs (vgl. § 5 Abs. 1 Nr. 10 SGB V)

Personen, die versicherungspflichtig sind, weil sie keinen anderweitigen Anspruch auf Absicherung im Krankheitsfall haben (vgl. § 5 Abs. 1 Nr. 13 SGB V)[140]

---

139 Versicherungspflichtige haben nach beendeter Mitgliedschaft einen Anspruch auf Leistungen für längstens einen Monat nach dem Ende der Mitgliedschaft (vgl. § 19 Abs. 2 SGB V). Der nachgehende Leistungsanspruch ist ausgeschlossen, wenn Versicherungspflicht nach § 5 Abs. 1 Nr. 13 SGB V (vgl. § 5 Abs. 8a Satz 4 SGB V) oder eine obligatorische Anschlussversicherung (vgl. § 188 Abs. 4 SGB V) eintritt.

140 Der Anspruch auf Krankengeld ist nicht ausgeschlossen, wenn eine mehr als geringfügige abhängige Beschäftigung ausgeübt wird (vgl. § 44 Abs. 2 Satz 1 Nr. 1 SGB V). Betroffen sind Personen, die nach der Vollendung des 55. Lebensjahres eine versicherungspflichtige Beschäftigung aufnehmen und wegen ihres Lebensalters versicherungsfrei sind (vgl. § 6 Abs. 3a Satz 1 SGB V). Fehlt es bei diesem Personenkreis an einer anderweitigen Absicherung im Krankheitsfall, tritt Versicherungspflicht nach § 5 Abs. 1 Nr. 13 SGB V ein.

Familienversicherte (vgl. § 10 SGB V)[141]

- hauptberuflich selbstständig Erwerbstätige

Versicherte, die bei Arbeitsunfähigkeit nicht für mindestens sechs Wochen Anspruch auf Fortzahlung des Arbeitsentgelts haben (Personen in einer unständigen Beschäftigung – vgl. § 27 Abs. 3 Nr. 1 SGB III – sowie Versicherte, deren Beschäftigungsverhältnis im Voraus auf weniger als zehn Wochen befristet ist).[142]

3.1.3 Rentenbezieher

Die Bezieher bestimmter Renten haben vom Beginn der Rentenleistung an keinen Anspruch auf Krankengeld (vgl. § 50 Abs. 1 Satz 1 SGB V). Der Anspruch ist ausgeschlossen bei Bezug von:

Rente wegen voller Erwerbsminderung, Erwerbsunfähigkeit oder Vollrente wegen Alters aus der gesetzlichen Rentenversicherung[143]

- Ruhegehalt, das nach beamtenrechtlichen Vorschriften oder Grundsätzen gezahlt wird
- Vorruhestandsgeld nach § 5 Abs. 3 SGB V
- Leistungen, die ihrer Art nach der Rente wegen voller Erwerbsminderung, Erwerbsunfähigkeit, der Vollrente wegen Alters oder dem Ruhegehalt vergleichbar sind, wenn sie von einem Träger der gesetzlichen Rentenversicherung oder einer staatlichen Stelle im Ausland gezahlt werden

---

141 Die Familienversicherung ist auch einem „nachgehenden" Leistungsanspruch nach § 19 Abs. 2 Satz 1 SGB V vorrangig und schließt einen Krankengeldanspruch aus (vgl. § 19 Abs. 2 Satz 2 SGB V). Damit ist auch die bisherige entgegenstehende Rechtsprechung hinfällig (vgl. BSG, Urteil vom 7.5.2002, B 1 KR 24/01 R).

142 Heimarbeiter, die keinen Anspruch auf Entgeltfortzahlung, sondern nach § 10 EFZG einen Anspruch auf Zahlung eines Zuschlags zum Arbeitsentgelt haben, sind vom Ausschluss des Anspruchs auf Krankengeld ausgenommen (vgl. § 44 Abs. 2 Satz 1 Nr. 3 SGB V)

143 Der Anspruch auf Krankengeld ist trotz der u. a. vom Arbeitseinkommen entrichteten Beiträge ausgeschlossen, wenn eine Rente wegen voller Erwerbsminderung oder eine Vollrente wegen Alters aus der gesetzlichen Rentenversicherung bezogen wird. Der vom Gesetzgeber mit dieser Regelung bezweckte vollständige Ausschluss des Anspruchs auf Krankengeld neben einer Rentenleistung im Sinne von § 50 Abs. 1 SGB V und damit der Ausschluss einer Doppelversorgung ist verfassungsrechtlich nicht zu beanstanden (BSG, Urteil vom 30.5.2006, B 1 KR 14/05 R). Der Anspruch ist ebenfalls ausgeschlossen, wenn wegen eines anrechenbaren Hinzuverdienstes die Rente tatsächlich nicht ausgezahlt wird (BSG, Urteil vom 28.9.2010, B 1 KR 31/09 R).

- Leistungen, die ihrer Art nach der Rente wegen voller Erwerbsminderung, Erwerbsunfähigkeit, der Vollrente wegen Alters oder dem Ruhegehalt vergleichbar sind, wenn sie nach den ausschließlich für das in dem in Artikel 3 des Einigungsvertrages genannten Gebiets („neue" Bundesländer) geltenden Bestimmungen gezahlt werden.

Vom Anspruch auf Krankengeld sind auch Versicherte ausgeschlossen, die eine Rente aus einer öffentlich-rechtlichen Versicherungseinrichtung oder Versorgungseinrichtung ihrer Berufsgruppe oder von anderen vergleichbaren Stellen beziehen, die ihrer Art nach den in § 50 Abs. 1 SGB V genannten Leistungen entspricht (vgl. § 44 Abs. 2 Satz 1 Nr. 4 SGB V).

3.1.4 Wahlrechte

Die Krankenkasse bietet hauptberuflich selbstständig Erwerbstätigen und versicherungspflichtig beschäftigten Arbeitnehmern (vgl. § 5 Abs. 1 Satz 1 SGB V), die bei Arbeitsunfähigkeit nicht für mindestens sechs Wochen Anspruch auf Fortzahlung des Arbeitsentgelts haben, Wahltarife an, die den Anspruch auf Krankengeld nach § 46 Satz 1 SGB V oder zu einem späteren Zeitpunkt entstehen lassen (vgl. § 53 Abs. 6 Satz 1 SGB V). Der Wahltarif kann vom gesetzlichen Anspruch auf Krankengeld abweichende Regelungen über Höhe und Berechnung des Krankengelds vorsehen (vgl. § 53 Abs. 6 Satz 2 SGB V). Dafür ist eine entsprechende Prämie vorzusehen (vgl. § 53 Abs. 6 Satz 3 SGB V).

3.1.5 Wahlerklärung

Alternativ haben die genannten Personen die Möglichkeit, eine Wahlerklärung abzugeben, nach der die Mitgliedschaft den gesetzlichen Anspruch auf Krankengeld umfassen soll. Der gesetzliche Anspruch entsteht für hauptberuflich selbstständig Erwerbstätige von der siebten Woche der Arbeitsunfähigkeit an (vgl. § 46 Satz 3 SGB V). Für versicherungspflichtige Arbeitnehmer ruht der Anspruch auf Krankengeld für die ersten sechs Wochen der Arbeitsunfähigkeit (vgl. § 49 Abs. 1 Nr. 7 SGB V). Der gesetzliche Anspruch kann durch einen Wahltarif ergänzt werden.

Die Wahlerklärung eines hauptberuflich selbstständig Erwerbstätigen (vgl. § 44 Abs. 2 Satz 1 Nr. 2 SGB V) kann nur gegenüber der zuständigen Krankenkasse wirksam abgegeben werden. Die Wahlerklärung unständig oder kurzzeitig Beschäftigter (vgl. § 44 Abs. 2 Satz 1 Nr. 3 SGB V) kann mangels einer einschränkenden Regelung im Gesetzestext sowohl gegenüber der zuständigen Krankenkasse als auch gegenüber dem Arbeitgeber im Rahmen der Auskunfts- und Vorlagepflicht des Arbeitnehmers (vgl. § 28o Abs. 2 SGB IV) abgegeben werden.

Hinweis:

Dem Gesetzestext ist nicht eindeutig zu entnehmen, ob hauptberuflich selbstständig Erwerbstätige, deren Versicherungsverhältnis auf § 5 Abs. 1 Nr. 13 SGB V oder § 188 Abs. 4 SGB V beruht, ebenfalls die Wahlerklärung zum gesetzlichen Krankengeld abgeben können. In diesem Zusammenhang ist § 44 Abs. 2 Satz 1 Nr. 2 SGB V als vorrangige Vorschrift anzusehen. Danach kann auch dieser Personenkreis über eine Wahlerklärung den gesetzlichen Anspruch auf Krankengeld erlangen.

3.1.6 Künstler

Für Künstler entsteht der Anspruch auf Krankengeld erst von der siebten Woche der Arbeitsunfähigkeit an (vgl. § 46 Satz 3 SGB V). Das gilt auch, wenn sich unmittelbar an eine Arbeitsunfähigkeit eine weitere (neue) Arbeitsunfähigkeit anschließt sowie bei Wiederholungserkrankungen. Auch in Fällen der stationären Behandlung beginnt der Anspruch auf Krankengeld erst mit dem Beginn der siebten Woche. Allerdings hat die Krankenkasse in ihrer Satzung für diese Versicherten Wahltarife anzubieten, die einen früheren Termin für den Beginn des Anspruchs auf Krankengeld festsetzen (spätestens mit dem Beginn der dritten Woche der Arbeitsunfähigkeit; vgl. § 53 Abs. 6 SGB V). Wählt das Mitglied den Tarif, entsteht der Anspruch zum früheren Zeitpunkt.

3.1.7 Verlust von Arbeitsentgelt oder Arbeitseinkommen

Ein Versicherungsverhältnis ist immer dann mit Anspruch auf Krankengeld ausgestattet, wenn der Anspruch gesetzlich nicht ausgeschlossen ist. Eine weitere Voraussetzung für den Anspruch auf Krankengeld ergibt sich aus § 47 Abs. 1 Satz 1 SGB V. Danach kann nur dann Krankengeld beansprucht werden, wenn durch die Arbeitsunfähigkeit Arbeitsentgelt oder Arbeitseinkommen entgeht, von dem zuletzt vor der Arbeitsunfähigkeit Beiträge zur Krankenversicherung berechnet wurden (vgl. Beispiel 35).[144]

Beispiel 35: Fallgruppen

II

1. Versicherungsberechtigte Mitglieder

Die beitragspflichtigen Einnahmen freiwilliger (versicherungsberechtigter) Mitglieder regelt einheitlich der Spitzenverband Bund der Krankenkassen (vgl. § 240 Abs. 1 Satz 1 SGB V). Dabei ist sicherzustellen, dass die Beitragsbelastung die gesamte wirtschaftliche Leistungsfähigkeit des freiwilligen Mitglieds berücksichtigt (§ 240 Abs. 1 Satz 2 SGB V). Dazu gehören in jedem Fall:

- Arbeitsentgelt,
- Zahlbetrag der Rente aus der gesetzlichen Rentenversicherung,
- Zahlbetrag der der Rente vergleichbaren Einnahmen (Versorgungsbezüge) und
- Arbeitseinkommen (vgl. § 240 Abs. 2 Satz 1 i. V. m. § 226 Abs. 1 Satz 1 SGB V).

Unberücksichtigt bleiben lediglich Versorgungsbezüge und Arbeitseinkommen, die zusammen eine bestimmte Mindestgrenze nicht überschreiten (vgl. § 240 Abs. 2 Satz 1 i. V. m. § 226 Abs. 2 SGB V).[145]

Bezieht ein freiwilliges Mitglied eine Rente aus der gesetzlichen Rentenversicherung, sind die beitragspflichtigen Einnahmen in einer bestimmten Reihenfolge (Rangfolge) bis zur Beitragsbemessungsgrenze[146] zu berücksichtigen (vgl. § 238a SGB V). Es werden nacheinander berücksichtigt:

1. der Zahlbetrag der Rente,
2. der Zahlbetrag der Versorgungsbezüge,
3. das Arbeitseinkommen und
4. die sonstigen Einnahmen.

[144] BSG, Urteil vom 26.6.2007, B 1 KR 2/07 R

[145] Versorgungsbezüge und Arbeitseinkommen bleiben unberücksichtigt, wenn sie zusammen 1/20 der monatlichen Bezugsgröße nach § 18 SGB IV nicht übersteigen (2018 = 152,25 Euro).

[146] Monatliche Beitragsbemessungsgrenze – KV – (2018) = 4.425,00 Euro

Ergibt sich daraus, dass bei einem versicherungsberechtigten Mitglied Arbeitsentgelt oder Arbeitseinkommen bei der Beitragsbemessung unter Beachtung der Beitragsbemessungsgrenze zu berücksichtigen ist, ist dieses Einkommen (ganz oder teilweise) bei der Krankengeldberechnung zu berücksichtigen.

2. Personen, die aufgrund eines Rentenantrags als Mitglieder gelten

Die Beitragsbemessung für Rentenantragsteller ist ebenfalls durch den Spitzenverband Bund der Krankenkassen zu regeln (vgl. § 239 Satz 1 SGB V). Es sind dieselben beitragspflichtigen Einnahmen wie bei freiwilligen Mitgliedern zu berücksichtigen (vgl. § 239 Satz 3 i. V. m. § 240 Abs. 1 und 2 Satz 1 SGB V). Rentenantragsteller, die Arbeitsentgelt[147] oder Arbeitseinkommen[148] erzielen, das bei der Beitragsbemessung berücksichtigt wird, haben somit einen Anspruch auf Krankengeld.

3. Mitglieder, die aufgrund des Bezugs einer Rente versicherungspflichtig sind

(ausgenommen Bezieher einer Leistung nach § 50 Abs. 1 Satz 1, § 44 Abs. 2 Nr. 4 SGB V)

Beitragspflichtige Einnahmen (vgl. § 237 Satz 1 SGB V) der Mitglieder der Krankenversicherung der Rentner sind

1. Rente aus der gesetzlichen Rentenversicherung,
2. Versorgungsbezüge und
3. Arbeitseinkommen.

Versorgungsbezüge und Arbeitseinkommen werden nur berücksichtigt, wenn sie eine bestimmte Mindestgrenze überschreiten (vgl. § 237 Satz 2 i. V. m. § 226 Abs. 2 SGB V; vgl. auch die Aussagen zur 1. Fallgruppe). Die Einnahmen werden in der genannten Reihenfolge (vgl. § 238 SGB V) bis zur Beitragsbemessungsgrenze berücksichtigt, sodass auch Rentenbezieher mit Arbeitseinkommen einen Krankengeldanspruch haben können.

[147] Es kann sich nur um Arbeitsentgelt aus einer Beschäftigung handeln, die nicht der Versicherungspflicht nach § 5 Abs. 1 Nr. 1 SGB V unterliegt.

[148] Es kann sich nur um Arbeitseinkommen handeln, das nicht aus einer hauptberuflichen selbstständigen Erwerbstätigkeit stammt (vgl. § 5 Abs. 5 SGB V).

4. Mitglieder, die aufgrund einer Beschäftigung versicherungspflichtig sind und daneben Rente oder Versorgungsbezüge beziehen

(ausgenommen Bezieher einer Leistung nach § 50 Abs. 1 Satz 1, § 44 Abs. 2 Nr. 4 SGB V)

Beitragspflichtige Einnahmen versicherungspflichtig Beschäftigter sind:

- das Arbeitsentgelt aus einer versicherungspflichtigen Beschäftigung,
- Zahlbetrag der Rente aus der gesetzlichen Rentenversicherung,
- Zahlbetrag der Versorgungsbezüge und
- Arbeitseinkommen (vgl. § 226 Abs. 1 Satz 1 SGB V).

Arbeitseinkommen ist nur zu berücksichtigen, wenn es neben einer Rente oder neben Versorgungsbezügen erzielt wird (vgl. § 226 Abs. 1 Satz 1 Nr. 4 SGB V). Versorgungsbezüge und Arbeitseinkommen werden nur berücksichtigt, wenn sie eine bestimmte Mindestgrenze überschreiten (vgl. § 237 Satz 2 i. V. m. § 226 Abs. 2 SGB V; vgl. auch die Aussagen zur 1. Fallgruppe).

Die beitragspflichtigen Einnahmen sind in einer bestimmten Rangfolge zu berücksichtigen. Zunächst werden (in dieser Reihenfolge)

1. Arbeitsentgelt,
2. Versorgungsbezüge und
3. Arbeitseinkommen

bis zur Beitragsbemessungsgrenze berücksichtigt (vgl. § 230 Satz 1 SGB V). Daneben wird die Rente ebenfalls bis zur Beitragsbemessungsgrenze berücksichtigt, unabhängig davon, ob die Beitragsbemessungsgrenze durch die anderen Einnahmen bereits erreicht oder überschritten wurde (vgl. § 230 Satz 2 SGB V).

Bei der Regelentgeltberechnung kann es in dieser Fallgruppe sowohl zur Berücksichtigung des Arbeitsentgelts als auch zur Berücksichtigung des Arbeitseinkommens kommen, soweit das Arbeitseinkommen zur Beitragsberechnung herangezogen wurde.

Wenn diese Einkünfte nicht oder nicht als positive Einkünfte im Sinne des Steuerrechts erzielt werden, ist der Anspruch auf Krankengeld unabhängig von einer Wahlentscheidung für das Krankengeld ausgeschlossen (vgl. Beispiel 36).[149]

Beispiel 36: Fehlendes Arbeitseinkommen

Ein hauptberuflich selbstständiges Mitglied ist freiwillig mit Anspruch auf Krankengeld versichert. Das Gewerbe wird zum 30.4.2018 aufgegeben. Am 5.5.2018 wird festgestellt, dass der Versicherte bis auf weiteres arbeitsunfähig krank ist. Ein Anspruch auf Krankengeld besteht nicht, da zum Zeitpunkt des Entstehens des Anspruchs kein Arbeitseinkommen aufgrund einer selbstständigen Erwerbstätigkeit erzielt wird.

3.2 Arbeitsunfähigkeit

3.2.1 Allgemeines

Versicherte haben Anspruch auf Krankengeld, wenn sie wegen einer Krankheit arbeitsunfähig sind. Die Krankheit muss nicht die alleinige Ursache sein. Es reicht aus, wenn sie die rechtlich wesentliche Ursache ist. Krankheit als Versicherungsfall der gesetzlichen Krankenversicherung ist ein regelwidriger Körper- oder Geisteszustand, der die Notwendigkeit ärztlicher Heilbehandlung und zugleich oder allein Arbeitsunfähigkeit zur Folge hat.[150] Als regelwidrig wird ein Zustand angesehen, der von der Norm, also vom Leitbild des gesunden Menschen, abweicht. Eine Krankheit ist behandlungsbedürftig, wenn der regelwidrige Zustand ohne ärztliche Hilfe nicht mit Aussicht auf Erfolg behoben, mindestens aber gebessert oder vor Verschlimmerung bewahrt werden kann oder wenn ärztliche Behandlung erforderlich ist, um Schmerzen oder sonstige Beschwerden zu lindern.

Hinweis:

Eine Verschlimmerungsgefahr muss nicht so drohen, dass ohne sofortige Behandlung mit einer wesentlichen Verschlimmerung zu rechnen ist.[151]

[149] BSG, Urteile vom 7.12.2004, B 1 KR 17/04 R; 12.3.2013, B 1 KR 4/12 R

[150] BSG, Urteil vom 30.9.2015, B 3 KR 14/14 R

[151] Wegen der Kausalität zwischen Krankheit und Arbeitsunfähigkeit schließen andere Tatbestände der Arbeitsverhinderung (z. B. Beschäftigungsverbote aus seuchenhygienischen Gründen; vgl. § 31 IfSG) den Anspruch auf Krankengeld aus.

Die Arbeitsunfähigkeit besteht auch, wenn die Behandlungsbedürftigkeit beendet ist,[152] da die Krankheit die wesentliche Ursache der Arbeitsunfähigkeit ist, z. B. bei Erblindung oder beim Defekt eines Hilfsmittels. Ein Dauerzustand steht der Annahme von Arbeitsunfähigkeit nicht entgegen.[153] Davon sind auch Regelwidrigkeiten erfasst, die auf einen Alterungsprozess zurückzuführen sind. Wenn diese Regelwidrigkeiten behandlungsbedürftig werden oder Arbeitsunfähigkeit bedingen, begründen sie den Versicherungsfall der Krankheit.[154]

3.2.2 Zuletzt ausgeübte Beschäftigung oder Tätigkeit

Die Arbeitsunfähigkeit wird nach der zuletzt ausgeübten oder einer ähnlich gearteten Beschäftigung oder Tätigkeit mit ihren speziellen gesundheitlichen Anforderungen beurteilt.[155] Arbeitsunfähigkeit ist gegeben, wenn diese Beschäftigung oder Tätigkeit nicht mehr ausgeübt werden kann oder der Versicherte ihr nur unter der Gefahr der Verschlimmerung seiner Krankheit in absehbarer Zeit weiter nachgehen kann.[156] Es ist unerheblich, ob der Versicherte trotz der gesundheitlichen Beeinträchtigung möglicherweise noch eine andere Tätigkeit ausüben kann.

Die Fortsetzung oder Aufnahme einer Arbeit auf Kosten der Gesundheit (Zwischenbeschäftigung) schließt die Arbeitsunfähigkeit nicht aus.[157] Dass der Versicherte möglicherweise eine andere Tätigkeit trotz der gesundheitlichen Beeinträchtigung noch ausüben könnte, ist unerheblich.[158]

Die Arbeitsunfähigkeit wird nicht durch die Beendigung des Arbeitsverhältnisses oder dadurch beendet, dass sich der Versicherte arbeitslos meldet und der Arbeitsvermittlung zur Verfügung stellt.[159] Der Versicherte gibt damit zwar zu erkennen, dass er sich für eine berufliche Neuorientierung öffnet und zu einem Berufswechsel bereit ist. Allerdings endet damit nicht der Bezug zur früheren Beschäftigung.

---

152 BSG, Urteil vom 7.12.2004, B 1 KR 10/03 R

153 BSG, Urteil vom 16.5.1972, 9 RV 556/71

154 Beschäftigungsverbote nach dem Mutterschutzgesetz oder dem IfSG führen nicht zu einem Krankengeldanspruch, weil es in diesen Fällen an der Ursächlichkeit zwischen Krankheit und Arbeitsunfähigkeit fehlt. Ursache für die Arbeitsunfähigkeit ist vielmehr das jeweilige Beschäftigungsverbot.

155 BSG, Urteil vom 8.11.2005, B 1 KR 18/04 R mit weiteren Nachweisen

156 BSG, Urteile vom 21.8.1957, 3 RK 8/57; 19.6.1963, 3 RK 37/59; 30.5.1967, 3 RK 15/65; 2.10.1970, 3 RK 6/70

157 BSG, Urteil vom 17.8.1982, 3 RK 28/81

158 BSG, Urteil vom 8.2.2000, B 1 KR 11/99 R

159 BSG, Urteil vom 4.4.2006, B 1 KR 21/05 R

Erst mit der tatsächlichen Aufnahme einer neuen beruflichen Tätigkeit wird die Arbeitsunfähigkeit beendet und die neue Tätigkeit zur Grundlage für die Beurteilung einer weiteren Arbeitsunfähigkeit.

3.2.3 Arbeitslose Versicherte

Ein arbeitsloser Versicherter ist arbeitsunfähig, wenn die Krankheit ihn von der Vermittlung eines leistungsgerechten Arbeitsplatzes ausschließt.[160] Die Kriterien der Verfügbarkeit sind zu prüfen. Einem Arbeitslosen sind alle seiner Arbeitsfähigkeit entsprechenden Beschäftigungen zumutbar, soweit allgemeine oder personenbezogene Gründe der Zumutbarkeit einer Beschäftigung nicht entgegenstehen (vgl. § 140 Abs. 1 SGB III). Aus dem zeitlich abgestuften Arbeitsentgeltschutz nach § 140 Abs. 3 SGB III ist ein krankenversicherungsrechtlicher „Berufsschutz" für die ersten sechs Monate der Arbeitslosigkeit nicht herzuleiten.

Der Arbeitslose ist arbeitsunfähig, wenn er gesundheitlich nicht in der Lage ist, leichte Arbeiten vollschichtig zu verrichten, für die er sich zuvor der Arbeitsverwaltung zur Verfügung gestellt hat.[161] Abstrakte Ermittlungen, welche Arbeiten dem krankheitsbedingt leistungsgeminderten Arbeitslosen nach § 140 Abs. 3 SGB III finanziell zumutbar sind, bedarf es nicht. Ggf. ist zu prüfen, mit welchem gesundheitlichen Leistungsvermögen sich der Arbeitslose der Arbeitsvermittlung zur Verfügung gestellt hat.

Wurde dem Arbeitslosen ein konkretes Arbeitsangebot unterbreitet, kann dieses dem Arbeitslosen je nach Lage des Falles sowohl finanziell als auch gesundheitlich unzumutbar sein. In beiden Fällen kann der Arbeitslose das Arbeitsangebot ablehnen, ohne dass eine Sperrzeit eintritt. Lehnt der Arbeitslose eine ihm konkret angebotene und finanziell zumutbare Arbeit aus gesundheitlichen Gründen ab, behält er den Anspruch auf Arbeitslosengeld, sofern es bei einer subjektiven und objektiven Verfügbarkeit für zumindest leichte Arbeiten bleibt.

3.2.4 Stufenweise Wiedereingliederung

Medizinische und die sie ergänzenden Leistungen werden erbracht, wenn arbeitsunfähige Leistungsberechtigte nach ärztlicher Feststellung ihre bisherige Tätigkeit teilweise verrichten können und dies

160 BSG, Urteil vom 10.5.2012, B 1 KR 20/11 R
161 BSG, Urteil vom 4.4.2006, B 1 KR 21/05 R

durch eine stufenweise Wiederaufnahme voraussichtlich besser gelingen wird (vgl. § 44 SGB IX). Für den Bereich der gesetzlichen Krankenversicherung sieht § 74 SGB V die stufenweise Wiedereingliederung unter gleichen Voraussetzungen ausdrücklich vor. Beiden Vorschriften gemein ist, dass der Versicherte arbeitsunfähig ist, seine bisherige Tätigkeit nur teilweise verrichten kann und durch stufenweise Wiederaufnahme dieser Tätigkeit voraussichtlich eine bessere Wiedereingliederungsmöglichkeit besteht.

Die stufenweise Wiedereingliederung setzt neben der Zustimmung des Arbeitgebers[162] und des Versicherten voraus, dass der Versicherte arbeitsunfähig ist und seine bisherige Tätigkeit nur teilweise verrichten kann. Sie ist auf den Erhalt des vorhandenen Arbeitsverhältnisses ausgerichtet. Die Zustimmung des Arbeitgebers und des Arbeitnehmers ist freiwillig.

In einem Wiedereingliederungsplan vereinbaren der Arbeitgeber und der Arbeitnehmer, wie die stufenweise Wiederaufnahme ablaufen soll. Der Plan geht vor allem darauf ein,

- mit welchem Zeitaufwand der Arbeitnehmer an die Arbeitsbelastung herangeführt wird,
- in welchen Intervallen die Belastung gesteigert wird und
- welche arbeitsbedingten Belastungen zu vermeiden sind.

Die stufenweise Wiedereingliederung wird im Rahmen eines betrieblichen Eingliederungsmanagements vereinbart (vgl. § 167 Abs. 2 SGB IX).[163] Die Vorschrift gilt für alle Arbeitnehmer und ist nicht auf behinderte Menschen beschränkt.[164] Das Verfahren ist durchzuführen, wenn der Arbeitnehmer innerhalb eines Jahres länger als sechs Wochen ununterbrochen oder wiederholt arbeitsunfähig ist.[165]

Während der stufenweisen Wiedereingliederung ruhen die Hauptpflichten aus dem Arbeitsvertrag.[166] Die Maßnahme bedarf arbeitsrechtlich wegen der vom Arbeitsvertrag abweichenden Beschäftigung der Zustimmung des Arbeitgebers; Entgeltansprüche entstehen

162 BAG, Urteil vom 13.6.2006, 9 AZR 229/05
163 Ein leistungsgeminderter Bezieher von Arbeitslosengeld kann ebenfalls stufenweise wiedereingegliedert werden (BSG, Urteil vom 17.12.2013, B 11 AL 20/12 R).
164 BAG, Urteil vom 12.7.2007, 2 AZR 716/06
165 BAG, Urteil vom 24.3.2011, 2 AZR 170/10
166 BAG, Urteil vom 28.7.1999, 4 AZR 192/98

nicht.[167] Für die Beurteilung des Anspruchs auf Entgeltzahlung kommt es auf die Vereinbarung zwischen Arbeitgeber und Arbeitnehmer an. Krankengeld ist in voller Höhe zu zahlen, wenn der Arbeitnehmer nach der Vereinbarung keinen Anspruch auf Arbeitsentgelt hat. Ein Erstattungsanspruch der Krankenkasse gegen den Arbeitgeber nach § 115 SGB X besteht nicht.

Eine teilweise Arbeitsfähigkeit oder Arbeitsunfähigkeit gibt es nicht.[168] Die Begriffe Arbeitsfähigkeit bzw. Arbeitsunfähigkeit schließen sich vielmehr gegenseitig aus. Wird der Kranke (z. B. nach einem Herzinfarkt) stufenweise (z. B. mit zunächst vier und später sechs Arbeitsstunden täglich; z. B. sog. „Hamburger Modell") wieder in den Arbeitsprozess eingegliedert, ergeben sich daraus keine Auswirkungen auf die Arbeitsunfähigkeit. Während der Arbeitserprobung wird eine Erwerbstätigkeit nicht ausgeübt. Das Krankengeld ruht allerdings, wenn und soweit während der Wiedereingliederung Arbeitsentgelt erzielt oder Übergangsgeld gezahlt wird (vgl. § 49 Abs. 1 Nr. 1, 3 SGB V).

3.2.5 Zuständigkeit des Rentenversicherungsträgers während der stufenweisen Wiedereingliederung

Der Rentenversicherungsträger ist vorrangig für die stufenweise Wiedereingliederung zuständig[169] und zahlt Übergangsgeld, wenn sich die stufenweise Wiedereingliederung unmittelbar an eine Rehabilitationsmaßnahme des Rentenversicherungsträgers anschließt und die persönlichen und versicherungsrechtlichen Voraussetzungen für Leistungen zur Rehabilitation erfüllt sind (vgl. §§ 10, 11 SGB VI).[170] Der Anspruch auf Krankengeld ruht in dieser Zeit in voller Höhe (vgl. § 49 Abs. 1 Nr. 3, Abs. 3 SGB V).

Die stufenweise Wiedereingliederung im unmittelbaren Anschluss an eine stationäre Rehabilitation steht mit dieser wegen der gemeinsamen Zielsetzung der dauerhaften Wiedereingliederung in das Erwerbsleben – möglichst auf dem zuletzt innegehabten Arbeits-

---

167 BAG, Urteil vom 13.6.2006, 9 AZR 229/05

168 BSG, Urteil vom 21.3.2007, B 11a AL 31/06 R

169 Die Rentenversicherung bleibt zuständig, das Übergangsgeld zu zahlen, wenn die stufenweise Wiedereingliederung innerhalb von vier Wochen nach dem Ende der Rehabilitation beginnt und diese in der Reha-Einrichtung empfohlen wurde (Vereinbarung zur Zuständigkeitsabgrenzung bei stufenweiser Wiedereingliederung nach § 28 i. V. m. § 51 Abs. 5 SGB IX; http://www.finkenbusch.de/?p=1196).

170 BSG, Urteil vom 29.1.2008, B 5a/5 R 26/07 R

platz – in einem so engen Zusammenhang, dass letztlich beide als einheitliche Maßnahme anzusehen sind, die mit der stationären Aufnahme in der Rehabilitationseinrichtung beginnt und im günstigsten Fall mit der vollen Rückkehr des Versicherten an seinen Arbeitsplatz endet.[171]

Nach einer vom Rentenversicherungsträger durchgeführten stationären Maßnahme zur medizinischen Rehabilitation bleibt die Rentenversicherung für die stufenweise Wiedereingliederung zuständig, solange sich die stufenweise Wiedereingliederung als Bestandteil einer in der Zusammenschau einheitlichen Gesamtmaßnahme darstellt.[172] Dies ist der Fall, wenn das „rentenversicherungsrechtliche" Rehabilitationsziel noch nicht erreicht ist, und der Versicherte die bisherige Tätigkeit noch nicht in vollem Umfang aufnehmen kann, weil

- er den berufstypischen (nicht: arbeitsplatzspezifischen) Anforderungen dieser Tätigkeit gesundheitlich noch nicht gewachsen ist,
- der weitere Rehabilitationsbedarf spätestens bei Abschluss der stationären Maßnahme zutage getreten ist und
- die Voraussetzungen des § 44 SGB IX bis zum Beginn der stufenweisen Wiedereingliederung durchgehend vorliegen.

Sollte der Zeitraum zwischen der stationären medizinischen Rehabilitationsmaßnahme und der stufenweisen Wiedereingliederung weniger als eine Woche betragen, kann davon ohne weiteres ausgegangen werden.

Ein unmittelbarer sachlicher Zusammenhang zwischen der stufenweisen beruflichen Wiedereingliederungsmaßnahme und der vorangegangenen Leistung zur Rehabilitation durch den Rentenversicherungsträger setzt nicht den völlig nahtlosen Anschluss der Wiedereingliederung an die vorangegangene Rehabilitation voraus. Eine feststehende zeitliche Grenze für den Anschluss entbehrt einer gesetzlichen Grundlage. Vielmehr ist auf die Umstände des Einzelfalles abzustellen und für einen angemessenen Zeitrahmen festzustellen, innerhalb welcher Zeit die Vereinbarung mit dem Versicherten und dem Arbeitgeber sowie die Bewilligung des zuständigen Leistungsträgers herzustellen ist. Außerdem ist dem Versicherten eine Zeit der Rekonvaleszenz zuzugestehen.

---

[171] BSG, Urteil vom 5.2.2009, B 13 R 27/08 R
[172] BSG, Urteil vom 20.10.2009, B 5 R 44/08 R

3.2.6 Verweisungstätigkeit

Verliert der Versicherte nach dem Eintritt der Arbeitsunfähigkeit die zuletzt innegehabte Arbeitsstelle, ändert sich der rechtliche Maßstab für die Beurteilung der Arbeitsunfähigkeit.[173] Es sind nicht mehr die konkreten Verhältnisse an diesem Arbeitsplatz maßgebend. Vielmehr ist nun abstrakt auf die Art der zuletzt ausgeübten Beschäftigung abzustellen. Der Versicherte darf dann auf gleich oder ähnlich geartete Tätigkeiten „verwiesen" werden, wobei aber der Kreis möglicher Verweisungstätigkeiten entsprechend der Funktion des Krankengelds eng zu ziehen ist.[174]

Für die Beurteilung ist unerheblich, ob der Versicherte sich arbeitslos meldet und sein Einverständnis mit einer Vermittlung in einen anderen Beruf erklärt.[175]

Ein offener Arbeitsplatz ist durch die Krankenkasse nicht nachzuweisen. Es ist vielmehr ausreichend, wenn auf dem Arbeitsmarkt Arbeitsstellen für ähnliche Tätigkeiten in nennenswerter Zahl vorhanden sind, die täglich zumutbar erreicht werden können. Damit ist eine Erwerbsmöglichkeit gegeben, welche die Arbeitsunfähigkeit ausschließt. Ein Wohnortwechsel ist dem Versicherten nicht zuzumuten.

Für die Verweisbarkeit ist darauf abzustellen, welche Bedingungen das bisherige Arbeits- bzw. Beschäftigungsverhältnis im Wesentlichen geprägt haben und welche ähnlichen, d. h. dem bisherigen Arbeitsverhältnis gleichgearteten Tätigkeiten, in Betracht kommen.[176]

3.2.7 Unbezahlter Urlaub

Dem Anspruch auf Krankengeld steht nicht entgegen, dass die Arbeitsunfähigkeit mit einer Zeit unbezahlten Urlaubs zusammentrifft.[177] Entscheidend ist lediglich, dass zum Zeitpunkt des Eintritts der Arbeitsunfähigkeit ein Versicherungsverhältnis mit Anspruch auf Krankengeld besteht (vgl. Beispiel 37).[178] Dazu ist u. a. zu prüfen, für welchen Zeitraum unbezahlter Urlaub vereinbart wurde, da die

---

173 BSG, Urteil vom 19.9.2002, B 1 KR 11/02

174 BSG, Urteil vom 30.10.2007, B 2 U 31/06 R

175 BSG, Urteil vom 8.2.2000, B 1 KR 11/99 R

176 BSG, Urteil vom 15.11.1984, 3 RK 21/83

177 BSG, Urteil vom 27.11.1990, 3 RK 6/88

178 BSG, Urteil vom 16.2.2005, B 1 KR 8/04 R zu einem Sachverhalt, in dem nach einem längeren unbezahlten Urlaub die Beschäftigung wegen Arbeitsunfähigkeit nicht wieder aufgenommen und eine Mitgliedschaft deshalb nicht begründet werden konnte.

mitgliedschaftserhaltende Beschäftigung gegen Arbeitsentgelt nur für längstens einen Monat als fortbestehend gilt (vgl. § 7 Abs. 3 Satz 1 SGB IV).

Beispiel 37: Unbezahlter Urlaub

Fall 1:

Ein Arbeitnehmer ist seit Jahren versicherungspflichtig beschäftigt und Mitglied einer Krankenkasse. Er hat mit seinem Arbeitgeber für die Zeit vom 15.1. bis zum 31.1.2018 unbezahlten Urlaub vereinbart. Der Arbeitnehmer wird am 20.1.2018 arbeitsunfähig krank.

Der unbezahlte Urlaub führt nicht zum Ende der Mitgliedschaft bei der Krankenkasse (vgl. § 7 Abs. 3 Satz 1 SGB IV). Die Voraussetzungen für den Anspruch auf Krankengeld sind gegeben.

Fall 2:

Ein Arbeitnehmer ist seit Jahren versicherungspflichtig beschäftigt und Mitglied einer Krankenkasse. Er hat mit seinem Arbeitgeber für die Zeit vom 15.1. bis zum 31.3.2018 unbezahlten Urlaub vereinbart. Der Arbeitnehmer wird am 20.2.2018 arbeitsunfähig krank.

Die Mitgliedschaft endet mit dem 14.2.2018 (vgl. § 7 Abs. 3 Satz 1 SGB IV; § 190 Abs. 2 SGB V). Daran schließt sich entweder eine Familienversicherung (vgl. § 10 SGB V) oder eine freiwillige Versicherung an (vgl. § 9 Abs. 1 Satz 1, § 188 Abs. 2 Satz 1, § 188 Abs. 4 SGB V). Es besteht in jedem Fall kein Anspruch auf Krankengeld, weil es beim Eintritt der Arbeitsunfähigkeit an einem Versicherungsverhältnis mit Anspruch auf Krankengeld fehlt.

Anmerkung: Ein „nachgehender" Anspruch auf Krankengeld (vgl. § 19 Abs. 2 SGB V) ist ausgeschlossen.

3.3 Stationäre Behandlung

Versicherte haben Anspruch auf Krankengeld, wenn sie auf Kosten der Krankenkasse stationär behandelt werden (vgl. § 44 Abs. 1 SGB V).[179] Stationäre Behandlung erfolgt

[179] Die stationäre oder teilstationäre Versorgung in Hospizen begründet keinen Anspruch auf Krankengeld. Krankengeld wird gezahlt, sofern der Versicherte während dieser Zeit arbeitsunfähig ist.

- in einem Krankenhaus (vgl. § 39 SGB V),[180]
- in einer Vorsorgeeinrichtung (vgl. § 23 Abs. 4, § 24 SGB V) oder
- in einer Rehabilitationseinrichtung (vgl. § 40 Abs. 2, § 41 SGB V).

Wenn ein anderer Sozialleistungsträger die Kosten der stationären Behandlung übernimmt, besteht ein Anspruch auf Krankengeld, wenn der Versicherte gleichzeitig arbeitsunfähig krank ist. Ggf. ruht in diesem Fall der Anspruch auf Krankengeld, wenn durch den Träger der Maßnahme eine Entgeltersatzleistung wie z. B. Übergangsgeld gezahlt wird.

3.4 Nachweis der Arbeitsunfähigkeit

Die Vertragsärzte sind zuständig, die Arbeitsunfähigkeit festzustellen und zu bescheinigen (vgl. §§ 5 ff. AU-RL). Dabei sind sie an die Rechtslage gebunden. Arbeitsunfähigkeit darf nur aufgrund einer ärztlichen Untersuchung bescheinigt werden. Für eine Zeit vor der ersten ärztlichen Untersuchung soll Arbeitsunfähigkeit nicht bescheinigt werden. Im Ausnahmefall kann der Beginn der Arbeitsunfähigkeit bis zu drei Tagen rückdatiert werden. Eine Vorausdatierung ist nicht möglich. Das Gleiche gilt, wenn eine Folgebescheinigung über eine Fortsetzungserkrankung ausgestellt wird.

Die Arbeitsunfähigkeit ist mittels eines zwischen den Krankenkassen und den Vertragsärzten vereinbarten Vordrucks zu bescheinigen.[181] Die voraussichtliche Dauer soll nicht für mehr als zwei Wochen im Voraus bescheinigt werden (im Ausnahmefall: ein Monat). Die Bescheinigung ist zu versagen, wenn der Kranke entgegen ärztlicher Anordnung nicht zum vereinbarten Folgetermin erscheint. Der Arzt kann beim nächsten Besuch eine rückwirkende Bescheinigung verweigern und von einer erneuten Arbeitsunfähigkeit ausgehen. In diesem Fall ist eine Erstbescheinigung auszustellen.

---

[180] Ein Krankenhaus verfügt über eine apparative Mindestausstattung, geschultes Pflegepersonal und einen jederzeit präsenten oder rufbereiten Arzt (BSG, Urteil vom 16.12.2008, B 1 KN 3/08 KR R).

[181] Krankenkassen und Gerichte sind an den Inhalt einer ärztlichen Bescheinigung über die Arbeitsunfähigkeit nicht gebunden (BSG, Urteil vom 8.11.2005, B 1 KR 18/04 R). Einer Arbeitsunfähigkeitsbescheinigung kommt lediglich die Bedeutung einer ärztlich-gutachtlichen Stellungnahme zu, welche die Grundlage für den über den Krankengeldanspruch zu erteilenden Verwaltungsakt der Krankenkasse bildet. Betroffen sind z. B. Sachverhalte, in denen die Krankenkasse aufgrund eines Gutachtens des MDK davon ausgeht, dass der Versicherte arbeitsfähig ist.

Soweit es für die Versorgung des Versicherten unmittelbar nach der Entlassung aus dem Krankenhaus erforderlich ist, kann das Krankenhaus im Rahmen des Entlassmanagements wie ein Vertragsarzt die Arbeitsunfähigkeit für einen Zeitraum von bis zu sieben Kalendertagen nach der Entlassung feststellen (vgl. § 39 Abs. 1a Satz 6 SGB V).

Hinweis:

Da § 46 Satz 1 Nr. 2 SGB V von der „ärztlichen" Feststellung spricht, ist auch die Bescheinigung eines Arztes ausreichend, der nicht Vertragsarzt ist.

Im Ausland ausgestellte Bescheinigungen über Arbeitsunfähigkeit stellen Gutachten dar, die die deutsche Krankenkasse zu würdigen hat.[182] Es muss erkennbar sein, dass der Arzt zwischen einer Erkrankung und der daraus resultierenden Arbeitsunfähigkeit unterschieden hat. Dabei ist der Rechtsbegriff der Arbeitsunfähigkeit von der Krankenkasse nach deutschem Recht anzuwenden. Die im Ausland ausgestellte Bescheinigung hat den gleichen Beweiswert wie eine im Inland ausgestellte. Die Krankenkasse kann den Versicherten durch einen Arzt ihrer Wahl untersuchen und die Arbeitsunfähigkeit begutachten lassen. Eine Verpflichtung des Betroffenen, zur Begutachtung ins Inland zurückzukehren, besteht nicht.

Hält sich der Arbeitnehmer bei Beginn der Arbeitsunfähigkeit im Ausland auf, ist er verpflichtet, dem Arbeitgeber die Arbeitsunfähigkeit, deren voraussichtliche Dauer und die Adresse am Aufenthaltsort in der schnellstmöglichen Art der Übermittlung mitzuteilen (vgl. § 5 Abs. 2 EFZG). Die durch die Mitteilung entstehenden Kosten hat der Arbeitgeber zu tragen. Darüber hinaus hat der Arbeitnehmer, der Mitglied einer gesetzlichen Krankenkasse ist, auch dieser die Arbeitsunfähigkeit und deren voraussichtliche Dauer unverzüglich anzuzeigen.[183]

Dauert die Arbeitsunfähigkeit länger als angezeigt, ist der Arbeitnehmer verpflichtet, der gesetzlichen Krankenkasse die voraussichtliche Fortdauer der Arbeitsunfähigkeit mitzuteilen. Kehrt ein

---

182 EuGH, Urteil vom 12.3.1987, 22/86; zur Bindungswirkung für die Sozialgerichtsbarkeit: BVerfG, Beschluss vom 25.7.1979, 2 BvL 6/77; Art. 27 Abs. 8 VO (EG) 987/09

183 Kosten für die Übersetzung einer in ausländischer Sprache verfassten Bescheinigung gehen zu Lasten der Krankenkasse.

arbeitsunfähig erkrankter Arbeitnehmer in das Inland zurück, hat er dem Arbeitgeber und der Krankenkasse seine Rückkehr unverzüglich anzuzeigen.

3.5 Begutachtung

Die Krankenkassen sind verpflichtet, bei Arbeitsunfähigkeit

- zur Sicherung des Behandlungserfolgs, insbesondere zur Einleitung von Maßnahmen der Leistungsträger für die Wiederherstellung der Arbeitsfähigkeit, oder
- zur Beseitigung von Zweifeln an der Arbeitsunfähigkeit

eine gutachtliche Stellungnahme des MDK einzuholen (vgl. § 275 Abs. 1 Nr. 3 Buchst. a, b SGB V).[184] Versicherte, die sich im Ausland aufhalten, können durch einen Arzt am Aufenthaltsort untersucht werden (Art. 27 Abs. 6 VO (EG) 987/09).

Zweifel bestehen, wenn im Einzelfall konkrete Anhaltspunkte vorliegen. Die Zweifel können sich auf die Arbeitsunfähigkeit selbst oder die ihr zugrunde liegende Krankheit beziehen. Das gilt z. B. bei unklar gehaltener Diagnose oder fehlendem oder unzureichendem Befundbericht. Bei eindeutigen oder problemlosen Diagnosen sowie klarem Befundbericht und bei einer verordneten Dauer der Arbeitsunfähigkeit, die nach den Erkenntnissen der medizinischen Wissenschaft mit diesen Angaben im Einklang steht, ist eine Begutachtung dagegen der veränderten Aufgabenstellung des MDK entsprechend regelmäßig nicht angezeigt. Das Gleiche gilt, wenn eine Diagnose zwar noch nicht möglich oder ungesichert ist, sich jedoch aus dem vorläufigen Befundbericht ergibt, dass weitere diagnostische Maßnahmen eingeleitet sind und die vorläufige zeitliche Begrenzung der Arbeitsunfähigkeit dem entspricht, also in der Regel auf wenige Tage begrenzt ist.

Zweifel an der Arbeitsunfähigkeit sind insbesondere in Fällen anzunehmen, in denen

- Versicherte auffällig häufig oder auffällig häufig nur für kurze Dauer arbeitsunfähig sind oder
- der Beginn der Arbeitsunfähigkeit häufig auf einen Arbeitstag am Beginn oder am Ende einer Woche fällt
- oder die Arbeitsunfähigkeit von einem Arzt festgestellt worden ist, der durch die Häufigkeit der von ihm ausgestellten Bescheinigungen über Arbeitsunfähigkeit auffällig geworden ist

[184] vgl. „Begutachtungsanleitung Arbeitsunfähigkeit" vom 12.12.2011 (http://www.mds-sindbad.de/)

(vgl. § 275 Abs. 1a Satz 1 SGB V). Die Prüfung erfolgt unverzüglich nach der ärztlichen Feststellung der Arbeitsunfähigkeit.

Der Arbeitgeber kann verlangen, dass die Krankenkasse eine gutachtliche Stellungnahme des MDK über die Arbeitsunfähigkeit einholt. Eine Begründung der Zweifel des Arbeitgebers ist nicht erforderlich. Der Arbeitgeber ist nicht berechtigt, den MDK unmittelbar mit der Begutachtung zu beauftragen.

Die Krankenkasse kann von einer Beauftragung des MDK absehen, wenn sich die medizinischen Voraussetzungen der Arbeitsunfähigkeit eindeutig aus den der Krankenkasse vorliegenden ärztlichen Unterlagen ergeben.

Hinweis:

Vertragsärzte, bei denen eine Wirtschaftlichkeitsprüfung durchgeführt wird (Zufälligkeitsprüfung, vgl. § 106 Abs. 2 Satz 1 Nr. 2 SGB V), werden durch den MDK stichprobenartig und zeitnah hinsichtlich ihrer Feststellungen der Arbeitsunfähigkeit geprüft (vgl. § 275 Abs. 1b SGB V).

Der MDK ist im Rahmen der Überprüfung von Arbeitsunfähigkeit (Zweifel an der Arbeitsunfähigkeit, vgl. § 275 Abs. 1 Nr. 3 Buchst. b, Abs. 1a, 1b SGB V) berechtigt, den Versicherten in seiner Wohnung zu untersuchen (vgl. § 276 Abs. 5 SGB V). Voraussetzung ist, dass der Versicherte

- aufgrund seines Gesundheitszustands nicht in der Lage ist, einer Vorladung des MDK zu folgen, oder
- einen Vorladungstermin unter Berufung auf seinen Gesundheitszustand absagt und der Untersuchung fernbleibt.

Die Untersuchung in der Wohnung des Versicherten erfordert die Zustimmung des Versicherten. Sie darf ohne die erforderliche Zustimmung nicht durchgeführt und kann auch nicht erzwungen werden. Verweigert der Versicherte die Zustimmung, kann die Krankenkasse das Krankengeld versagen (vgl. §§ 62, 66 SGB I).

Die Norm ist nur anwendbar, wenn der Versicherte zur Mitwirkung verpflichtet ist (vgl. §§ 60 ff. SGB I). Dabei sind insbesondere die Grenzen der Mitwirkung zu beachten (vgl. § 65 SGB I). In diesem Sinne enthält die Norm eine besondere Ausprägung der Mitwirkungspflichten des Versicherten. Insbesondere § 62 SGB I ist zu beachten, wonach die Krankenkasse verlangen kann, dass sich der Versicherte ärztlichen oder psychologischen Untersuchungsmaßnahmen unterzieht. Die Mitwirkungspflicht besteht, sobald ein Leistungsantrag gestellt ist oder Krankengeld tatsächlich bezogen wird.

Von einem Leistungsantrag des Versicherten ist u. a. auszugehen, wenn der Krankenkasse die ärztliche Bescheinigung über die Arbeitsunfähigkeit zugeht. Damit ist der Versicherte bereits während der Entgeltfortzahlung durch den Arbeitgeber zur Mitwirkung verpflichtet. Es fehlt allerdings während der Entgeltfortzahlung vor der Krankengeldzahlung an einer Sanktionsmöglichkeit, wenn der Versicherte seiner Mitwirkungspflicht nicht nachkommt.

Die §§ 65, 66 SGB I bleiben unberührt. Daraus ergibt sich, dass seitens der Krankenkasse die Grenzen der Mitwirkung (vgl. § 65 SGB I) zu beachten sind. Wenn ein entsprechender Tatbestand gegeben ist, kann die Krankenkasse das Krankengeld bei fehlender Mitwirkung weder versagen noch entziehen.

Der Versicherte ist mit einer angemessenen Frist zur Mitwirkung aufzufordern und auf die Folgen schriftlich hinzuweisen (vgl. § 66 Abs. 3 SGB I). Kommt der Versicherte seiner Mitwirkungspflicht innerhalb der gesetzten Frist nicht nach, kann die Krankenkasse das Krankengeld ganz oder teilweise versagen oder entziehen. Die Krankenkasse hat zweifaches Ermessen auszuüben, ob und ggf. in welchem Umfang die unterlassene Mitwirkung zu sanktionieren ist.

3.6 Aufklärung und Beratung

Versicherte haben Anspruch auf individuelle Beratung und Hilfestellung durch die Krankenkasse, welche Leistungen und unterstützende Angebote zur Wiederherstellung der Arbeitsfähigkeit erforderlich sind (vgl. § 44 Abs. 4 Satz 1 SGB V).

Die individuelle Beratung und Hilfestellung durch die Krankenkasse endet dort, wo die Krankenkasse den MDK einschalten muss, insbesondere bei der Prüfung von Maßnahmen zur Sicherung des Behandlungserfolgs, wie der Einleitung von Maßnahmen der Leistungsträger für die Wiederherstellung der Arbeitsfähigkeit oder wenn Zweifel an der Arbeitsunfähigkeit bestehen (vgl. § 275 Abs. 1 Nr. 3 Buchst. a, b SGB V). Zusätzliche Daten dürfen deswegen nicht erhoben werden, um Anfangszweifel an der Arbeitsunfähigkeit auszuräumen oder zu bestätigen. Es obliegt allein dem MDK, Zweifel an einer Arbeitsunfähigkeit zu beseitigen und hierbei ggf. Daten (vgl. § 276 Abs. 2 SGB V) zu erheben.

Die Inanspruchnahme des Leistungsangebots ist freiwillig, insbesondere hat die Ablehnung der Einwilligung in die Datenerhebung, -verarbeitung und -nutzung keine leistungsrechtlichen Konsequenzen. Zur Umsetzung sollen qualifizierte Krankenkassenmitarbeiter eingesetzt werden, deren Aufgabe darin besteht, den individuellen Bedarf des Versicherten festzustellen sowie die passgenauen Leistungen zur Überwindung der Krankheit und ihrer Folgen im Einzelfall zusammenzustellen und zu sichern. Die Krankenkasse stellt den Leistungsbedarf fest und begleitet dessen Umsetzung insbesondere durch die Suche nach geeigneten ortsnahen Leistungserbringern, die entsprechenden Kontaktvermittlungen, die Suche nach Maßnahmen zur Erleichterung des vollen oder stufenweisen Wiedereinstiegs in das Berufsleben.

Grundsätzlich haben die Krankenkassen die Aufgabe der individuellen Beratung und Hilfestellung selbst wahrzunehmen. Sofern jedoch die Aufgabenwahrnehmung durch eine andere Stelle wirtschaftlicher ist, es im wohlverstandenen Interesse der Betroffenen liegt und Rechte der Versicherten nicht beeinträchtigt werden, kann die Krankenkasse diese Aufgabe an eine in § 35 Abs. 1 SGB I genannte Stelle übertragen, insbesondere an andere Leistungsträger und ihre Verbände. Eine Übertragung an private Dritte ist ausgeschlossen.

Bei der Umsetzung des Beratungsanspruchs darf kein Zwang auf den arbeitsunfähigen Versicherten ausgeübt werden. Die notwendig zu erhebenden personenbezogenen Daten dürfen nur dann von der Krankenkasse erhoben, verarbeitet oder genutzt werden, wenn der Versicherte auf Grundlage einer umfassenden Information durch die Krankenkasse hierin einwilligt.

Die Einwilligung und die vorherige Information haben schriftlich zu erfolgen. Die Information muss den Versicherten umfassend über Inhalt und Ziele der Beratung, die Freiwilligkeit ihrer Annahme und die damit verbundene erforderliche Erhebung, Verarbeitung oder Nutzung seiner personenbezogenen Daten aufklären. Dazu gehört auch die Beratung, zu welchem Zweck und zur Erfüllung welcher Aufgabe die Krankenkasse im Rahmen der Erforderlichkeit Befunddaten erheben, verarbeiten oder nutzen darf.

4 Entstehen des Anspruchs

4.1 Grundsatz

Der Anspruch auf Krankengeld entsteht bei einer Krankenhausbehandlung oder einer Behandlung in einer Vorsorge- oder Rehabilitationseinrichtung auf Kosten der Krankenkasse von ihrem Beginn an (vgl. § 46 Satz 1 Nr. 1 SGB V), im Übrigen vom Tag der ärztlichen Feststellung der Arbeitsunfähigkeit (vgl. § 46 Satz 1 Nr. 2 SGB V). Die Vorschrift ist auch auf eine Arbeitsunfähigkeit infolge einer Sterilisation bzw. eines Schwangerschaftsabbruchs anzuwenden.

Hinweis:

Die aktuelle Regelung in § 46 Satz 1 Nr. 2 SGB V schließt eine Versorgungslücke. Ein Versicherter, dessen Anspruch auf Entgeltfortzahlung ausgeschöpft ist und der wegen derselben Krankheit regelmäßig nur an einem Arbeitstag arbeitsunfähig ist (beispielsweise wegen einer Chemotherapie oder bestimmter Formen der Dialyse), hat damit einen Anspruch auf Krankengeld.

Wenn das Krankengeld abschnittsweise bewilligt wird, ist für jeden Bewilligungsabschnitt zu prüfen, wann der jeweilige Anspruch im weiteren Bewilligungsabschnitt entstanden ist und ob die Voraussetzungen erfüllt sind.[185]

4.2 Besondere Personenkreise

Ausnahmen gelten für Bezieher von Arbeitslosengeld I nach dem SGB III, deren Anspruch auf Krankengeld vom ersten Tag der Arbeitsunfähigkeit an entsteht (vgl. § 47b Abs. 1 Satz 2 SGB V),[186] sowie für Künstler und Publizisten, deren Anspruch auf Krankengeld von der siebten Woche der Arbeitsunfähigkeit an entsteht (vgl. § 46 Satz 3 SGB V).[187]

---

[185] BSG, Urteil vom 16.12.2014, B 1 KR 19/14 R

[186] Der entstandene Anspruch auf Krankengeld bleibt bestehen, wenn es während der Leistungsfortzahlung nach § 146 SGB III zum Ende des Anspruchs auf Arbeitslosengeld und zu einem Statuswechsel zu Arbeitslosengeld II kommt (BSG, Urteile vom 2.11.2007, B 1 KR 38/06 R und B 1 KR 12/07 R).

[187] Die Satzung der entsprechenden Krankenkasse hat für den Personenkreis der Künstler und Publizisten Wahltarife mit einem früheren Entstehen des Krankengeldanspruchs anzubieten.

4.3 Wahlerklärung

- Für hauptberuflich selbstständig Erwerbstätige, die eine Wahlerklärung nach § 44 Abs. 2 Satz 1 Nr. 2 SGB V abgegeben haben, entsteht der Anspruch auf Krankengeld von der siebten Woche der Arbeitsunfähigkeit an (vgl. § 46 Satz 3 SGB V).
- Für unständig oder kurzzeitig Beschäftigte, die eine Wahlerklärung nach § 44 Abs. 2 Satz 1 Nr. 3 SGB V abgegeben haben, entsteht der Anspruch auf Krankengeld nach den Regelungen des § 46 Satz 1 SGB V. Allerdings ruht für diese Personenkreise der Anspruch auf Krankengeld für die ersten sechs Wochen der Arbeitsunfähigkeit (vgl. § 49 Abs. 1 Nr. 7 SGB V).

Hinweis:

Der Anspruch auf das nach § 44 Abs. 2 Satz 1 Nr. 2, 3 SGB V gewählte Krankengeld kann im Ergebnis für alle wahlberechtigten Personenkreise erst vom 43. Tag der Arbeitsunfähigkeit an realisiert werden (vgl. § 49 Abs. 1 Nr. 7 SGB V). Dennoch ist aus rechtlichen Gründen zwischen den verschiedenen Personenkreisen und dem Entstehen bzw. Ruhen des Anspruchs zu unterscheiden. Ruhende Leistungen werden beim zeitlichen Höchstanspruch auf Krankengeld berücksichtigt.

4.4 Versicherungsverhältnis

Maßstab für die Arbeitsunfähigkeit, das Krankengeld und den weiteren Versicherungsschutz ist das Versicherungsverhältnis zum Zeitpunkt, an dem der Anspruch entsteht.[188] Dafür kommt es weder auf den Beginn der Krankheit noch auf den Beginn der Arbeitsunfähigkeit an. Entscheidend ist vielmehr der Beginn der stationären Behandlung oder der Tag, an dem die Arbeitsunfähigkeit festgestellt wird.[189]

Die Mitgliedschaft eines Versicherungspflichtigen bleibt erhalten, solange Anspruch auf Krankengeld besteht (vgl. § 192 Abs. 1 Nr. 2 SGB V). Dazu ist es erforderlich, dass der Anspruch während der Mitgliedschaft entsteht (vgl. Beispiel 38).[190]

---

[188] BSG, Urteile vom 16.12.2014, B 1 KR 19/14 R, B 1 KR 25/14 R, in ständiger Rechtsprechung

[189] BSG, Urteil vom 26.6.2007, B 1 KR 37/06 R

[190] BSG, Urteile vom 10.5.2012, B 1 KR 19/11 R; 16.12.2014, B 1 KR 31/14 R

Freiwillig versicherte Arbeitnehmer (hauptsächlich „höherverdienende" Arbeitnehmer) haben einen Anspruch auf Krankengeld, wenn der Anspruch während der Beschäftigung entsteht. Das Versicherungsverhältnis wird durch die Arbeitsunfähigkeit nicht berührt. Wenn kein Anspruch auf Krankengeld besteht, ist das Versicherungsverhältnis umzustellen und der Beitrag nach dem ermäßigten Beitragssatz zu berechnen (§ 243 Satz 1 SGB V).

Beispiel 38: Erhalt der Mitgliedschaft

Ein Arbeitnehmer ist bis zum 30.9.2018 versicherungspflichtig beschäftigt. Er erkrankt am letzten Tag des Beschäftigungsverhältnisses. Der behandelnde Arzt stellt am selben Tag eine Arbeitsunfähigkeit bis auf weiteres fest. Der Anspruch auf Krankengeld entsteht am 30.9.2018. Er entsteht während der Mitgliedschaft aufgrund der versicherungspflichtigen Beschäftigung und hält diese aufrecht. Damit besteht ein Anspruch auf Krankengeld.

Die Dauer des Krankengeldanspruchs richtet sich nach § 48 SGB V und umfasst längstens 78 Wochen. Potenzielle Veränderungen, die ohne die Arbeitsunfähigkeit eingetreten wären (z. B. Wechsel von Arbeitslosengeld I zu Arbeitslosengeld II), sind für den Anspruch unerheblich.[191]

Hinweis:

Wenn der Anspruch nach dem Ende der Mitgliedschaft entsteht, besteht allenfalls ein „nachgehender" Krankengeldanspruch nach § 19 Abs. 2 SGB V für längstens einen Monat nach dem Ende der Mitgliedschaft. Dieser ist allerdings ausgeschlossen, wenn sich eine anderweitige Mitgliedschaft anschließt (z. B. eine Familienversicherung nach § 10 SGB V oder eine obligatorische Anschlussversicherung nach § 188 Abs. 4 SGB V).

4.5 Fortsetzungserkrankung

Krankengeld wird durch die Krankenkasse abschnittsweise für die Dauer der bescheinigten Arbeitsunfähigkeit zugebilligt.[192] Bei fortdauernder Arbeitsunfähigkeit und abschnittsweiser Bewilligung von

[191] BSG, Urteil vom 2.11.2007, B 1 KR 38/06 R
[192] BSG, Urteil vom 4.3.2014, B 1 KR 17/13 R

Krankengeld müssen die Voraussetzungen für den Anspruch in jedem Bewilligungsabschnitt erfüllt sein.[193]

Der Anspruch auf Krankengeld bleibt bestehen, wenn nach dem Ende der ärztlich festgestellten Arbeitsunfähigkeit deren Fortdauer wegen derselben Krankheit am nächsten Werktag ärztlich festgestellt wird (vgl. § 46 Satz 2 SGB V; vgl. Beispiel 39). Der Samstag gilt nicht als Werktag.

Beispiel 39: Fortsetzungserkrankung

Ein versicherungspflichtig beschäftigter Arbeitnehmer ist arbeitsunfähig krank. Die Erstbescheinigung wurde für die Zeit vom 5. bis zum 18.2.2018 (Sonntag) ausgestellt. Ein Anspruch auf Entgeltfortzahlung besteht nicht. Deswegen hat die Krankenkasse für diesen Zeitraum Krankengeld zugebilligt (Bewilligungsabschnitt). Eine Fortsetzungserkrankung ist spätestens am nächsten Werktag nach dem 18.2.2018 ärztlich festzustellen (Montag, 19.2.2018).

5 Ruhen des Anspruchs

Das Krankengeld „ruht", wenn es mit bestimmten anderen Tatbeständen zusammentrifft. Krankengeld wird dann nicht ausgezahlt (vgl. §§ 16, 49 SGB V).

Hinweis:

Zeiten, in denen der Anspruch ruht, werden bei der Berechnung der zeitlichen Höchstanspruchsdauer wie Zeiten des bezogenen Krankengeldes berücksichtigt (vgl. § 48 Abs. 3 Satz 1 SGB V). Dieses gilt auch dann, wenn neben abgesenkten Entgelt- oder Entgeltersatzleistungen[194] ein „Krankengeldspitzbetrag" wegen des Aufstockungsverbots (vgl. § 49 Abs. 3 SGB V) nicht gezahlt wird.

---

[193] BSG, Urteile vom 16.12.2014, B 1 KR 19/14 R, B 1 KR 25/14 R

[194] Abgesenkte Entgeltleistungen sind nach der aktuellen Gesetzeslage nicht vorgesehen (vgl. z. B. § 4 Abs. 1 EFZG, der in einer alten Fassung einen abgesenkten Anspruch auf Entgeltfortzahlung vorsah). Eine abgesenkte Entgeltersatzleistung ist z. B. das Übergangsgeld der Rentenversicherung (vgl. §§ 20 ff. SGB VI; BSG, Urteil vom 12.3.2013, B 1 KR 17/12 R).

5.1 Arbeitsentgelt

Der Anspruch auf Krankengeld ruht, soweit und solange Versicherte beitragspflichtiges Arbeitsentgelt erhalten (vgl. § 49 Abs. 1 Nr. 1 SGB V; vgl. Beispiel 40). Darunter sind alle laufenden oder einmaligen Einnahmen aus einer Beschäftigung zu verstehen (vgl. § 7 SGB IV), gleichgültig, ob ein Rechtsanspruch auf die Einnahmen besteht, unter welcher Bezeichnung oder in welcher Form sie geleistet werden und ob sie unmittelbar aus der Beschäftigung oder im Zusammenhang mit ihr erzielt werden (vgl. § 14 Abs. 1 Satz 1 SGB IV). Diese weite Begriffsbestimmung umfasst alle Einnahmen, die dem Versicherten in ursächlichem Zusammenhang mit einer Beschäftigung zufließen.[195] Hierunter fallen insbesondere die Gegenleistungen des Arbeitgebers für eine bestimmte Arbeitsleistung. Arbeitsentgelt sind aber auch alle Zahlungen, denen ein Anspruch auf eine konkrete Arbeitsleistung nicht gegenübersteht, wie z. B. die Entgeltfortzahlung an Feiertagen, im Krankheitsfall sowie bei Maßnahmen der medizinischen Vorsorge und Rehabilitation (vgl. §§ 2, 3, 3a und 9 EFZG). Die Ruhenswirkung tritt nicht bei einmalig gezahltem Arbeitsentgelt ein.[196] Der praktisch wichtigste Anwendungsfall ist die Entgeltfortzahlung für die ersten sechs Wochen einer Arbeitsunfähigkeit (vgl. § 3 EFZG).

Beispiel 40: Arbeitsentgelt

Eintritt von Arbeitsunfähigkeit (bis auf Weiteres); ärztliche Feststellung	15.9.2018
Entstehen des Anspruchs auf Krankengeld	15.9.2018
Entgeltfortzahlung durch den Arbeitgeber bis zum	26.10.2018
Anspruch auf Krankengeld ruht (in voller Höhe) bis zum	26.10.2018
Krankengeld ist auszuzahlen ab	27.10.2018

[195] BSG, Urteil vom 6.9.2017, B 13 R 33/16 R

[196] Einmalig gezahltes Arbeitsentgelt sind Zuwendungen, die dem Arbeitsentgelt zuzurechnen sind und nicht für die Arbeit in einem einzelnen Entgeltabrechnungszeitraum gezahlt werden (vgl. § 23a Abs. 1 Satz 1 SGB IV).

5.1.1 Netto-Arbeitsentgelt

Die Ruhenswirkung geht vom tatsächlich erhaltenen Arbeitsentgelt (also dem Nettobetrag des weitergezahlten Arbeitsentgelts) aus.[197] Der Nettobetrag wird ermittelt, indem die gesetzlichen Abzüge vom Brutto-Arbeitsentgelt abgezogen werden. Gesetzliche Abzüge sind die Steuern und die Versichertenanteile an den Beiträgen zur Sozialversicherung (einschließlich Arbeitslosenversicherung). Die Beiträge zu einem privaten oder öffentlichen Versicherungsunternehmen werden hiervon nicht erfasst.[198] Die Ruhenswirkung kann nicht eintreten, wenn Arbeitsentgelt nicht gezahlt wird. Auf den Grund, aus dem kein Arbeitsentgelt gezahlt wird, kommt es nicht an.

Hinweis:

Krankengeld ist zu zahlen, wenn der Arbeitgeber während der Arbeitsunfähigkeit zu Unrecht die Fortzahlung des Arbeitsentgelts verweigert. Der Anspruch des Arbeitnehmers auf Arbeitsentgelt geht in Höhe des gezahlten Krankengeldes auf die Krankenkasse über (vgl. § 115 SGB X). Die Krankenkasse erwirbt also einen arbeitsrechtlichen Anspruch gegen den Arbeitgeber, den sie vor einem Arbeitsgericht durchsetzen kann.

5.1.2 Zuschuss zum Krankengeld

Ein Teil-Arbeitsentgelt (Zuschüsse des Arbeitgebers zum Krankengeld) führt ebenfalls zum Ruhen des Krankengeldes (vgl. Beispiel 41). Für die Ruhenswirkung ist zu prüfen, ob das Teil-Arbeitsentgelt ganz oder teilweise beitragspflichtig ist (vgl. § 23c SGB IV). Ein Teil-Arbeitsentgelt oder Zuschuss des Arbeitgebers zum Krankengeld ist beitragspflichtig, soweit die Einnahmen zusammen mit dem Netto-Krankengeld (nach Abzug der anteiligen Sozialversicherungsbeiträge) das Nettoarbeitsentgelt um mehr als 50 Euro im Monat übersteigen (Freigrenze). Das Netto-Krankengeld ruht in Höhe des Nettobetrags des beitragspflichtigen Arbeits-

---

197 BSG, Urteil vom 26.1.1973, 5 RJ 196/72

198 BSG, Urteil vom 6.2.1991, 1/3 RK 2/89

entgelts. Wenn die Freigrenze überschritten wird, ist die gesamte Zahlung des Arbeitgebers als beitragspflichtiges Arbeitsentgelt anzusehen.

Hinweis:

Der Anspruch auf Krankengeld bleibt trotz des Ruhens in voller Höhe erhalten. Auswirkungen auf die Berechnung der Versichertenanteile an den Beiträgen zur Sozialversicherung aus dem Brutto-Krankengeld ergeben sich daher nicht.

Durch die Anwendung der vorgenannten Berechnungsweise verfügen Versicherte, die während des Krankengeldbezuges beitragspflichtige Einnahmen erzielen, über Gesamteinnahmen in Höhe des Vergleichs-Nettoarbeitsentgelts.

Beispiel 41: Arbeitgeberleistung

Kalendertäglicher Anspruch auf Krankengeld ab 15.3.2018 (Brutto-KG)	78,30 Euro
Kalendertäglicher Anspruch auf Krankengeld ab 15.3.2018 (Netto-KG nach Abzug der anteiligen Sozialversicherungsbeiträge)	68,85 Euro
Kalendertäglicher Netto-Anspruch auf Entgeltfortzahlung vom 15.3. bis zum 25.4.2018	87,00 Eruo
Kalendertäglicher „Zuschuss“ des Arbeitgebers zum Krankengeld vom 26.4. bis zum 6.6.2018	25,00 Euro

1. Schritt: Ermittlung des beitragspflichtigen Teils einer Arbeitgeberleistung

Kalendertägliches Netto-Arbeitsentgelt	87,00 Euro
Abzüglich kalendertägliches Netto-Krankengeld	68,85 Euro
Kalendertäglicher beitragsfreier Teil des „Arbeitgeber-Zuschusses“	18,15 Euro
Kalendertäglicher beitragspflichtiger Teil des „Arbeitgeber-Zuschusses“ (brutto; Überschreiten der monatlichen Freigrenze von 50 Euro)	6,85 Euro

II

2. Schritt: Ermittlung des Netto-Betrags des beitragspflichtigen Teils einer Arbeitgeberleistung (vereinfachte Rechnung, u. a. ohne Steuern)

Beitragspflichtiger Teil des „Arbeitgeber-Zuschusses" (brutto)	6,85 Euro
Abzüglich Beitragsanteile:	
KV (ohne Zusatzbeitrag)	0,50 Euro
PV (ohne Beitragszuschlag)	0,09 Euro
RV	0,64 Euro
ArblVers	0,10 Euro
Beitragspflichtiger Teil des „Arbeitgeber-Zuschusses" (netto)	5,52 Euro

Anmerkung: Die Berechung erfolgte auf Basis der Beitragssätze 2018: RV 18,60 %, ArblVers 3,00 %, PV 2,55 %, KV 14,60 %, durchschnittlicher Zusatzbeitrag KV 1,00 %.

3. Schritt: Berechnung des Auszahlungsbetrags des Krankengelds

Auszahlungsbetrag des Krankengelds (Netto-KG)	68,85 Euro
Abzüglich des beitragspflichtigen Teils des „Arbeitgeber-Zuschusses" (netto)	5,52 Euro
Gekürzter Auszahlungsbetrag des Krankengelds	63,33 Euro

4. Schritt: Vergleichsberechnung

Gekürzter Auszahlungsbetrag des Krankengelds	63,33 Euro
Beitragsfreier Teil des „Arbeitgeber-Zuschusses"	18,15 Euro
Beitragspflichtiger Teil des „Arbeitgeber-Zuschusses" (netto)	5,52 Euro
Summe der Leistungen	87,00 Euro
Vergleich mit dem Netto-Arbeitsentgelt	87,00 Euro

Zusammenfassung: Der Anspruch auf Krankengeld ruht in der Zeit vom 15.3. bis zum 25.4.2018 in voller Höhe. In der Zeit vom 26.4. bis zum 6.6.2018 beträgt der gekürzte Auszahlungsbetrag des Krankengeldes 63,33 Euro. Vom 7.6.2018 an beträgt der ungekürzte Auszahlungsbetrag des Krankengeldes 68,85 Euro.

Die anteiligen Beiträge zur Sozialversicherung werden auch während der gekürzten Auszahlung vom Zahlbetrag des Krankengeldes (Brutto-Krankengeld) in Höhe von 78,30 Euro berechnet.

5.1.3 Sachbezüge

Einnahmen aus der Beschäftigung sind neben den Einnahmen in Geld auch alle Güter in Geldeswert, die dem Arbeitnehmer einmalig oder laufend im Zusammenhang mit der Beschäftigung zufließen (Sachbezüge). Damit zählt auch eine Naturalvergütung (Sachleistung) zum Arbeitsentgelt. Dazu gehören z. B. Kost, Wohnung, Heizung und Sachgüter aus der Produktion. Entsprechendes gilt hinsichtlich der Gebrauchsüberlassung von Wirtschaftsgütern wie z. B. die private Nutzung von betrieblichen Personal-Computern und Telefonen, Freiflügen und Freifahrten bei Mitarbeitern von Fluggesellschaften und Verkehrseinrichtungen oder die Unterbringung von Kindern in Betriebskindergärten. Das Nähere hierzu regelt die SvEV in Verbindung mit den einschlägigen Vorschriften des Steuerrechts (vgl. §§ 2, 3 SvEV).

5.2 Arbeitseinkommen

Arbeitseinkommen ist der nach den allgemeinen Gewinnermittlungsvorschriften des Einkommensteuerrechts ermittelte Gewinn aus einer selbstständigen Tätigkeit (vgl. § 15 Abs. 1 Satz 1 SGB IV). Einkommen ist als Arbeitseinkommen zu werten, wenn es als solches nach dem Einkommensteuerrecht zu bewerten ist (vgl. § 15 Abs. 1 Satz 2 SGB IV).

Der Begriff der selbstständigen Tätigkeit in § 15 SGB IV umfasst alle typischerweise mit persönlichem Einsatz verbundenen Einkunftsarten; das sind im Sinne des Steuerrechts Einkünfte aus

- Land- und Forstwirtschaft,
- Gewerbebetrieb oder
- selbstständiger Arbeit.

Der steuerrechtliche Gewinn wird in der Praxis oft aus dem Steuerbescheid des Selbstständigen übernommen. Tatsächlich hat die Krankenkasse das Arbeitseinkommen von Amts wegen (vgl. § 20 SGB X) nach den aktuellen Verhältnissen zu ermitteln.[199] Dabei treffen den Versicherten die Mitwirkungspflichten nach §§ 60 ff. SGB I. Ggf. hat das zuständige Finanzamt Amtshilfe zu leisten.

Als Gewinn bezeichnet das EStG bei Bilanzpflichtigen den Unterschiedsbetrag zwischen dem Betriebsvermögen am Schluss des Wirtschaftsjahres und dem Betriebsvermögen am Schluss des vorangegangenen Wirtschaftsjahres, vermehrt um den Wert der Entnahmen und vermindert um den Wert der Einlagen (vgl. § 4 Abs. 1 EStG). Steuerpflichtige, die nicht bilanzpflichtig sind, können als Gewinn den Überschuss der Betriebseinnahmen über die Betriebsausgaben ansetzen (vgl. § 4 Abs. 3 EStG).

5.3 Elternzeit

Der Anspruch auf Krankengeld ruht, solange Versicherte Elternzeit nach dem Bundeselterngeld- und Elternzeitgesetz (BEEG) in Anspruch nehmen (vgl. § 49 Abs. 1 Nr. 2 SGB V). Die Ruhenswirkung tritt nicht ein, wenn die Arbeitsunfähigkeit vor dem Beginn der Elternzeit eingetreten ist oder das Krankengeld aus dem Arbeitsentgelt zu berechnen ist, das in einer versicherungspflichtigen Beschäftigung während der Elternzeit erzielt worden ist.

5.4 Entgeltersatzleistungen

Der Anspruch auf Krankengeld ruht, soweit und solange der Anspruch zeitlich mit dem Bezug von Versorgungskrankengeld, Übergangsgeld oder Kurzarbeitergeld zusammentrifft (vgl. § 49 Abs. 1 Nr. 3 SGB V). Der Anspruch auf Krankengeld ruht in Höhe der anderen Entgeltersatzleistung, weshalb es nach dem Wortlaut des Gesetzes zu einem „Krankengeldspitzbetrag" kommen kann. Darunter ist der Teil des Krankengeldes zu verstehen, der die andere Entgeltersatzleistung übersteigt. Verglichen werden jeweils die „Brutto-Ansprüche" (also vor Abzug von Beiträgen) miteinander.

Der Anspruch auf einen Krankengeldspitzbetrag ist ausgeschlossen, wenn eine andere zeitgleich zu beanspruchende Entgeltersatzleistung aufgrund gesetzlicher Bestimmungen gesenkt ist (Aufstockungsverbot; vgl. § 49 Abs. 3 SGB V). Entgeltersatzleistungen in diesem Sinne gelangen mit einem niedrigeren Zahlbetrag als dem des bisherigen

[199] BSG, Urteil vom 14.12.2006, B 1 KR 11/06 R

Entgelts zur Auszahlung. Die Vorschrift des § 49 Abs. 1 Nr. 3 SGB V ist damit für einen Krankengeldspitzbetrag im Wesentlichen ohne praktische Bedeutung.

Hinweis:

Übergangsgeld ist eine gesetzlich gesenkte Entgeltersatzleistung.

Der Anspruch auf Krankengeld ruht in vollem Umfang ohne den Anspruch auf einen Krankengeldspitzbetrag, wenn Versicherte Mutterschaftsgeld oder Arbeitslosengeld I nach dem SGB III beziehen oder eine Sperrzeit nach dem SGB III verhängt wurde (vgl. § 49 Abs. 1 Nr. 3a SGB V).

5.4.1 Versorgungskrankengeld

Versorgungskrankengeld ist eine Leistung der sozialen Entschädigung und wird (mit Ausnahmen) nach §§ 16 ff. BVG gezahlt. Es beträgt 80 % des Regelentgelts und darf das Nettoarbeitsentgelt nicht übersteigen (vgl. § 16a Abs. 1 Satz 1 BVG). Für Personen, die vor dem Beginn der Arbeitsunfähigkeit gegen Entgelt beschäftigt waren, wird das Regelentgelt zur Berechnung des Versorgungskrankengeldes wie das Regelentgelt beim Krankengeld berechnet. Es gilt lediglich eine höhere Leistungsbemessungsgrenze (Höchstregelentgelt).[200] Zur Zahlung eines Krankengeldspitzbetrages kann es nicht kommen.

Bei anderen Personen (z. B. mit Einkünften aus Land- und Forstwirtschaft, aus Gewerbebetrieb oder aus selbstständiger Arbeit) gibt es vom Krankenversicherungsrecht abweichende Vorschriften zur Berechnung des Versorgungskrankengeldes (vgl. § 16b BVG). In diesen Fällen kann es aufgrund eines höheren Anspruchs auf Krankengeld[201] zur Zahlung eines Krankengeldspitzbetrages kommen, da es sich beim Versorgungskrankengeld nicht um eine gesetzlich gesenkte Entgeltersatzleistung handelt.

---

[200] Die Leistungsbemessungsgrenze für das Regelentgelt ist der 360. Teil der Beitragsbemessungsgrenze der allgemeinen Rentenversicherung für Jahresbezüge (vgl. § 16a Abs. 3 Satz 2 BVG; 2018 = 216,67 Euro West/193,33 Euro Ost).

[201] Der Krankengeldanspruch ist nach den versicherungsrechtlichen Verhältnissen in der Krankenversicherung zu beurteilen. Es kann sich um das gesetzliche Krankengeld (u. U. aufgrund einer Wahlerklärung) oder um das Krankengeld aufgrund eines Wahltarifs handeln. Beide Varianten können auch miteinander kombiniert werden.

II

5.4.2 Übergangsgeld

Übergangsgeld wird während einer Leistung zur medizinischen Rehabilitation, bei Leistungen zur Teilhabe am Arbeitsleben oder bei sonstigen Leistungen zur Teilhabe gezahlt (vgl. §§ 64 ff. SGB IX i. V. m. §§ 20 f. SGB VI, §§ 49 f. SGB VII, §§ 119 f. SGB III). Ein Krankengeldspitzbetrag kann nicht gezahlt werden, weil es sich beim Übergangsgeld um eine Entgeltersatzleistung handelt, die aufgrund gesetzlicher Bestimmungen gesenkt ist.[202] Dieses gilt auch für das Übergangsgeld der Unfallversicherung bei Leistungen zur Teilhabe (vgl. Beispiel 42).

Beispiel 42: Übergangsgeld

Ein Arbeitnehmer ist seit Jahren versicherungspflichtig beschäftigt und Mitglied einer Krankenkasse. Er ist seit dem 20.10.2018 arbeitsunfähig krank. Nach dem Ende des Anspruchs auf Entgeltfortzahlung erhält der Versicherte seit dem 1.12.2018 Krankengeld in Höhe von 50 Euro kalendertäglich (Zahlbetrag des Krankengeldes; Bruttokrankengeld). In der Zeit vom 11.2. bis zum 4.3.2019 erbringt der Rentenversicherungsträger Leistungen zur medizinischen Rehabilitation und zahlt für diesen Zeitraum Übergangsgeld in Höhe von 42,86 Euro kalendertäglich. Die Arbeitsunfähigkeit besteht bis auf weiteres.

Der Versicherte hat während der Arbeitsunfähigkeit einen Anspruch auf Krankengeld. Der Anspruch ruht allerdings (in voller Höhe) in der Zeit, in der der Arbeitgeber Entgelt fortzahlt. Der Anspruch ruht auch in der Zeit, in der Übergangsgeld durch den Rentenversicherungsträger gezahlt wird. Ein Krankengeldspitzbetrag ist nicht zu zahlen, weil es sich beim Übergangsgeld um eine abgesenkte Entgeltersatzleistung handelt.

Bei freiwillig rentenversicherten Personen, die Arbeitseinkommen erzielen und Beiträge zur Rentenversicherung aus der Mindestbeitragsbemessungsgrundlage nach § 167 SGB VI zahlen, führt diese Vorgehensweise allerdings zu unberechtigten Nachteilen. Das Übergangsgeld wird aus 80 % des Einkommens ermittelt, das den vor Beginn der Leistungen für das letzte Kalenderjahr (Bemessungszeitraum) gezahlten Beiträgen zugrunde lag (vgl. § 21 Abs. 2 SGB VI) und ist somit erheblich geringer als das Krankengeld. Deshalb ist das

[202] BSG, Urteil vom 12.3.2013, B 1 KR 17/12 R

bei freiwillig Rentenversicherten auf der Basis der Mindestbeitragsbemessungsgrundlage errechnete und gezahlte Übergangsgeld bei gleichzeitig bestehender Arbeitsunfähigkeit durch einen Krankengeldspitzbetrag aufzustocken. Um sicherzustellen, dass lediglich die Differenzen aufgrund der gesetzlichen Berechnungsmodalitäten zulasten dieses Personenkreises gehen, ist zur Ermittlung des Krankengeldspitzbetrags das Krankengeld vor Abzug von Beiträgen um den Betrag der Berechnungsgrundlage des Übergangsgeldes zu kürzen, der sich nach der Anwendung des § 21 Abs. 2 SGB VI ergibt.

5.4.3 Kurzarbeitergeld

Arbeitnehmer sind während der Kurzarbeit weiterhin versicherungspflichtig (vgl. § 5 Abs. 1 Nr. 1 SGB V). Während einer Arbeitsunfähigkeit besteht ein Anspruch auf Kurzarbeitergeld, wenn der Arbeitnehmer während des Bezuges von Kurzarbeitergeld oder zeitgleich mit seinem Beginn arbeitsunfähig wird (vgl. § 98 Abs. 2 SGB III). Die Dauer richtet sich nach dem Anspruch auf Fortzahlung des Arbeitsentgelts im Krankheitsfall und beträgt grundsätzlich sechs Wochen. Das Krankengeld wird nach dem regelmäßigen Arbeitsentgelt berechnet, welches zuletzt vor dem Eintritt des Arbeitsausfalls erzielt wurde (vgl. § 47b Abs. 3 SGB V). Das Krankengeld ruht in Höhe des Kurzarbeitergelds.

Wenn der Arbeitnehmer vor dem Beginn der Kurzarbeit arbeitsunfähig wird, richtet sich der Krankengeldanspruch nach § 47 SGB V (vgl. § 47b Abs. 3 SGB V). Ein Anspruch auf Kurzarbeitergeld besteht nicht. Der Arbeitgeber leistet die reduzierte Entgeltfortzahlung. In diesem Umfang ruht der Anspruch auf Krankengeld (vgl. § 49 Abs. 1 Nr. 1 SGB V). Daneben erhält der Versicherte ein Krankengeld in Höhe des Kurzarbeitergelds, das bei Arbeitsfähigkeit zu zahlen wäre. Der Arbeitgeber zahlt dieses Krankengeld im Auftrag der Krankenkasse aus. Nach dem Ende der Entgeltfortzahlung leistet die Krankenkasse das Krankengeld in voller Höhe.

Wenn Ansprüche auf Krankengeld und Saison-Kurzarbeitergeld (vgl. § 101 SGB III) zusammentreffen, ist entsprechend zu verfahren.

Das Transferkurzarbeitergeld (vgl. § 111 SGB III) wird nach § 47 SGB V bemessen.[203] Es kann als Sonderleistung nur bei Bewältigung langfristiger Umstrukturierung mit erheblicher Personalanpassung an zur Entlassung anstehende oder gekündigte Arbeitnehmer

[203] BSG, Urteil vom 14.12.2006, B 1 KR 9/06 R

gezahlt werden. Für diesen Personenkreis wird das Krankengeld nach § 47 SGB V berechnet, indem der letzte abgerechnete Entgeltabrechnungszeitraum vor dem Beginn der Arbeitsunfähigkeit herangezogen wird. § 47b SGB V ist nicht anwendbar. Die Ruhenswirkung des § 49 SGB V ist auch hier zu beachten.

5.4.4 Mutterschaftsgeld

Mutterschaftsgeld wird entweder in Höhe des Krankengeldes oder des Nettoarbeitsentgelts gezahlt (vgl. § 24i SGB V). Wird Mutterschaftsgeld in Höhe des Nettoarbeitsentgelts gezahlt, setzt es sich aus der auf 13 Euro kalendertäglich begrenzten Leistung der Krankenkasse und einem Zuschuss des Arbeitgebers oder des Bundes zusammen.

5.4.5 Arbeitslosengeld I

Der Anspruch auf Arbeitslosengeld I bleibt bis zur Dauer von sechs Wochen erhalten, wenn der Arbeitslose während des Bezuges von Arbeitslosengeld arbeitsunfähig krank oder auf Kosten der Krankenkasse stationär behandelt wird (Leistungsfortzahlung; vgl. § 146 SGB III). Der Bezug von Arbeitslosengeld während einer Zeit, für die Krankengeld zuerkannt ist, ist ausgeschlossen, da in diesem Fall der Anspruch auf Arbeitslosengeld ruht (vgl. § 156 Abs. 1 Satz 1 Nr. 2 SGB III). Der Krankengeldanspruch ruht während der Leistungsfortzahlung des Arbeitslosengeldes; während des daran anschließenden Bezugs von Krankengeld ruht der Anspruch auf Arbeitslosengeld (vgl. Beispiel 43).[204]

Beispiel 43: Arbeitslosengeld I

Bezug von Arbeitslosengeld seit dem	1.12.2018
Beginn der Arbeitsunfähigkeit am	2.12.2018
Entstehen des Anspruchs auf Krankengeld am	2.12.2018
Leistungsfortzahlung bis zum	12.1.2019
Ruhen des Anspruchs auf Krankengeld bis zum	12.1.2019
Zahlung des Krankengeldes seit dem	13.1.2019
Ruhen des Anspruchs auf Arbeitslosengeld seit dem	13.1.2019

[204] BSG, Urteil vom 14.12.2006, B 1 KR 6/07 R

Nach dem Ende des Anspruchs auf Krankengeld fällt die Ruhenswirkung für das Arbeitslosengeld weg. Es wird gezahlt, wenn die übrigen Voraussetzungen erfüllt sind.

Anspruch auf Arbeitslosengeld haben auch Personen, die allein deshalb nicht arbeitslos sind, weil sie mehr als sechs Monate in ihrer Leistungsfähigkeit gemindert sind und eine versicherungspflichtige Beschäftigung von mindestens 15 Stunden wöchentlich nicht leisten können (vgl. § 145 Abs. 1 Satz 1 und 2 SGB III). Eine verminderte Erwerbsfähigkeit darf durch den Rentenversicherungsträger noch nicht festgestellt worden sein.

Hinweis:

Bezieher von Arbeitslosengeld II haben keinen Anspruch auf Krankengeld (vgl. § 44 Abs. 2 Satz 1 Nr. 1 SGB V).

5.4.6 Sperrzeit

Eine Sperrzeit nach dem SGB III[205] wird aufgrund verschiedener Tatbestände verhängt (vgl. § 159 SGB III). Sie kann bis zu zwölf Wochen umfassen. In diesen Fällen ruht der Anspruch auf Leistungen nach dem SGB III.

5.4.7 Verletztengeld

Auf Leistungen der gesetzlichen Krankenversicherung besteht kein Anspruch, wenn sie als Folge eines Arbeitsunfalls oder einer Berufskrankheit im Sinne der gesetzlichen Unfallversicherung zu erbringen sind (vgl. § 11 Abs. 5 SGB V). Der Krankengeldanspruch besteht bereits dem Grunde nach nicht. Deswegen kann auch kein Krankengeldspitzbetrag beansprucht werden.[206]

5.5 Ausländische Entgeltersatzleistungen

Die Ruhenswirkung tritt bei Bezug vergleichbarer Entgeltersatzleistungen ein, die von einem ausländischen Sozialversicherungsträger

[205] Eine Urlaubsabgeltung und das Ruhen von Leistungen nach dem SGB III führen nicht zu einer analogen Anwendung der Ruhensvorschrift aus § 49 SGB V bei einer Sperrzeit nach § 157 SGB III (BSG, Urteil vom 30.5.2006, B 1 KR 26/05 R). Im Ergebnis ruht der Anspruch auf Krankengeld nicht, sondern ist zu realisieren.

[206] BSG, Urteil vom 8.11.2005, B 1 KR 33/03 R

oder einer staatlichen Stelle im Ausland gezahlt werden (vgl. § 49 Abs. 1 Nr. 4 SGB V). Obwohl im Gesetzestext nur auf die Leistungen nach § 49 Abs. 1 Nr. 3 SGB V eingegangen wird, ist sie auch auf die in § 49 Abs. 1 Nr. 3a SGB V genannten anzuwenden.

Vergleichbar sind ausländische Leistungen, wenn sie in ihrem Kern den typischen Merkmalen der inländischen Erwerbsersatzeinkommen entsprechen, weil sie in ihrer Funktion gleichwertig sind.[207] Dabei sind die jeweiligen Bezugstatbestände zu vergleichen. Davon ist bei wiederkehrenden ausländischen Leistungen mit Einkommens- bzw. Entgeltersatzfunktion regelmäßig auszugehen. Die Leistung muss von einem ausländischen Träger der Sozialversicherung oder einer staatlichen Stelle geleistet werden.

5.6 Verspätete Meldung der Arbeitsunfähigkeit

Eine Arbeitsunfähigkeit ist der Krankenkasse durch den Versicherten zu melden (vgl. § 49 Abs. 1 Nr. 5 SGB V). Dazu ist ihr die ärztliche Bescheinigung vorzulegen.[208]

Hinweis:

§ 49 Abs. 1 Nr. 5 SGB V ist nicht anwendbar, wenn der Versicherte stationär behandelt wird.

Wird die Arbeitsunfähigkeit der Krankenkasse nicht innerhalb einer Woche nach dem Beginn der Arbeitsunfähigkeit gemeldet, ruht der Anspruch auf Krankengeld, solange der Versicherte seiner Obliegenheit nicht nachkommt (vgl. Beispiel 44).

Hinweis:

Das Krankengeld ruht auch dann, wenn die Leistungsvoraussetzungen zweifelsfrei gegeben sind und den Versicherten keinerlei Verschulden an dem unterbliebenen oder nicht rechtzeitigen Zugang der Meldung trifft.[209]

[207] BSG, Urteil vom 6.3.1991, 13/5 RJ 39/90
[208] BSG, Urteil vom 12.11.1985, 3 RK 35/84
[209] BSG, Urteil vom 16.12.2014, B 1 KR 31/14 R

Die Meldefrist verlängert sich auf den nächstfolgenden Werktag, wenn das Ende der Frist auf einen Samstag, Sonntag oder gesetzlichen Feiertag fällt (vgl. § 26 Abs. 3 Satz 1 SGB X).

Beispiel 44: Verspätete Meldung

Beginn der Arbeitsunfähigkeit	7.4.2018
Feststellung der Arbeitsunfähigkeit	9.4.2018
Meldung der Arbeitsunfähigkeit	18.4.2018

Die Arbeitsunfähigkeit hätte der Krankenkasse spätestens am 14.4.2018 gemeldet werden müssen. Diese Frist verlängert sich auf den 16.4.2018, weil der 14.4.2018 ein Samstag ist. Da die Meldung verspätet bei der Krankenkasse abgegeben wurde, ruht der Anspruch auf Krankengeld bis zum 17.4.2018. Krankengeld kann frühestens vom 18.4.2018 an gezahlt werden.

Hinweis: Die Meldefrist ist nach dem Beginn der Arbeitsunfähigkeit zu beurteilen und nicht nach der ärztlichen Feststellung. Ob Krankengeld tatsächlich gezahlt wird, ist vom Anspruch auf Entgeltfortzahlung gegen den Arbeitgeber abhängig.

Auch bei wiederholtem Krankengeldbezug (Fortsetzungserkrankung) während einer ununterbrochenen Arbeitsunfähigkeit ist es nicht mit einer einmaligen Krankmeldung bei ihrem Beginn getan.[210] Eine erneute Meldung ist erforderlich, wenn

- die Krankschreibung befristet ist und die Krankenkasse nur über den Anspruch für den entsprechenden Bewilligungsabschnitt entschieden hat,
- der Krankengeldanspruch mit Beginn eines neuen Dreijahreszeitraums (vgl. § 48 Abs. 1 und 2 SGB V) wieder auflebt oder
- Krankengeld nach einer leistungsfreien Zeit erneut beansprucht wird.

Die fortgesetzte Arbeitsunfähigkeit ist spätestens am nächsten Werktag nach dem Ende des vorhergehenden Bewilligungsabschnitts ärztlich festzustellen (vgl. § 46 Satz 2 SGB V) und der Krankenkasse innerhalb von sieben Tagen nach dem Ende des vorhergehenden Bewilligungsabschnitts zu melden.

[210] BSG, Urteil vom 16.12.2014, B 1 KR 31/14 R

5.6.1 Obliegenheit

Die Meldung der Arbeitsunfähigkeit ist eine Obliegenheit des Versicherten. Die Folgen einer unterbliebenen oder nicht rechtzeitigen Meldung sind deshalb grundsätzlich vom Versicherten zu tragen. Die Ausschlussregelung des § 49 Abs. 1 Nr. 5 SGB V ist strikt anzuwenden. Sie stellt die Krankenkasse davon frei, die Voraussetzungen eines verspätet angemeldeten Anspruchs im Nachhinein aufzuklären, und erhält die Möglichkeit, die Arbeitsunfähigkeit zeitnah durch den MDK zu überprüfen. Leistungsmissbrauch wird vermieden und Maßnahmen zur Wiederherstellung der Arbeitsfähigkeit können zügig eingeleitet werden.

5.6.2 Ausnahmen

Von der Ruhensregelung gibt es trotz der strikten Handhabung anerkannte Ausnahmen. Das Ruhen darf dem Anspruch nicht entgegengehalten werden, wenn die Feststellung oder die Meldung der Arbeitsunfähigkeit durch Umstände verhindert oder verzögert wurde, die dem Verantwortungsbereich der Krankenkasse und nicht dem des Versicherten zuzurechnen sind.[211]

Davon ist nach der Rechtsprechung auszugehen, wenn

- das Fristversäumnis auf der Geschäfts- oder Handlungsunfähigkeit des Versicherten beruht,
- die verspätete Meldung auf Organisationsmängeln der Krankenkasse beruht,
- der Arzt die Arbeitsunfähigkeit irrtümlich falsch beurteilt hat,
- die Krankenkasse die Arbeitsunfähigkeit für beendet hält, weil sie rechtsfehlerhaft von der Verweisbarkeit auf eine andere Beschäftigung ausgeht,
- der Arzt irrtümlich davon ausgeht, er könne die Arbeitsunfähigkeit auch rückwirkend bescheinigen.

---

[211] BSG, Urteil vom 11.5.2017, B 3 KR 22/15 R mit weiteren Nachweisen

Hinweis:

Der Versicherte trägt auch dann nicht das Risiko des rechtzeitigen Zugangs, wenn die vom Arzt ausgehändigte Bescheinigung über die Arbeitsunfähigkeit einen Vermerk nach § 5 Abs. 1 Satz 5 EFZG enthält (vgl. Beispiel 45).[212] Das LSG Baden-Württemberg[213] folgt dieser Auffassung nicht und ist der Meinung, dass die Norm und der entsprechende Vermerk den Versicherten nicht von seiner Meldeobliegenheit entbinden. Das Revisionsverfahren beim Bundessozialgericht wurde ohne Entscheidung durch einen Vergleich erledigt.[214]

II

Beispiel 45: Vermerk nach § 5 Abs. 1 Satz 5 EFZG

Arbeitsunfähigkeitsbescheinigung

Ausfertigung zur Vorlage beim Arbeitgeber

Der angegebenen Krankenkasse wird unverzüglich eine Bescheinigung über die Arbeitsunfähigkeit mit Angaben über die Diagnose sowie die voraussichtliche Dauer der Arbeitsunfähigkeit übersandt.

5.6.3 Adressat der Meldung

Die Meldepflicht obliegt dem Versicherten gegenüber der Krankenkasse, die für das Krankengeld zuständig ist. Der Versicherte ist also dafür verantwortlich, dass die Arbeitsunfähigkeit fristgerecht bei der zuständigen Krankenkasse gemeldet wird. Der Versicherte erfüllt seine Obliegenheit nicht, wenn er die Arbeitsunfähigkeit einer Krankenkasse meldet, die nicht für die Leistung zuständig ist.[215]

Die Meldung der Arbeitsunfähigkeit ist eine Nebenpflicht (Obliegenheit) aus dem Verwaltungsrechtsverhältnis zwischen der Krankenkasse und ihrem Versicherten. Die Meldung ist vom Sozialleistungsantrag zu unterscheiden, da es sich nicht um einen Antrag, sondern um die Mitteilung einer Tatsache handelt. Die Meldung

---

212 BSG, Urteil vom 28.10.1981, 3 RK 59/80
213 LSG Baden-Württemberg, Urteil vom 21.10.2015, L 5 KR 5457/13
214 BSG, 8.5.2017, B 3 KR 29/15 R
215 BSG, Urteile vom 28.10.1981, 3 RK 59/80; 22.2.1989, 8 RKn 8/88

kann allenfalls zusätzlich als Antrag aufgefasst werden. § 16 Abs. 2 Satz 2 SGB I, wonach ein Leistungsantrag wirksam auch bei einer anderen Stelle als dem zuständigen Sozialleistungsträger gestellt werden kann, ist deshalb auf die Meldepflicht des Versicherten nicht anwendbar.[216] Das Gleiche gilt hinsichtlich des § 28 SGB X, dessen sachlicher Geltungsbereich den unterlassenen Sozialleistungsantrag bei konkurrierenden Leistungsansprüchen erfasst (vgl. Beispiel 46).

Beispiel 46: Meldung der Arbeitsunfähigkeit

Eine Unternehmerin ist freiwilliges Mitglied einer Krankenkasse und mit Anspruch auf Krankengeld versichert. Sie ist seit dem 6.4.2018 arbeitsunfähig krank. Die Arbeitsunfähigkeit wird am selben Tag festgestellt. Der Arzt händigt der Versicherten die Arbeitsunfähigkeitsbescheinigung aus, die für die Krankenkasse bestimmt ist. Die Arbeitsunfähigkeitsbescheinigung wird versehentlich an die AOK weitergeleitet, bei der sie am 11.4.2018 eingeht. Nachdem festgestellt wird, dass die Bescheinigung für die IKK bestimmt ist, wird sie weitergeleitet und geht am 21.5.2018 dort ein.

Der Leistungsantrag wird am 11.4.2018 wirksam beim unzuständigen Leistungsträger (AOK) gestellt (vgl. § 16 Abs. 2 Satz 2 SGB I). Die Arbeitsunfähigkeit wird am 21.5.2018 bei der IKK gemeldet (vgl. § 49 Abs. 1 Nr. 5 SGB V). Da die Arbeitsunfähigkeit nicht fristgerecht gemeldet wurde, ruht der Anspruch auf Krankengeld bis zum 20.5.2018.

5.7 Wahlerklärung

Versicherte, die bei Arbeitsunfähigkeit nicht für mindestens sechs Wochen Anspruch auf Fortzahlung des Arbeitsentgelts haben (Personen in einer unständigen Beschäftigung – vgl. § 27 Abs. 3 Nr. 1 SGB III – sowie Versicherte, deren Beschäftigungsverhältnis im Voraus auf weniger als zehn Wochen befristet ist), sind vom Anspruch auf Krankengeld ausgeschlossen (vgl. § 44 Abs. 2 Satz 1 Nr. 3 SGB V). Durch eine Wahlerklärung kann das Mitglied den Ausschluss ver-

[216] Nach § 16 Abs. 2 Satz 2 SGB I kann ein Antrag auf Sozialleistungen fristwahrend auch bei einem unzuständigen Leistungsträger gestellt werden. Diese Regelung kann auf die Obliegenheit des Versicherten, die Arbeitsunfähigkeit zu melden, nicht übertragen werden.

meiden und den gesetzlichen Anspruch auf Krankengeld erlangen. Während der ersten sechs Wochen einer Arbeitsunfähigkeit ruht dann der Anspruch auf Krankengeld (vgl. § 49 Abs. 1 Nr. 7 SGB V).

Hinweis:

Da der Anspruch nach § 46 Satz 1 SGB V mit einer stationären Behandlung oder der ärztlichen Feststellung der Arbeitsunfähigkeit entsteht, bleibt auch während des ruhenden Anspruchs der Versicherungsschutz erhalten (vgl. § 192 Abs. 1 Nr. 2 SGB V).

5.8 Beitragsrückstand

Der Anspruch auf Krankengeld ruht für Mitglieder, die ihre Krankenversicherungsbeiträge selbst zu zahlen haben (z. B. freiwillige Mitglieder, Rentenantragsteller und Versicherungspflichtige nach § 5 Abs. 1 Nr. 13 SGB V), wenn sie

- mit einem Betrag in Höhe von Beitragsanteilen für zwei Monate im Rückstand sind und
- trotz Mahnung nicht zahlen

(vgl. § 16 Abs. 3a Satz 2 SGB V). Das Ruhen des Leistungsanspruchs endet, wenn

- alle rückständigen und die auf die Zeit des Ruhens entfallenden Beitragsanteile gezahlt sind oder
- Versicherte hilfebedürftig im Sinne des SGB II oder SGB XII werden.

Die Ruhenswirkung tritt auch ein, wenn nach einem Kassenwechsel ein Anspruch auf Krankengeld geltend gemacht wird, und die Beitragsschulden bei der Vorgängerkrankenkasse entstanden sind.[217]

Wenn alle rückständigen Beiträge einschließlich der Zeit des Ruhens gezahlt sind, entfällt die Ruhenswirkung auch für die Vergangenheit. Bei Hilfebedürftigkeit entfällt die Ruhenswirkung von dem Zeitpunkt an, an dem die Hilfebedürftigkeit eintritt.

---

[217] BSG, Urteil vom 8.9.2015, B 1 KR 16/15 R

Hinweis:

Trotz des ruhenden Anspruchs ist es erforderlich, die Arbeitsunfähigkeit und ihre Fortsetzung jeweils rechtzeitig feststellen zu lassen und der Krankenkasse zu melden, um den Anspruch und den Versicherungsschutz aufrechtzuerhalten.

Im Falle einer wirksamen Ratenzahlungsvereinbarung hat das Mitglied von diesem Zeitpunkt an wieder einen Anspruch auf Krankengeld, solange die Raten vertragsgemäß entrichtet werden (vgl. § 16 Abs. 3a Satz 3 SGB V).

6 Auszahlung des Krankengeldes

6.1 Vorschüsse

Die Krankenkasse kann Vorschüsse zahlen, wenn sie zuständig ist, der Anspruch auf Krankengeld dem Grunde nach festgestellt wurde und lediglich die Höhe des Anspruchs noch ermittelt werden muss (vgl. § 42 Abs. 1 Satz 1 SGB I; vgl. Beispiel 47). Es ist in das Ermessen der Krankenkasse gestellt, Vorschüsse zu zahlen und die Höhe der Zahlung zu bestimmen.

Wenn der Versicherte einen entsprechenden Antrag stellt, muss die Krankenkasse Vorschüsse zahlen, ohne Ermessen auszuüben (vgl. § 42 Abs. 1 Satz 2 SGB I). Die Vorschusszahlung muss spätestens nach Ablauf eines Kalendermonats nach Eingang des Antrags bei der Krankenkasse beginnen.

Die Krankenkasse erlässt über den Vorschuss einen Verwaltungsakt. Darin ist hinreichend deutlich zu machen, dass

- dem Grunde nach ein Anspruch auf Krankengeld besteht,
- die Höhe des Anspruchs noch nicht zeitnah festgestellt werden kann,
- ein Recht auf Zahlungen bewilligt wird und

der Vorschuss unter dem Vorbehalt steht, zurückgezahlt werden zu müssen.[218]

---

[218] BSG, Urteil vom 13.11.2012, B 2 U 26/11 R

Hinweis:

Der Anspruch muss nicht objektiv gegeben sein. Ausreichend ist, wenn die Krankenkasse nach dem aktuellen Stand der Ermittlungen vom Anspruch überzeugt ist.

Sobald der Anspruch auf Krankengeld auch in seiner Höhe bestimmt werden kann, sind die Vorschüsse auf den Anspruch anzurechnen (vgl. § 42 Abs. 2 Satz 1 SGB I). Ergibt sich dabei, dass die Vorschüsse den Krankengeldanspruch übersteigen, hat die Krankenkasse einen Erstattungsanspruch gegen den Versicherten (vgl. § 42 Abs. 2 Satz 2 SGB I). Das ist auch dann der Fall, wenn nachträglich festgestellt wird, dass ein Vorschuss gezahlt wurde, obwohl es am Grundanspruch auf Krankengeld fehlt.[219]

Wenn das Krankengeld als Vorschuss i. S. d. § 42 Abs. 1 Satz 1, 2 SGB I gewährt worden ist, richtet sich die Rückabwicklung einer solchen Leistung nach § 42 Abs. 2 SGB I.[220] § 45 SGB X ist nicht anwendbar. Insbesondere genießt der Versicherte keinen Vertrauensschutz.

Der Erstattungsanspruch der Krankenkasse verjährt in vier Jahren nach Ablauf des Kalenderjahres, in dem die Entscheidung über die Zahlung von Vorschüssen unanfechtbar geworden ist (vgl. § 42 Abs. 2 Satz 3 SGB I i. V. m. § 50 Abs. 4 SGB X).

Beispiel 47: Vorschussleistung

Zahlung eines Vorschusses (500 Euro)	16.3.2018
Schriftliche Feststellung des Krankengeldanspruchs (350 Euro)	4.5.2018
Schriftliche Feststellung des Erstattungsanspruchs mit Rechtsbehelfsbelehrung (150 Euro)	4.5.2018
Eintritt der Unanfechtbarkeit der Feststellung	4.6.2018
Eintritt der Verjährung mit Ablauf	31.12.2022

Der Erstattungsanspruch der Krankenkasse kann gestundet, niedergeschlagen oder erlassen werden (vgl. § 42 Abs. 3 SGB I). Dabei ist § 76 Abs. 2 SGB IV zu beachten.

[219] BSG, Urteil vom 26.6.2007, B 2 U 5/06 R mit weiteren Nachweisen
[220] BSG, Urteil vom 1.7.2010, B 11 AL 19/09 R

6.2 Verzinsung

II

Fälliges Krankengeld ist zu verzinsen (vgl. § 44 Abs. 1 SGB I; vgl. Beispiel 48). Der Anspruch auf Krankengeld wird fällig, sobald die gesetzlichen Voraussetzungen vorliegen (vgl. §§ 40, 41 SGB I). Dabei entsteht der Anspruch auf Krankengeld frühestens zu den in § 46 Satz 1 SGB V genannten Zeitpunkten (Beginn einer stationären Behandlung oder Tag der ärztlichen Feststellung der Arbeitsunfähigkeit). Der Anspruch auf Krankengeld entsteht mit jedem Kalendertag des Zahlungszeitraums neu. Für das Entstehen des Anspruchs und die Fälligkeit kommt es nicht darauf an, ob und wann ein Leistungsantrag gestellt wurde. Der Leistungsantrag zählt nicht zu den materiell-rechtlichen Anspruchsvoraussetzungen (vgl. § 44 SGB V), sondern hat lediglich verfahrenseinleitende Bedeutung.

Beispiel 48: Fälligkeit

Mitgliedschaft aufgrund einer versicherungspflichtigen Beschäftigung seit dem	1.8.2018
Beginn der Arbeitsunfähigkeit am	20.9.2018
Feststellung der Arbeitsunfähigkeit am	21.9.2018
Entstehen des Anspruchs auf Krankengeld am	21.9.2018
Erstmalige Fälligkeit des kalendertäglichen Anspruchs auf Krankengeld am	21.9.2018

Die Verzinsung des fälligen Krankengeldes beginnt nach Ablauf eines Kalendermonats nach dem Eintritt der Fälligkeit (vgl. § 44 Abs. 1 SGB I; vgl. Beispiel 49). Es ist bis zum Ablauf des Kalendermonats vor der Zahlung zu verzinsen. Bevor der Beginn der Verzinsung festgelegt werden kann, ist zusätzlich festzustellen, wann der vollständige Leistungsantrag beim zuständigen oder einem anderen (unzuständigen) Leistungsträger des Sozialgesetzbuches[221] ein-

[221] Ein Leistungsantrag ist vollständig, wenn die Krankenkasse durch ihn in die Lage versetzt wird, den geltend gemachten Anspruch nach Grund und Höhe festzustellen und die begehrte Leistung zu bewilligen (BSG, Urteil vom 18.12.1986, 4 a RJ 83/85). Der Antrag ist spätestens dann vollständig gestellt, wenn der Leistungsberechtigte den vom Leistungsträger verwendeten Antragsvordruck vollständig ausgefüllt und die hierin aufgeführten beizubringenden Unterlagen eingereicht hat (BSG, Urteil vom 31.1.2008, B 13 R 17/07 R). Der Leistungsantrag muss bei der zuständigen Krankenkasse oder bei einer der in § 16 Abs. 2 Satz 1 SGB I genannten Stellen eingegangen sein (BSG, Urteil vom 28.2.1990, 2 RU 41/89).

gegangen ist. Die Verzinsung beginnt frühestens nach Ablauf von sechs Kalendermonaten nach dem Eingang des Leistungsantrags (vgl. § 44 Abs. 2 SGB I).[222] Es ist also ein Vergleich zwischen dem Eintritt der Fälligkeit und dem Datum des Leistungsantrags bzw. der Entscheidung anzustellen. Der Beginn der Verzinsung ist vom späteren Datum abhängig.

Fehlt es an einem Leistungsantrag, ist auf die Bekanntgabe der Entscheidung abzustellen. Die Verzinsung beginnt dann nach Ablauf eines Kalendermonats nach der Bekanntgabe der Entscheidung (vgl. § 44 Abs. 2 SGB I).

Beispiel 49: Dauer

Erstmalige Fälligkeit des kalendertäglichen Anspruchs auf Krankengeld	21.9.2018
Leistungsantrag	5.10.2018
1. Zahlung	17.7.2019
Beginn der Verzinsung	1.5.2019
Ende der Verzinsung	30.6.2019

Anmerkung: Verzinst wird nur das bis zum 30.4.2019 fällig gewordene Krankengeld. Ab 1.5.2019 fällig werdendes Krankengeld wird erst nach Ablauf eines Kalendermonats nach der Fälligkeit verzinst. Das wäre frühestens nach dem 30.6.2019 der Fall. Der Zinsanspruch endet jedoch mit dem Ablauf des Kalendermonats vor der Zahlung.

Das fällige Krankengeld ist mit 4 % zu verzinsen (vgl. § 44 Abs. 1 SGB I; vgl. Beispiel 50). Verzinst werden volle Euro-Beträge (vgl. § 44 Abs. 3 Satz 1 SGB I). Der Kalendermonat ist mit 30 Tagen zu berücksichtigen (vgl. § 44 Abs. 3 Satz 2 SGB I).

[222] Die Vorschrift ist missverständlich formuliert. Dabei ist allerdings zu berücksichtigen, dass es z. B. in der Rentenversicherung üblich ist, Leistungsanträge (Rentenanträge) vor Eintritt der Fälligkeit zu stellen. Durch die Abhängigkeit der Verzinsung vom Antragsdatum wird dem Leistungsträger eine bestimmte Bearbeitungszeit eingeräumt, ohne dass es zu einem Zinsanspruch kommt (BSG, Urteil vom 26.4.2007, B 4 R 21/06 R).

II

Beispiel 50: Höhe

Entstehen des Anspruchs	21.9.2018
Ruhen des Anspruchs bis	31.10.2018
Leistungsantrag	5.10.2018
1. Zahlung	17.7.2019
Zahlbetrag des Krankengeldes	50,33 Euro
Beginn der Verzinsung	1.5.2019
Ende der Verzinsung	30.6.2019

Leistungszeitraum	Fälliges Krankengeld	Zu verzinsender Betrag	Dauer der Verzinsung	Zinstage	Zinsanspruch
1.11.2018–31.3.2019	7.549,50 Euro	7.549,00 Euro	1.5.–30.6.2019	60	50,33 Euro
1.4.–30.4.2019	1.509,90 Euro	1.509,00 Euro	1.6.–30.6.2019	30	5,03 Euro
					= 55,36 Euro

6.3 Verletzung der Unterhaltspflicht

Krankengeld kann in angemessener Höhe an den Ehegatten, den Lebenspartner oder die Kinder des Versicherten ausgezahlt werden, wenn er ihnen gegenüber seiner gesetzlichen Unterhaltspflicht nicht nachkommt (vgl. § 48 Abs. 1 Satz 1 SGB I). Die Auszahlung kann auch an die Person oder Stelle erfolgen, die dem Ehegatten, dem Lebenspartner oder den Kindern Unterhalt gewährt (§ 48 Abs. 1 Satz 4 SGB I; z. B. Sozialamt oder Jugendamt). Maßstab ist die konkrete gesetzliche Unterhaltsverpflichtung des Versicherten. Sie ergibt sich entweder aus einem Unterhaltstitel (z. B. in Form eines rechtskräftigen Urteils)[223] oder ist nach den in der Praxis hierzu verwendeten Tabellen verschiedener Oberlandesgerichte zu ermitteln.[224]

223 BSG, Urteil vom 17.3.2009, B 14 AS 34/07 R

224 z. B. „Düsseldorfer Tabelle", abzurufen über die Homepage des Oberlandesgerichts Düsseldorf, www.olg-duesseldorf.nrw.de

Hinweis:

Bei der Unterhaltshöhe wird nicht nach dem Wohnsitz des Kindes im alten oder im neuen Bundesgebiet unterschieden.[225]

Der gesetzlichen Unterhaltspflicht steht eine vertragliche gleich, soweit durch sie die gesetzliche Unterhaltspflicht konkretisiert wird (z. B. Unterhaltsvergleich). § 48 SGB I ist nicht auf Unterhaltsverpflichtungen gegenüber anderen Personen als dem Ehegatten, dem Lebenspartner oder den Kindern anwendbar.

Liegt bei mehreren gleichrangig Unterhaltsberechtigten nicht in jedem Fall ein Unterhaltstitel vor, führt der Unterhaltstitel nicht zum Vorrang des Berechtigten.[226]

Eine Abzweigung ist nur zulässig, wenn der Leistungsberechtigte im Hinblick auf den Unterhaltsbedarf seiner Angehörigen leistungsfähig ist.[227] Die für die Abzweigung vorausgesetzte „gesetzliche Unterhaltspflicht" erfordert nach den Bestimmungen des bürgerlichen Rechts nicht nur die Bedürftigkeit des jeweiligen Angehörigen, der außerstande sein muss, sich selbst zu unterhalten (vgl. § 1602 Abs. 1 BGB), sondern auch die Fähigkeit des Krankengeldbeziehers zu Unterhaltsleistungen. Unterhaltspflichtig ist nicht, wer bei Berücksichtigung seiner sonstigen Verpflichtungen außerstande ist, ohne Gefährdung seines angemessenen Unterhalts den Unterhalt zu gewähren (vgl. § 1603 Abs. 1 BGB).

Hinweis:

§ 48 Abs. 1 SGB I ist auf das Krankengeld anzuwenden, weil dabei keine Kinder berücksichtigt werden.

Die Bestimmung des Selbstbehalts des Unterhaltsverpflichteten kann in Anlehnung an die familiengerichtliche Praxis unter Heranziehung geeigneter schematisierter Werte erfolgen, da eine ins Einzelne gehende Prüfung dem Charakter der Abzweigung als Soforthilfemaßnahme zuwiderliefe. Die Rechtsprechung hat dabei die Praxis gebilligt, die Düsseldorfer Tabelle als allgemein geeigneten Maß-

---

225 BSG, Urteil vom 29.8.2002, B 11 AL 95/01 R

226 BSG, Urteil vom 7.10.2004, B 11 AL 13/04 R

227 BSG, Urteil vom 7.10.2004, B 11 AL 13/04 R

stab für die Berechnung des Selbstbehalts im gesamten Bundesgebiet zugrunde zu legen. Reicht das Einkommen zur Deckung des Bedarfs des Unterhaltspflichtigen und der gleichrangigen Unterhaltsberechtigten nicht aus (sog. Mangelfall), ist die nach Abzug des notwendigen Eigenbedarfs (Selbstbehalts) des Unterhaltspflichtigen verbleibende Verteilungsmasse auf die Unterhaltsberechtigten im Verhältnis ihrer jeweiligen Einsatzbeträge gleichmäßig zu verteilen (vgl. Beispiel 51).

II

Beispiel 51: Mangelfall

kalendertäglicher Auszahlungsbetrag			51,00 Euro
(Netto-Krankengeld; bereinigtes Netto-Einkommen)			
2 unterhaltsberechtigte Kinder	Kind 1	13 Jahre	
	Kind 2	18 Jahre	

Die Kinder leben im Haushalt der nicht unterhaltsberechtigten Mutter und besuchen eine allgemeinbildende Schule. Die Mutter erhält das Kindergeld in Höhe von jeweils 194 Euro.

Monatliches bereinigtes Netto-Einkommen			1.530,00 Euro
Notwendiger Eigenbedarf des Versicherten			1.080,00 Euro
Verteilungsmasse (für Unterhaltsleistungen)			450,00 Euro
Unterhaltsbedarf	Kind 1	467,00 Euro	
	Kind 2	527,00 Euro	994,00 Euro
Unterhaltsleistung/Abzweigung vom Krankengeld			
Kind 1	(467 : 994 × 450)		211,42 Euro
Kind 2	(527 : 994 × 450)		238,58 Euro
			= 450,00 Euro

Die Entscheidung der Krankenkasse über die Abzweigung von Krankengeldteilen an Dritte ist ein Verwaltungsakt, dem eine Ermessensentscheidung zugrunde liegt. Dem Verwaltungsakt hat eine Anhörung voranzugehen, wenn 70 Euro oder mehr abgezweigt werden sollen (vgl. § 24 Abs. 1, 2 Nr. 7 SGB X). Der Verwaltungsakt hat Doppelwirkung (Sozialleistungsberechtigter, Unterhaltsberechtigter) und ist allen Beteiligten bekanntzugeben. Ein Antrag ist nach dem Gesetzestext nicht erforderlich, wird aber in der Praxis der Regelfall sein.

6.4 Aufrechnung, Verrechnung

Die Krankenkasse kann eigene Ansprüche gegen den Versicherten mit dessen Anspruch auf Krankengeld aufrechnen (vgl. § 51 Abs. 1 SGB I; Gleichartigkeit und Gegenseitigkeit der Ansprüche).[228] Entsprechende Vorschriften finden sich in §§ 387 ff. BGB. Eigene Ansprüche der Krankenkasse können öffentlich-rechtliche Forderungen wie Beitragsansprüche oder Erstattungsansprüche aufgrund zu Unrecht gewährter Leistungen (vgl. § 50 ff. SGB X) sein. Es kann sich dabei aber auch um zivilrechtliche Forderungen handeln, die im Wege der Legalzession auf die Krankenkasse übergegangen sind (vgl. §§ 115, 116 SGB X). Die Forderung muss hinreichend bestimmt sein.[229]

Die Krankenkasse kann in dem Maße aufrechnen, wie Arbeitseinkommen gepfändet werden könnte (vgl. § 51 Abs. 1 i. V. m. § 54 Abs. 4 SGB I). Die Pfändungsfreigrenzen der Nettobezüge sind zu beachten (vgl. §§ 850 ff. ZPO).

Die Aufrechnung darf nicht dazu führen, dass der Versicherte hilfebedürftig im Sinne der Vorschriften des SGB XII über die Hilfe zum Lebensunterhalt oder der Grundsicherung für Arbeitsuchende nach dem SGB II wird (vgl. § 51 Abs. 2 SGB I).

Besondere Forderungen der Krankenkasse (Ansprüche auf Erstattung zu Unrecht erbrachter Sozialleistungen und Beitragsansprüche; privilegierte Forderungen) können darüber hinaus ohne Rücksicht auf die Pfändungsfreigrenzen der Nettobezüge bis zur Hälfte des Krankengeldanspruchs aufgerechnet werden (vgl. § 51 Abs. 2 SGB I). Hilfebedürftigkeit nach den Vorschriften des SGB XII oder SGB II darf jedoch nicht eintreten. Der Leistungsempfänger hat nachzuweisen, dass er durch die Aufrechnung hilfebedürftig wird (z. B. durch einen Bescheid des Sozialhilfeträgers).

---

228 BSG, Urteil vom 10.12.2003, B 5 RJ 18/03 R

229 BSG, Urteil vom 24.7.2003, B 4 RA 60/02 R

Die gegen den Krankengeldanspruch aufzurechnende Forderung muss wirksam und fällig sein. Der Wirksamkeit stehen Einreden des Krankengeldbeziehers (z. B. Einrede der Verjährung) entgegen. Fälligkeit (vgl. §§ 40, 41 SGB I) setzt bei öffentlich-rechtlichen Forderungen einen wirksamen Verwaltungsakt voraus. Ein Rechtsbehelf gegen diesen Verwaltungsakt stört den Eintritt der Fälligkeit nicht. Das gilt allerdings nicht, wenn der aufzurechnende Anspruch die Rückforderung von Leistungen betrifft. Entsprechende Verwaltungsakte werden erst dann wirksam, wenn sie unanfechtbar geworden sind, da Widerspruch und Klage eine aufschiebende Wirkung haben (vgl. § 86a SGG). Zivilrechtliche Forderungen, die im Wege der Legalzession auf die Krankenkasse übergegangen sind, sind nur dann fällig und können aufgerechnet werden, wenn eine rechtskräftige zivilgerichtliche Entscheidung über die Forderung vorliegt.[230]

Die aufzurechnende Forderung der Krankenkasse darf nicht verjährt sein. Die Verjährung ist von Amts wegen zu beachten.

Die Verrechnung einer Forderung folgt denselben Regeln, wie die Aufrechnung (vgl. § 52 SGB I). Es handelt sich allerdings um die Forderung eines anderen Sozialleistungsträgers, die mit dem Anspruch auf Krankengeld gegen eine Krankenkasse verrechnet werden soll. Voraussetzung ist eine Ermächtigung bzw. ein Verrechnungsersuchen, über das die Krankenkasse im Rahmen einer Ermessensentscheidung befindet.

6.5 Pfändung

Krankengeld kann wie Arbeitseinkommen gepfändet werden (vgl. § 54 Abs. 4 SGB I). Die Pfändungsfreigrenzen der Nettobezüge sind zu beachten (vgl. §§ 850 ff. ZPO). Die Krankenkasse muss gegenüber dem Gläubiger eine „Drittschuldnererklärung" abgeben (vgl. § 840 ZPO), in der sie anzugeben hat,

- ob und inwieweit sie die Forderung als begründet anerkennt und Zahlung zu leisten bereit ist;
- ob und welche Ansprüche andere Personen an die Forderung stellen;
- ob und wegen welcher Ansprüche die Forderung bereits für andere Gläubiger gepfändet ist.

---

[230] BSG, Urteil vom 17.9.1981, 4 RJ 13/80

Die Erklärung ist von der Krankenkasse innerhalb von zwei Wochen ab Zustellung des Pfändungsbeschlusses oder der Pfändungsverfügung abzugeben.

Hinweis:

Entgeltansprüche des Arbeitnehmers, die durch Entgeltumwandlung für seine betriebliche Altersversorgung durch eine Direktversicherung verwendet werden (vgl. § 1a Abs. 1 BetrAVG), sind kein pfändbares Arbeitseinkommen.[231]

Bereits mit Zustellung des Pfändungs- und Überweisungsbeschlusses an die Krankenkasse trifft diese die sofortige Pflicht, den pfändbaren Anteil des Arbeitseinkommens festzustellen und so lange Zahlungen an den Gläubiger des Versicherten zu leisten, bis dessen Forderung getilgt ist. Liegen mehrere Pfändungen verschiedener Gläubiger vor, werden diese in der Reihenfolge ihrer Zustellung bei der Krankenkasse berücksichtigt (vgl. § 804 Abs. 3 ZPO; Prioritätsprinzip).

7 Höhe und Zahlung des Krankengeldes

7.1 Regelentgelt für Arbeitnehmer

Das Regelentgelt ist die Grundlage der Krankengeldberechnung. Es wird aus dem regelmäßig erzielten Arbeitsentgelt ermittelt, soweit es der Beitragsberechnung unterliegt (vgl. § 47 Abs. 1 Satz 1 SGB V). Für die Berechnung ist zwischen versicherten Arbeitnehmern (vgl. § 47 Abs. 2 SGB V) und Versicherten, die nicht Arbeitnehmer sind (vgl. § 47 Abs. 4 Satz 2 SGB V), zu unterscheiden (vgl. Abbildung 1). Bei versicherten Arbeitnehmern unterscheidet die Berechnung danach, ob sich das Arbeitsentgelt einer Stundenzahl zuordnen lässt (vgl. § 47 Abs. 2 Satz 1, 2 SGB V) oder ob das Arbeitsentgelt nach Monaten bemessen ist oder sich aus anderen Gründen einer Stundenzahl nicht zuordnen lässt (vgl. § 47 Abs. 2 Satz 3 SGB V). Das aus dem Arbeitsentgelt errechnete Regelentgelt berücksichtigt sowohl laufendes als auch einmalig gezahltes Arbeitsentgelt, soweit es bei der Beitragsberechnung berücksichtigt wurde.

---

231 BAG, Urteil vom 30.7.2008, 10 AZR 459/07

Abbildung 1: Regelentgelt

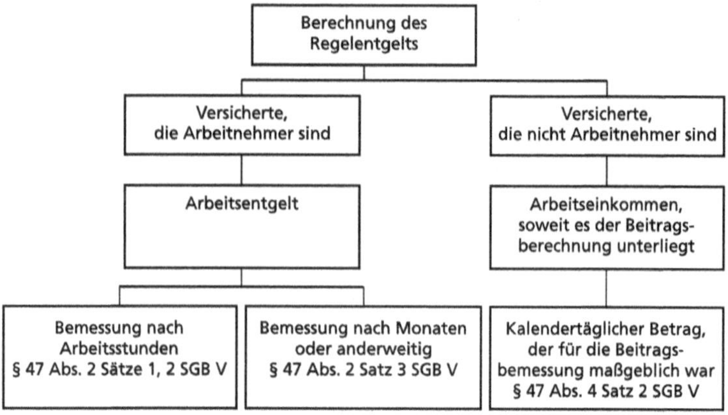

7.1.1 Bemessungszeitraum

Bemessungszeitraum[232] ist der letzte vor dem Beginn der Arbeitsunfähigkeit abgelaufene und abgerechnete Entgeltabrechnungszeitraum, der auch bei schwankenden Einkünften nicht ausgedehnt werden kann (Bezugsmethode; vgl. Beispiel 52).[233] Der Bemessungszeitraum muss mindestens vier Wochen umfassen. Es handelt sich um einen in der Vergangenheit liegenden Zeitraum, der bei Beginn der Arbeitsunfähigkeit abgelaufen und betriebsüblich abgerechnet sein muss.

Dabei ist ein „abgerechneter" Entgeltabrechnungszeitraum ein Zeitraum, für den der Betrieb üblicherweise die Entgeltberechnung abgeschlossen hat. Auf den betriebsüblichen Zahltag, den Zeitpunkt der Auszahlung oder der Bankgutschrift kommt es nicht an.

Es ist ausreichend, wenn das Arbeitsentgelt zumindest für einen Teil des Bemessungszeitraums abgerechnet worden ist. Bei diesem Arbeitsentgelt kann es sich auch um Entgeltfortzahlung oder Urlaubs-

[232] Für die Bemessung des Regelentgelts kommt es allein auf das beim Entstehen des Krankengeldanspruchs bestehende Beschäftigungsverhältnis an; bereits aufgegebene Beschäftigungsverhältnisse werden nicht berücksichtigt (BSG, Urteil vom 30.5.2006, B 1 KR 19/05 R). Der aus diesem Beschäftigungsverhältnis zu berücksichtigende Entgeltabrechnungszeitraum richtet sich wiederum nach dem Beginn der Arbeitsunfähigkeit und nicht nach dem Entstehen des Anspruchs auf Krankengeld.

[233] BSG, Urteil vom 5.3.2002, B 2 U 13/01 R zu einem Anspruch auf Verletztengeld

entgelt handeln. Fehlzeiten, z. B. infolge Arbeitsunfähigkeit oder unbezahlten Urlaubs, sind deshalb hinsichtlich des Bemessungszeitraums unschädlich.

Beispiel 52: Bemessungszeitraum

Beginn der Arbeitsunfähigkeit	3.4.2018	28.4.2018	30.4.2018	1.5.2018
Betriebsübliche Abrechnung am letzten Arbeitstag eines Monats für denselben Monat	29.3.2018	29.3.2018	29.3.2018	30.4.2018
Bemessungszeitraum	März 2018	März 2018	März 2018	April 2018

Wenn der Betrieb kürzere Entgeltabrechnungszeiträume als vier Wochen hat, sind mehrere Entgeltabrechnungszeiträume zusammenzurechnen, sodass sich ein vierwöchiger oder längerer Bemessungszeitraum ergibt. Rechnet der Betrieb dagegen Zeiträume ab, die länger als vier Wochen sind (z. B. Kalendermonate oder fünfwöchige Zeiträume), ist ein entsprechender Bemessungszeitraum von mehr als vier Wochen heranzuziehen.

Es ist ein abweichender Entgeltabrechnungszeitraum heranzuziehen, wenn sich der Bezug von Krankengeld an Versorgungskrankengeld, Verletztengeld oder Übergangsgeld anschließt (vgl. Beispiel 53). In diesen Fällen ist für die Regelentgeltberechnung auf den Bemessungszeitraum zurückzugreifen, welcher der Berechnung der vorhergehenden Entgeltersatzleistung zugrunde lag (vgl. § 69 SGB IX; Kontinuität der Bemessungsgrundlage).

Beispiel 53: Kontinuität der Bemessungsgrundlage

Entgeltabrechnung am letzten Arbeitstag eines Monats für denselben Monat

Medizinische Leistungen zur Rehabilitation durch den Rentenversicherungsträger	1.2.–15.3.2018
Entgeltfortzahlung	1.2.–14.3.2018

Übergangsgeld für den	15.3.2018
Bemessungszeitraum für das Übergangsgeld	Januar 2018
Krankengeld wegen fortdauernder Arbeitsunfähigkeit (Beginn: 12.3.2018) ab	16.3.2018
Bemessungszeitraum für das Krankengeld	Januar 2018 (anstatt Februar 2018)

Wenn bei Beginn der Arbeitsunfähigkeit nicht auf einen abgerechneten Entgeltabrechnungszeitraum zurückgegriffen werden kann (z. B. wegen kurzer Dauer des Arbeitsverhältnisses), ist das Arbeitsentgelt zu schätzen.[234] Danach sind zur Berechnung des Regelentgeltes das bereits erzielte sowie das innerhalb einer betriebsüblichen Abrechnungsperiode unter Einbeziehung von Zuschlägen und unter Berücksichtigung der regelmäßigen Arbeitszeit auch an Samstagen und Sonntagen zu erwartende Entgelt zu berücksichtigen. Ausgangspunkt für die Schätzung sind die von den Arbeitsvertragsparteien getroffenen und praktizierten Vereinbarungen (Arbeitsvertrag, Tarifvertrag) über die Höhe des Arbeitsentgelts.

Hinweis:

Erst wenn die an den individuellen Verhältnissen orientierte Schätzung nicht weiterführt, ist auf die Verhältnisse bei einem gleichartig Beschäftigten (z. B. einem Arbeitskollegen) abzustellen.

Ändert sich der Inhalt des Arbeitsverhältnisses nach Eintritt der Arbeitsunfähigkeit, wirken sich die Änderungen nicht auf den Bemessungszeitraum aus (vgl. Beispiel 54). Ein verändertes Arbeitsentgelt bleibt unberücksichtigt. Die Krankengeldberechnung stellt auf das erarbeitete, insgesamt vor Beginn der Arbeitsunfähigkeit liegende und bereits abgerechnete sowie dem Versicherten zugeflossene Regelentgelt ab. Nicht realisierte Entgeltansprüche und Änderungen des Arbeitsentgelts, die erst nach Beginn der Arbeitsunfähigkeit eintreten, sind grundsätzlich unerheblich, selbst wenn rückwirkende Veränderungen zu diesem Zeitpunkt bereits absehbar

[234] BSG, Urteil vom 30.5.2006, B 1 KR 19/05 R

sind. Das Krankengeld wird daher auch dann nicht neu berechnet, wenn der Versicherte später nach einem durchgeführten Lohnsteuerjahresausgleich von der Finanzverwaltung Steuerrückzahlungen erhält.[235]

Beispiel 54: Änderungen im Inhalt des Arbeitsverhältnisses

Entgeltabrechnung bis zum fünften Kalendertag eines Monats für den Vormonat

Beginn der Arbeitsunfähigkeit	4.9.2018
Statuswechsel vom Arbeiter zum Angestellten	1.10.2018
Bemessungszeitraum	Juli 2018

Wird die Änderung dagegen vor dem Beginn der Arbeitsunfähigkeit wirksam, ist der Bemessungszeitraum zu verändern (vgl. Beispiel 55).

Beispiel 55: Änderungen vor dem Beginn der AU

Entgeltabrechnung bis zum fünften Kalendertag eines Monats für den Vormonat

Beginn der Arbeitsunfähigkeit	25.6.2018
Statuswechsel vom Arbeiter zum Angestellten	1.6.2018
Bemessungszeitraum	1.6. – 24.6.2018

Daraus folgt, dass ein im letzten abgerechneten Entgeltabrechnungszeitraum erzieltes Arbeitsentgelt für die Höhe des maßgebenden Regelentgelts bestimmend bleibt, wenn der Versicherte in diesem Entgeltabrechnungszeitraum nur Ausbildungsvergütung bezogen hat und während der Arbeitsunfähigkeit vom Ausbildungsverhältnis in ein Arbeitsverhältnis (z. B. als Geselle) übertritt.

Hinweis:

Die Satzung einer Krankenkasse kann bei nicht kontinuierlicher Arbeitsverrichtung und -vergütung abweichende Bestimmungen zum Bemessungszeitraum vorsehen (vgl. § 47 Abs. 3 SGB V).

[235] BSG, Vorabentscheidung nach Art. 234 EG vom 5.7.2005, B 1 KR 7/04 R

7.1.2 Maßgebendes Arbeitsentgelt

Berechnungsgrundlage ist das gesamte im Bemessungszeitraum erzielte Arbeitsentgelt (vgl. § 47 Abs. 2 Satz 1 SGB V). Das Arbeitsentgelt wird berücksichtigt, soweit es beitragspflichtig ist.[236] Das Arbeitsentgelt wird auf die Beitragsbemessungsgrenze in der Krankenversicherung begrenzt.

Zum erzielten Arbeitsentgelt in diesem Sinne gehört auch rechtswidrig vorenthaltenes und ggf. später nachgezahltes Arbeitsentgelt.[237] Das nachgezahlte Arbeitsentgelt aus einem aufgelösten Wertguthaben bleibt unberücksichtigt, wenn die rückwirkende Beseitigung einer Altersteilzeitregelung vereinbart wird.[238]

Arbeitsentgelt sind alle Einnahmen aus einer Beschäftigung (vgl. § 14 Abs. 1 SGB IV). Auf die Form der Entgeltgewährung kommt es nicht an, weshalb auch Sachbezüge angerechnet werden. Ist ein Netto-Arbeitsentgelt vereinbart, gilt dieses einschließlich der darauf entfallenden Steuern und des darauf entfallenden Arbeitnehmeranteils an den Beiträgen zur Kranken-, Pflege-, Renten- und Arbeitslosenversicherung als Arbeitsentgelt (vgl. § 14 Abs. 2 Satz 1 SGB IV).

Arbeitsentgeltbestandteile bis zur Höhe von 4 % der jährlichen Beitragsbemessungsgrenze (West) der Rentenversicherung der Arbeiter und Angestellten gelten nicht als Arbeitsentgelt, wenn sie durch Entgeltumwandlung zum Zwecke der Altersvorsorge verwendet werden (vgl. § 14 Abs. 1 Satz 2 SGB IV).

Bei Umwandlung von laufendem Arbeitsentgelt wird das Regelentgelt zunächst auf der Basis des Bruttoarbeitsentgelts ohne Berücksichtigung der Entgeltumwandlung errechnet. Dies hat der Arbeitgeber der Krankenkasse entsprechend zu bescheinigen. Außerdem bescheinigt er das beitragsfrei umgewandelte laufende Arbeitsentgelt der letzten zwölf Kalendermonate vor Beginn der Arbeitsunfähigkeit. Der Betrag des beitragsfrei umgewandelten laufenden Arbeitsentgelts ist auf einen Kalendertag umzurechnen. Der kalendertägliche Umrechnungsbetrag wird vom (ohne Berücksichtigung der Entgeltumwandlung errechneten) Regelentgelt abgezogen.

---

236 BSG, Urteil vom 25.11.2015, B 3 KR 3/15 R

237 BSG, Urteil vom 16.2.2005, B 1 KR 19/03 R unter Aufgabe der Rechtsprechung, nach der als erzielt nur das Arbeitsentgelt anzusehen ist, welches im Bemessungszeitraum tatsächlich zugeflossen ist.

238 BSG, Urteil vom 14.12.2006, B 1 KR 5/06 R

Bei Versicherten mit Arbeitsentgelten oberhalb der Beitragsbemessungsgrenze in der Krankenversicherung wird der kalendertägliche Umwandlungsbetrag vom (ohne Berücksichtigung der Entgeltumwandlung errechneten) Regelentgelt abgezogen. Anschließend ist das Regelentgelt ggf. auf das Höchstregelentgelt zu kürzen.

Das Nettoarbeitsentgelt ist vom Arbeitgeber auf der Basis des ohne Berücksichtigung der Entgeltumwandlung erzielten Bruttoarbeitsentgelts fiktiv zu ermitteln und entsprechend zu bescheinigen. Der Betrag des beitragsfrei umgewandelten Arbeitsentgelts wird bei der Ermittlung des kalendertäglichen Nettoarbeitsentgelts ebenfalls berücksichtigt. Dies erfolgt entsprechend der Systematik beim Hinzurechnungsbetrag zur Berücksichtigung von Einmalzahlungen (vgl. § 47 Abs. 1 Satz 3 i. V. m. Abs. 2 Satz 6 SGB V) mit der Maßgabe, dass der ermittelte Betrag vom kalendertäglichen Nettoarbeitsentgelt abzuziehen ist.

Werden (Teile von) Einmalzahlungen umgewandelt, lässt der Arbeitgeber diese bei der Eintragung in die Entgeltbescheinigung unberücksichtigt; er bescheinigt ausschließlich die beitragspflichtigen (Teile der) Einmalzahlungen. Dadurch ist sichergestellt, dass aus beitragsfrei umgewandelten Einmalzahlungen kein Hinzurechnungsbetrag gemäß § 47 Abs. 1 Satz 3 i. V. m. Abs. 2 Satz 6 SGB V ermittelt wird.

Einmalig gezahltes Arbeitsentgelt bleibt zunächst unberücksichtigt und wird erst in einem späteren Schritt angerechnet. Dabei handelt es sich um Arbeitsentgelt, das nicht für die Arbeit in einem einzelnen Entgeltabrechnungszeitraum gezahlt wird (vgl. § 23a SGB IV). Gemeint sind Bezüge, die in größeren Zeitabständen als monatlich erlangt werden. Weihnachtsgratifikationen, Gewinnanteile oder ähnlich bezeichnete Leistungen des Arbeitgebers sind ebenso wie das Urlaubsgeld, das zusätzlich zum Urlaubsentgelt gewährt wird, als einmalig gezahltes Arbeitsentgelt anzusehen.

7.1.3 Stundenlohn

Das Regelentgelt für versicherte Arbeitnehmer, deren Arbeitsentgelt bei Eintritt der Arbeitsunfähigkeit nach Stunden bemessen ist, ist nach § 47 Abs. 2 Satz 1, 2 SGB V zu berechnen. Dazu muss sich das Arbeitsentgelt einer Stundenzahl zuordnen lassen. Es kommt nicht darauf an, wie das Arbeitsentgelt gezahlt wird. Die Vorschrift erfasst sowohl versicherungspflichtige als auch freiwillig versicherte Arbeitnehmer.

Berechnungsgrundlage ist das laufende Arbeitsentgelt (zunächst ohne einmalig gezahltes Arbeitsentgelt) des Bemessungszeitraums, das durch die Zahl der Stunden zu teilen ist, für die es gezahlt wurde. Das Ergebnis ist mit der regelmäßigen wöchentlichen Arbeitszeit zu multiplizieren und durch sieben zu dividieren (vgl. Abbildung 2). Das Regelentgelt wird auf drei Dezimalstellen nach dem Komma ausgerechnet; die zweite Stelle wird kaufmännisch auf- bzw. abgerundet.

Abbildung 2: Rechenweg Regelentgelt

$$\frac{\text{Brutto-Arbeitsentgelt des Bemessungszeitraums ohne einmalig gezahltes Arbeitsentgelt}}{\text{Tatsächliche, bezahlte Arbeitsstunden, zuzüglich bezahlter Fehlstunden}} \times \text{Regelmäßige wöchentliche Arbeitszeit} : 7 = \text{Regelentgelt aus laufendem Arbeitsentgelt}$$

7.1.3.1 Arbeitsstunden, für die das Arbeitsentgelt gezahlt wurde

Das maßgebliche Arbeitsentgelt ist durch die Zahl der Stunden zu teilen, für die es gezahlt wurde (vgl. § 47 Abs. 2 Satz 1 SGB V). Es kommt nicht darauf an, ob es sich bei diesen Stunden um tatsächlich geleistete Arbeitszeit oder um Stunden handelt, für die Arbeitsentgelt ohne Arbeitsleistung gezahlt wurde (z. B. entschuldigte Fehlstunden, bezahlte Arbeitsunfähigkeit, Tarifurlaub). Berücksichtigt werden sowohl vertraglich vereinbarte Arbeitsstunden als auch Mehrarbeitsstunden. Unbezahlte (entschuldigte oder unentschuldigte) Fehlstunden dürfen der Zahl der Arbeitsstunden nicht hinzugerechnet werden. Bei der Zahl der Stunden sind auch Bruchteile von Stunden zu berücksichtigen.

7.1.3.2 Regelmäßige wöchentliche Arbeitszeit

Das durchschnittliche Arbeitsentgelt einer Stunde ist mit der Zahl der regelmäßigen wöchentlichen Arbeitsstunden zu multiplizieren und durch sieben zu dividieren (vgl. § 47 Abs. 2 Satz 2 SGB V). Die regelmäßigen wöchentlichen Arbeitsstunden sind so zu berücksichtigen, wie sie sich aus dem individuellen Inhalt des Arbeitsverhältnisses ergeben. Der Inhalt des Arbeitsverhältnisses wird durch den Arbeitsvertrag, eine Betriebs- oder Dienstvereinbarung oder einen Tarifvertrag bestimmt.

Arbeitszeitänderungen, die am Tag des Beginns der Arbeitsunfähigkeit oder später eintreten, haben auf die Regelentgeltberechnung keinen Einfluss. Das Regelentgelt ist in diesen Fällen nach den Verhältnissen vor dem Beginn der Arbeitsunfähigkeit zu berechnen. Bei Arbeitszeitänderungen, die vor dem Beginn der Arbeitsunfähigkeit eingetreten sind, ist von der neuen Arbeitszeit auszugehen. Der ermittelte Stundenlohn ist dann mit der neuen wöchentlichen Arbeitszeit zu multiplizieren.

Weicht die tatsächliche Arbeitszeit regelmäßig von der vereinbarten oder betriebsüblichen Arbeitszeit ab, ohne dass Mehrarbeitsstunden geleistet werden oder ist keine bestimmte Arbeitszeit vereinbart, ist die Zahl der regelmäßigen wöchentlichen Arbeitsstunden aus der tatsächlichen Gestaltung der Verhältnisse zu ermitteln (vgl. Beispiel 56). Hierfür wird aus den tatsächlich geleisteten Arbeitsstunden der letzten drei Monate bzw. der letzten 13 Wochen (Ausgangszeitraum) der wöchentliche Durchschnitt festgestellt. Die sich daraus ergebende Zahl sind „die sich aus dem Inhalt des Arbeitsverhältnisses ergebenden regelmäßigen wöchentlichen Arbeitsstunden". Liegen im Ausgangszeitraum unbezahlte Fehltage, ist die Zahl der Arbeitsstunden nach folgender Formel zu ermitteln:

Abbildung 3: Rechenweg Zahl der Arbeitsstunden

$$\frac{\text{Arbeitsstunden im Ausgangszeitraum}}{\text{(91 Fehltage)}} \times 7 = \text{Regelmäßige wöchentliche Arbeitszeit}$$

Beispiel 56: Tatsächliche Verhältnisse

Ein Arbeitnehmer ist seit Jahren versicherungspflichtig beschäftigt und Mitglied einer Krankenkasse. Der Betrieb, in dem der Arbeitnehmer beschäftigt ist, rechnet das Arbeitsentgelt jeweils bis zum fünften Kalendertag eines Monats für den Vormonat ab.

Es wurde arbeitsvertraglich eine wöchentliche Arbeitszeit von 20 Stunden vereinbart. Da die Auftragslage es nicht erfordert, wurde dieser Stundenansatz in den letzten Monaten nicht ausgeschöpft.

Der Arbeitnehmer ist seit dem 4.4.2018 arbeitsunfähig krank. Im Ausgangszeitraum Dezember 2017 bis Februar 2018 wurde insgesamt an 195 Stunden gearbeitet. Daraus ergibt sich eine regelmäßige wöchentliche Arbeitszeit von 15 Stunden (195 : 13 = 15).

Zusätzlich zur vertraglichen wöchentlichen Arbeitszeit sind Mehrarbeitsstunden zu berücksichtigen, wenn sie regelmäßig geleistet wurden.[239] Unerheblich ist, ob die Mehrarbeitsstunden ohne die Arbeitsunfähigkeit auch weiterhin geleistet worden wären oder das Arbeitsverhältnis vor der Arbeitsunfähigkeit beendet wurde.

Mehrarbeitsstunden bleiben unberücksichtigt, wenn sie in Freizeit ausgeglichen (z. B. bei Arbeitszeitverlagerung, Flexibilisierung oder Verteilung der Arbeitszeit) oder einem Zeitkonto gutgeschrieben und nicht als laufendes Arbeitsentgelt ausgezahlt werden.

An einer regelmäßigen Verrichtung von Mehrarbeitsstunden fehlt es, wenn im Ausgangszeitraum von drei Monaten bzw. 13 Wochen während eines Monats oder vier bzw. fünf Wochen nicht jeweils wenigstens eine volle Mehrarbeitsstunde geleistet worden ist; eine volle Arbeitsstunde kann sich auch durch Zusammenrechnung von Stundenbruchteilen ergeben (vgl. Beispiel 57). Sofern in einem dieser Zeiträume von einem Monat oder mindestens vier Wochen nur deshalb keine Mehrarbeitsstunde(n) angefallen ist (sind), weil kein Arbeitsentgelt gezahlt wurde, ist dies für die Regelmäßigkeit unschädlich.

[239] BSG, Urteil vom 20.11.2003, B 13 RJ 17/03 R mit weiteren Nachweisen

Beispiel 57: Regelmäßige Mehrarbeit

Entgeltabrechnung bis zum fünften Kalendertag eines Monats für den Vormonat

Beginn der Arbeitsunfähigkeit am	5.10.2018
Bemessungszeitraum für die Berechnung des Regelentgelts	August 2018
Ausgangszeitraum für die Feststellung, ob Mehrarbeitsstunden regelmäßig geleistet wurden	Juni–August 2018
Mehrarbeitsstunden	
Juni 2018	5
Juli 2018	4
August 2018	10

Mehrarbeitsstunden wurden regelmäßig geleistet, da in jedem Kalendermonat des Ausgangszeitraums Mehrarbeit geleistet wurde.

II

Hinweis:

Ist ein Arbeitnehmer noch nicht seit drei Monaten im Betrieb beschäftigt, dann ist auf die Verhältnisse eines im selben Betrieb während der gesamten drei Monate tätig gewesenen „gleichartig Beschäftigten" abzustellen.[240]

Die Mehrarbeitsstunden, die bei der regelmäßigen wöchentlichen Arbeitszeit zu berücksichtigen sind, können nach folgender Formel berechnet werden (vgl. Beispiel 58):

Abbildung 4: Rechenweg Mehrarbeitsstunden

$$\frac{\text{Mehrarbeitsstunden im Ausgangszeitraum}}{13} = \text{Regelmäßige wöchentliche Mehrarbeitsstunden}$$

[240] BSG, Urteil vom 23.1.1973, 3 RK 22/70

II

Beispiel 58: Berechnung

Mehrarbeitsstunden:	
Juni 2018	5
Juli 2018	4
August 2018	10

Berechnung der regelmäßigen wöchentlichen Mehrarbeitsstunden:

19 : 13 = 1,46

Liegen im Ausgangszeitraum unbezahlte Fehlzeiten, ist die regelmäßige wöchentliche Mehrarbeitszeit nach folgender Formel zu berechnen (vgl. Beispiel 59):

Abbildung 5: Rechenweg Fehlzeiten

$$\frac{\text{Mehrarbeitsstunden im Ausgangszeitraum}}{\text{(91 Tage – unbezahlte Fehltage)}} \times 7 = \text{Regelmäßige wöchentliche Mehrarbeitsstunden}$$

Beispiel 59: Berechnung

Mehrarbeitsstunden im Ausgangszeitraum	
Mai 2018	25
Juni 2018	32
Juli 2018	22
unbezahlte Fehltage (Krankengeldbezug)	10

Berechnung der regelmäßigen wöchentlichen Mehrarbeitsstunden:

(79 × 7) : 81 = 6,83

7.1.4 Andere Bemessungsgrößen

Wenn das Arbeitsentgelt nach Monaten bemessen ist oder sich aus anderen Gründen einer Stundenzahl nicht zuordnen lässt, gilt der 30. Teil des im Bemessungszeitraum erzielten beitragspflichtigen

Arbeitsentgelts (ohne einmalig gezahltes Arbeitsentgelt) als Regelentgelt (vgl. § 47 Abs. 2 Satz 3 SGB V).

Hinweis:

Vergütungen, die zusätzlich zum festen Monatsentgelt (z. B. für Mehrarbeitsstunden) gezahlt werden, ändern nichts daran, dass die Bezüge nach Monaten bemessen werden.

Das Arbeitsentgelt ist bei

- Angestellten mit einem Monatsgehalt
- Arbeitern mit einem festen Wochen- oder Monatslohn
- Arbeitnehmern, deren Arbeitsentgelt sich nach gefertigten Stücken, einem Akkordtarif oder Provisionen richtet,

nach Monaten bemessen oder lässt sich einer Stundenzahl nicht zuordnen.

7.1.4.1 Monate

Wenn das Arbeitsentgelt nach Monaten bemessen ist, ist der Regelentgeltberechnung das für den Monat vereinbarte laufende beitragspflichtige Arbeitsentgelt zugrunde zu legen und durch 30 zu teilen. Das gilt auch dann, wenn nicht im gesamten Monat Arbeitsentgelt bezogen oder die Arbeit erst während des Bemessungszeitraums aufgenommen wurde.[241] Die Berechnung erfolgt unabhängig von den tatsächlichen Kalendertagen des Monats. Einmalig gezahltes Arbeitsentgelt bleibt zunächst unberücksichtigt und wird erst in einem späteren Berechnungsschritt hinzugezogen.

Das Entgelt ist nach Monaten bemessen, wenn die Bemessungseinheit der Monat ist.[242] Auf die Zahlungsweise kommt es nicht an. Zusätzlich geleistete Mehrarbeit oder erarbeitete Provisionen beeinflussen die Berechnungsmethode nicht.

Mehrarbeit ist zu berücksichtigen, wenn die Vergütung in den letzten drei abgerechneten Monaten (Ausgangszeitraum) jeweils geleistet wurde (Regelmäßigkeit; vgl. Beispiel 60). Das Regelentgelt wird

[241] BSG, Urteil vom 30.5.2006, B 1 KR 19/05 R

[242] BSG, Urteil vom 5.3.2002, B 2 U 13/01 R zu einem Anspruch auf Verletztengeld

berechnet, indem das Arbeitsentgelt der letzten drei abgerechneten Monate (einschließlich der Mehrarbeitsvergütung) durch 90 geteilt wird.

Beispiel 60: Mehrarbeit

Vereinbartes Brutto-Monatsgehalt		3.000,00 Euro
Vergütung für Mehrarbeit im Ausgangszeitraum		
April 2018		250,00 Euro
Mai 2018		425,00 Euro
Juni 2018		300,00 Euro
Berechnung des Regelentgelts	9.975,00 Euro : 90	110,83 Euro

Vergütung für Mehrarbeit ist abweichend davon auch dann zu berücksichtigen, wenn der Arbeitnehmer noch nicht drei Monate im Betrieb beschäftigt ist oder in einem Monat wegen Arbeitsunfähigkeit keine Mehrarbeit leisten konnte (vgl. Beispiel 61). Das Regelentgelt wird berechnet, indem das im Ausgangszeitraum erzielte Arbeitsentgelt (einschließlich der Mehrarbeitsvergütung) durch 90 abzüglich unbezahlter Fehltage geteilt wird.

Beispiel 61: Mehrarbeit und Fehltage

Vereinbartes (Brutto)-Monatsgehalt		3.000,00 Euro
Erzieltes Arbeitsentgelt im Ausgangszeitraum (einschließlich der Vergütung für Mehrarbeit)		
April 2018		3.250,00 Euro
Mai 2018		750,00 Euro
Juni 2018		3.300,00 Euro
unbezahlte Fehltage		22
Berechnung des Regelentgelts	7.300,00 Euro : 68 =	107,35 Euro

7.1.4.2 Andere Einheiten

Wenn die Höhe des Arbeitsentgelts monatlich schwankt (z. B. aufgrund eines Akkordtarifs oder von Provisionen), ist zur Berechnung des Regelentgelts das Arbeitsentgelt der letzten drei vor dem Beginn der Arbeitsunfähigkeit abgerechneten Kalendermonate durch 90 zu teilen (vgl. Beispiel 62). Liegen in diesem Zeitraum unbezahlte Fehltage oder dauert die Beschäftigung noch keine drei Monate, ist durch 90 abzüglich der Fehltage zu teilen.

Beispiel 62: Akkordlohn

Akkordlohn im Ausgangszeitraum		
April 2018		2.200,00 Euro
Mai 2018		2.800,00 Euro
Juni 2018		3.150,00 Euro
unbezahlte Fehltage		22
Berechnung des Regelentgelts	8.150,00 Euro : 68 =	119,85 Euro

7.1.5 Hinzurechnungsbetrag und kumuliertes Regelentgelt

Neben dem aus dem laufenden Arbeitsentgelt ermittelten Regelentgelt ist aus dem einmalig gezahlten Arbeitsentgelt der letzten zwölf Kalendermonate vor dem Beginn der Arbeitsunfähigkeit ein Hinzurechnungsbetrag zu ermitteln (vgl. § 47 Abs. 2 Satz 6 SGB V). Der Hinzurechnungsbetrag wird mit dem Regelentgelt aus dem laufenden Arbeitsentgelt addiert. Das Ergebnis ist das kumulierte Regelentgelt (vgl. Beispiel 63).

Hinzurechnungsbetrag ist der 360. Teil der in der Krankenversicherung beitragspflichtigen Einmalzahlungen aus den letzten zwölf Kalendermonaten vor dem Beginn der Arbeitsunfähigkeit.

Beispiel 63: Hinzurechnungsbetrag

Brutto-Arbeitsentgelt (monatliches Gehalt)			2.500,00 Euro
Einmalzahlung (beitragspflichtiger Teil)			8.000,00 Euro
Regelentgelt	2.500,00 Euro	: 30 =	83,33 Euro
Hinzurechnungsbetrag	8.000,00 Euro	: 360 =	22,22 Euro
kumuliertes Regelentgelt			**105,55 Euro**

Es ist nur der in der Krankenversicherung beitragspflichtige Teil der maßgeblichen Einmalzahlungen zu berücksichtigen. Eine Einmalzahlung ist in Höhe der Differenz zwischen dem laufenden Arbeitsentgelt und der anteiligen Jahres-Beitragsbemessungsgrenze beitragspflichtig (vgl. § 23a Abs. 3 Satz 1 SGB IV; vgl. Beispiel 64).

Hinweis:

Bei der Berechnung der Beiträge vom Krankengeld zur Renten- und Arbeitslosenversicherung ist der beitragspflichtige Teil der Einmalzahlung bis zur entsprechenden Beitragsbemessungsgrenze dieser Versicherungszweige zu berücksichtigen.

Beispiel 64: Beitragspflichtiger Teil

Laufendes Arbeitsentgelt (mtl. Gehalt)	2.250,00 Euro
Einmalig gezahltes Arbeitsentgelt aus Juni 2018	14.000,00 Euro
Monatliche Beitragsbemessungsgrenze (KV 2018)	4.425,00 Euro
Anteilige Beitragsbemessungsgrenze Januar bis Juni 2018	26.550,00 Euro
Laufendes beitragspflichtiges Arbeitsentgelt Januar bis Juni 2018	13.500,00 Euro
Differenz zwischen bisherigem laufenden Arbeitsentgelt und anteiliger Beitragsbemessungsgrenze	13.050,00 Euro
Beitragspflichtiger Teil des einmalig gezahlten Arbeitsentgelts	13.050,00 Euro

Es werden nur die Einmalzahlungen aus den letzten zwölf Kalendermonaten vor dem Beginn der Arbeitsunfähigkeit berücksichtigt.[243] Die Jahresfrist wird unabhängig von der Dauer des Arbeitsverhältnisses und möglicher Unterbrechungen z. B. durch Arbeitsunfähigkeit oder Arbeitslosigkeit) gebildet (vgl. Beispiel 65). Es sind auch Einmalzahlungen verschiedener Arbeitgeber zu berücksichtigen. Dieses gilt unabhängig davon, ob die Beiträge an Krankenkassen abgeführt wurden, die nicht für die aktuelle Krankengeldzahlung zuständig sind.

Beispiel 65: Zwölf-Monats-Zeitraum

Ein Arbeitnehmer ist seit dem 15.7.2018 arbeitsunfähig krank und erhält Krankengeld. Das Regelentgelt wurde nach dem laufenden Arbeitsentgelt aus dem Monat Juni 2018 berechnet. Der Hinzurechnungsbetrag ist aus beitragspflichtigen Einmalzahlungen in der Zeit von Juli 2017 bis Juni 2018 zu ermitteln.

Die „März-Klausel" (vgl. § 23a Abs. 4 SGB IV) wird nicht berücksichtigt. Entscheidend ist vielmehr der Zeitpunkt, zu dem die Einmalzahlung dem Versicherten zugeflossen ist. Damit wird vermieden, dass es ggf. zu Nachberechnungen des Krankengeldes aus dem Vorjahr kommt.

7.2 Regelentgelt für Versicherte, die nicht Arbeitnehmer sind

7.2.1 Personenkreis

Für Versicherte, die nicht Arbeitnehmer sind, gilt als Regelentgelt der kalendertägliche Betrag, der zuletzt vor dem Beginn der Arbeitsunfähigkeit für die Beitragsbemessung aus dem Arbeitseinkommen maßgebend war (vgl. § 47 Abs. 4 Satz 2 i. V. m. Abs. 1 Satz 1 SGB V; beitragspflichtiges Arbeitseinkommen). Renten der gesetzlichen Rentenversicherung (vgl. § 228 SGB V) und Versorgungsbezüge (vgl. § 229 SGB V) werden zur Berechnung des Regelentgelts nicht herangezogen (vgl. § 47 Abs. 4 Satz 5 SGB V).

[243] In der Praxis endet die Jahresfrist mit dem Kalendermonat, aus dem das laufende Arbeitsentgelt für die Berechnung des Regelentgelts stammt. Eine Auslegung am Wortlaut des Gesetzes führt zu anderen Ergebnissen.

Eine Berechnung des Regelentgelts nach § 47 Abs. 4 SGB V kommt in Betracht bei

- hauptberuflich selbstständig Erwerbstätigen,[244]
- Rentnern und Rentenantragstellern, die Arbeitseinkommen beziehen und davon Beiträge zahlen, wenn der Anspruch auf Krankengeld nicht nach § 50 Abs. 1 SGB V ausgeschlossen ist,
- sonstigen Versicherungspflichtigen, die neben Rente oder Versorgungsbezügen Arbeitseinkommen beziehen und davon Beiträge zahlen,

Teilnehmern an Leistungen zur Teilhabe am Arbeitsleben, die einen Anspruch auf Übergangsgeld haben (vgl. § 5 Abs. 1 Nr. 6, § 44 Abs. 2 Satz 1 Nr. 1 SGB V),[245]

- nach dem KSVG versicherten Künstlern und Publizisten,
- Frauen, deren Arbeitsverhältnis während der Schwangerschaft vom Arbeitgeber zulässig aufgelöst wurde oder die unter Wegfall des Arbeitsentgelts beurlaubt worden sind.

Hinweis:

Ein Vergleich mit dem Netto-Einkommen ist nicht vorgesehen.

7.2.2 Bemessungszeitraum

Hinsichtlich des Arbeitseinkommens ist ein konkreter Bemessungszeitraum nicht vorhanden. Deshalb gilt insoweit als Regelentgelt der zuletzt vor dem Beginn der Arbeitsunfähigkeit für die Beitrags-

[244] Hauptberuflich selbstständig Erwerbstätige sind vom Anspruch auf Krankengeld ausgeschlossen (vgl. § 44 Abs. 2 Satz 1 Nr. 2 SGB V). Wenn ein Wahltarif in Anspruch genommen wurde (vgl. § 53 Abs. 6 SGB V), richten sich Höhe und Dauer des Krankengeldes nach dem gewählten Tarif. Wenn eine Wahlerklärung abgegeben wurde, steht das gesetzliche Krankengeld zu (vgl. § 44 Abs. 2 Satz 1 Nr. 2 SGB V). Der Anspruch darauf entsteht von der siebten Woche der Arbeitsunfähigkeit an (vgl. § 46 Satz 3 SGB V). Beide Varianten können miteinander kombiniert werden.

[245] Die Ergänzung des § 47 Abs. 4 Satz 2 SGB V durch das Verwaltungsvereinfachungsgesetz und die Beschränkung auf das Arbeitseinkommen würde bei Teilnehmern an Leistungen zur Teilhabe am Arbeitsleben dazu führen, dass Krankengeld nicht berechnet und somit nicht gezahlt werden kann. Der Gesetzgeber wollte allerdings nicht bewirken, dass andere als selbstständig tätige Versicherte, die nicht Arbeitnehmer sind, durch eine Änderung der Berechnungsvorschriften vom Krankengeldbezug ausgeschlossen werden. Für diesen Personenkreis gilt daher auch weiterhin als Regelentgelt der kalendertägliche Betrag aus Arbeitsentgelt und Arbeitseinkommen, der zuletzt vor dem Beginn der Arbeitsunfähigkeit für die Beitragsbemessung maßgebend war (BSG, Urteil vom 5.5.2009, B 1 KR 16/08 R).

bemessung aus dem Arbeitseinkommen maßgebende kalendertägliche Betrag (vgl. § 47 Abs. 4 Satz 2 SGB V). Bemessungszeitraum ist somit der letzte Kalendertag vor dem Beginn der Arbeitsunfähigkeit. Bei nach dem KSVG versicherten Personen[246] sind die letzten zwölf Kalendermonate vor dem Beginn der Arbeitsunfähigkeit als Bemessungszeitraum heranzuziehen (vgl. § 47 Abs. 4 Satz 3 SGB V).

7.2.3 Entstehen des Anspruchs

Ob und in welcher Höhe ein Anspruch auf Krankengeld besteht richtet sich nach dem Versicherungsverhältnis zum Zeitpunkt des Entstehens des Krankengeldanspruchs.[247] Ein freiwillig versicherter Arbeitnehmer, dessen Anspruch auf Krankengeld von einem Arbeitsverhältnis abhängt, hat deshalb keinen Anspruch auf Krankengeld für eine Arbeitsunfähigkeit, die nach dem Ende des Arbeitsverhältnisses eintritt.[248] Es fehlt in diesem Fall an einer Beschäftigung gegen Arbeitsentgelt. Das gilt entsprechend bei einer Versicherung, bei der der Anspruch auf Krankengeld von erzieltem Arbeitseinkommen abhängt.[249]

Hinweis:

Gibt ein freiwillig versicherter Selbstständiger vor Beginn des Krankengeldes seine Erwerbstätigkeit auf, hat er keinen Anspruch auf Krankengeld. Die Arbeitsunfähigkeit bedingt keinen Ausfall seines Arbeitseinkommens.

7.2.4 Arbeitseinkommen

Bei dem für die Berechnung des Regelentgelts nach § 47 Abs. 4 SGB V zu berücksichtigenden Arbeitseinkommen ist von § 15 SGB IV auszugehen. Dieses Arbeitseinkommen kann jedoch nur insoweit berücksichtigt werden, wie es der Beitragsberechnung vor dem Beginn der Arbeitsunfähigkeit unterlag. Vereinfachend kann von dem Arbeitseinkommen ausgegangen werden, nach dem tatsächlich die Beiträge berechnet wurden. Das Krankengeld bemisst sich auch

[246] Selbständig Künstler und Publizisten, siehe Künstlersozialversicherung.
[247] BSG, Urteil vom 14.12.2006, B 1 KR 9/06 R
[248] BSG, Urteil vom 26.6.2007, B 1 KR 19/06 R
[249] BSG, Urteil vom 12.3.2013, B 1 KR 4/12 R

dann nach dem tatsächlich erzielten Arbeitseinkommen, wenn dieses geringer ist als das für die Beitragsbemessung maßgebende Mindesteinkommen.[250] Wenn aus der Erwerbstätigkeit keine positiven Einkünfte bezogen werden, scheidet ein Krankengeldanspruch aus.[251]

Arbeitseinkommen ist der Gewinn aus einer selbstständigen Tätigkeit (vgl. § 15 Abs. 1 SGB IV). Zum Arbeitseinkommen gehören:

- Einkünfte aus Land- und Forstwirtschaft
- Einkünfte aus Gewerbebetrieb
- Einkünfte aus selbstständiger Arbeit

Das Arbeitseinkommen wird nach den allgemeinen Gewinnermittlungsvorschriften des Einkommensteuerrechts ermittelt. Einkommen ist als Arbeitseinkommen zu werten, wenn es als solches nach dem Einkommensteuerrecht zu bewerten ist. Bei Landwirten, deren Gewinn aus Land- und Forstwirtschaft nach § 13a EStG ermittelt wird, ist als Arbeitseinkommen der sich aus § 32 Abs. 6 des Gesetzes über die Alterssicherung der Landwirte ergebende Wert anzusetzen (vgl. § 15 Abs. 2 SGB IV).

7.2.5 Mitwirkung des Versicherten

Fehlt es beim Beginn der Arbeitsunfähigkeit an einer Feststellung des Gewinns, weil das zuständige Finanzamt den Steuerbescheid hierfür noch nicht erlassen hat, ist das Arbeitseinkommen aufgrund der steuerrechtlich vorgeschriebenen Aufzeichnungen (vgl. z. B. § 60 Einkommensteuer-Durchführungsverordnung) von der zuständigen Krankenkasse von Amts wegen zu ermitteln (vgl. § 20 SGB X).[252] Hierzu ist sie regelmäßig auf die Mitwirkung des Versicherten angewiesen. Diesem obliegt es, alle Tatsachen anzugeben, auf Verlangen der Krankenkasse der Erteilung der erforderlichen Auskünfte durch Dritte (z. B. Steuerberater) zuzustimmen, Beweismittel zu bezeichnen (Gewinn-und-Verlust-Rechnung, Buchführungsunterlagen, usw.), diese vorzulegen oder ihrer Vorlage zuzustimmen (vgl. § 60 Abs. 1 SGB I).

Kommt der Versicherte seinen Obliegenheiten nicht nach, kann die Krankenkasse die Leistung ganz oder teilweise versagen (vgl. § 66

---

250 BSG, Urteil vom 6.11.2008, B 1 KR 8/08 R
251 BSG, Urteil vom 7.12.2004, B 1 KR 17/04 R
252 BSG, Urteil vom 14.12.2006, B 1 KR 11/06 R

Abs. 1 Satz 1 SGB I). Die Finanzverwaltung ist zur Amtshilfe verpflichtet. Bei einem im Betrieb selbst mitarbeitenden selbstständig erwerbstätigen Versicherten kann die Krankenkasse (hilfsweise) die wirtschaftliche Situation zurzeit unmittelbar vor dem Beginn der Arbeitsunfähigkeit schätzen, indem die Kosten für eine vergleichbare Ersatzkraft ermittelt werden.

Hinweis:

Die Krankenkasse kann bis zur ihrer Entscheidung einen Vorschuss zahlen (vgl. § 42 Abs. 1 SGB I).

7.2.6 Teilnehmer an Leistungen zur Teilhabe

Für Teilnehmer an Leistungen zur Teilhabe am Arbeitsleben kommt die Regelentgeltberechnung nach § 47 Abs. 4 Satz 2 SGB V dann in Betracht, wenn sie während der Leistungen zur Teilhabe nach § 5 Abs. 1 Nr. 6 SGB V versichert waren und die Maßnahme planmäßig beendet haben.

Bei Teilnehmern an Leistungen zur Teilhabe am Arbeitsleben, deren Maßnahme vorzeitig abgebrochen wurde, bestimmt sich die Regelentgeltberechnung nach § 47 Abs. 2 SGB V. Es ist das der Übergangsgeldberechnung zugrunde gelegte Arbeitsentgelt zu berücksichtigen (vgl. § 69 SGB IX).

7.2.7 Künstler

Bei Künstlern, die nach dem KSVG versichert sind, wird das Regelentgelt aus dem Arbeitseinkommen berechnet, nach dem die Beiträge in den letzten zwölf Kalendermonaten vor dem Beginn der Arbeitsunfähigkeit berechnet wurden. Dieser Betrag ist durch 360 zu dividieren. Der Divisor ist um die Zahl der Tage zu mindern,

- an denen keine Versicherungspflicht nach dem KSVG bestand,
- für die Anspruch auf Krankengeld oder Mutterschaftsgeld bestand,
- für die Beiträge zu zahlen waren, weil
  - Leistungen zur Teilhabe am Arbeitsleben (vgl. § 5 Abs. 1 Nr. 6 SGB V) oder
  - Übergangsgeld, Verletztengeld oder Versorgungskrankengeld (vgl. § 192 Abs. 1 Nr. 3 SGB V) bezogen wurden.

7.2.8 Arbeitsentgelt und Arbeitseinkommen

Ist das Regelentgelt sowohl aus dem Arbeitsentgelt als auch aus dem Arbeitseinkommen zu berechnen, wird es insgesamt nur bis zur Höhe des in § 223 Abs. 3 SGB V bezeichneten Betrages berücksichtigt (vgl. § 47 Abs. 6 SGB IV; Höchstregelentgelt). Beide Regelentgeltteile sind zu addieren.

Hinweis:

Sofern das Höchstregelentgelt bereits durch die Berücksichtigung des Arbeitsentgelts erreicht wird, erübrigt sich die Ermittlung eines für die Beitragsbemessung maßgebenden Betrages aus dem Arbeitseinkommen.

Die Begrenzung des Krankengeldes auf 90 % des entgangenen Netto-Arbeitsentgelts bezieht sich ausschließlich auf das Arbeitsentgelt. Es sind mithin zwei Berechnungen anzustellen. Aus dem der Regelentgeltberechnung zugrunde liegenden Brutto-Arbeitsentgelt ist zunächst das zutreffende entgangene Netto-Arbeitsentgelt zu ermitteln. Zu diesem (ggf. auf 90 % des entgangenen Netto-Arbeitsentgelts begrenzten) Krankengeld ist das Krankengeld aus der Regelentgeltberechnung aufgrund des Arbeitseinkommens hinzuzurechnen.

7.3 Höchstregelentgelt

Das ermittelte Regelentgelt ist auf das Höchstregelentgelt zu begrenzen (vgl. § 47 Abs. 6 SGB V). Das Höchstregelentgelt entspricht der Höhe des Betrages der kalendertäglichen Beitragsbemessungsgrenze in der Krankenversicherung.[253]

Hinweis:

Für die Beiträge zur Krankenversicherung gilt in den alten und in den neuen Bundesländern eine einheitliche Beitragsbemessungsgrenze. Diese wird aus der Beitragsbemessungsgrenze West der allgemeinen Rentenversicherung abgeleitet.

---

[253] 2018 = 147,50 Euro

Maßgeblich ist das Höchstregelentgelt des Kalenderjahres, in das der letzte Tag des Bemessungszeitraums fällt (vgl. Beispiel 66).[254] Verändert sich das Höchstregelentgelt während der Arbeitsunfähigkeit zum 1.1. eines neuen Jahres, ergeben sich keine Auswirkungen auf das Krankengeld. Eine Anpassung des Krankengeldes an die Entwicklung der Löhne und Gehälter findet nur über den Anpassungsfaktor des Krankengeldes statt (vgl. § 70 Abs. 1 SGB IX).

II

Hinweis:

Eine veränderte Beitragsbemessungsgrenze ist bei der Berechnung der Beiträge aus dem Krankengeld zu berücksichtigen.

Beispiel 66: Höchstregelentgelt

Entgeltabrechnung bis zum zehnten Kalendertag eines Monats für den Vormonat

Beginn der Arbeitsunfähigkeit	8.2.2018
Beginn der Krankengeldzahlung	22.3.2018
Bemessungszeitraum	Dezember 2017

Es ist das Höchstregelentgelt des Jahres 2017 maßgeblich (145,00 Euro).

7.4 Höhe des Krankengeldes

Das Krankengeld beträgt 70 % des (ggf. kumulierten) Regelentgelts (vgl. § 47 Abs. 1 Satz 1 SGB V, vgl. Beispiel 67).

Beispiel 67: Krankengeld

Kumuliertes Regelentgelt	190,00 Euro
Begrenzung auf das Höchstregelentgelt (2018)	147,50 Euro
Krankengeld (70 % des Regelentgelts)	103,25 Euro

[254] BSG, Urteil vom 17.3.1983, 11 RA 8/82

II

7.5 Begrenzung auf das Netto-Arbeitsentgelt

7.5.1 Laufendes Arbeitsentgelt

Das Krankengeld darf 90 % des Netto-Arbeitsentgelts nicht übersteigen (vgl. § 47 Abs. 1 Satz 2 SGB V). Dazu ist ein Vergleich des aus dem kumulierten Regelentgelt errechneten Krankengeldes mit 90 % des Netto-Arbeitsentgelts anzustellen. Das Krankengeld ist ggf. auf 90 % des Netto-Arbeitsentgelts zu begrenzen (vgl. Beispiel 68). Dabei ist das Netto-Arbeitsentgelt wie das Regelentgelt nach § 47 Abs. 2 SGB V zu berechnen. Das Krankengeld wird nur bei Arbeitnehmern auf 90 % des Netto-Arbeitsentgelts begrenzt. Das aus dem Arbeitseinkommen errechnete Krankengeld beträgt dagegen stets 70 % des Regelentgelts.

Hinweis:

Eine Begrenzung auf 90 % des Netto-Arbeitseinkommens ist nicht vorgesehen.

Beispiel 68: Netto-Arbeitsentgelt

Regelentgelt	151,30 Euro
Begrenzung auf das Höchstregelentgelt (2018)	147,50 Euro
Krankengeld (70 % des Regelentgelts)	103,25 Euro
Netto-Arbeitsentgelt	105,30 Euro
90 % des Netto-Arbeitsentgelts	94,77 Euro
Krankengeld (Zahlbetrag)	94,77 Euro

Netto-Arbeitsentgelt ist das um die gesetzlichen Abzüge verminderte Brutto-Arbeitsentgelt. Wenn im Brutto-Arbeitsentgelt einmalig gezahltes Arbeitsentgelt enthalten ist oder wenn eine Gleitzonenregelung greift, wird das Netto-Arbeitsentgelt fiktiv ermittelt (vgl. Übersicht).[255] Gesetzliche Abzüge sind die Lohn- und Kirchensteuer, der Solidaritätszuschlag sowie die vom Arbeitnehmer zu tragenden Sozialversicherungsbeiträge.

[255] BSG, Urteil vom 21.8.1986, 11b RAr 31/85

Übersicht: Netto-Arbeitsentgelt

	Steuern	Sozialversicherung	Netto-Arbeitsentgelt
Ausgangswert	Gesamtes Brutto-Arbeitsentgelt	Gesamtes Brutto-Arbeitsentgelt	Brutto-Arbeitsentgelt auf Grund laufender Bezüge
Abzüge	• Einmalig gezahltes Arbeitsentgelt • Lohnsteuer-freibetrag	• Einmalig gezahltes Arbeitsentgelt	• Lohnsteuer • Kirchensteuer • Solidaritätszuschlag • Beitragsanteile zur Sozialversicherung • Kassenindividueller Zusatzbeitrag • Beitragszuschlag für Kinderlose (PV)
Ergebnis	Fiktives steuerrechtliches Brutto-Arbeitsentgelt zur Berechnung • der Lohnsteuer, • der Kirchensteuer, • des Solidaritätszuschlags	Brutto-Arbeitsentgelt auf Grund laufender Bezüge zur Berechnung • der Beitragsanteile zur Sozialversicherung, • des kassenindividuellen Zusatzbeitrags, • des Beitragszuschlags für Kinderlose (PV)	Fiktives Netto-Arbeitsentgelt

Hinweis:

Beiträge zu einem privaten oder öffentlichen Versicherungsunternehmen sind keine gesetzlichen Abzüge.[256]

7.5.2 Einmalig gezahltes Arbeitsentgelt

Neben dem kalendertäglichen Netto-Arbeitsentgelt aus dem laufenden Arbeitsentgelt ist ein kalendertäglicher Hinzurechnungsbetrag zum Netto-Arbeitsentgelt aufgrund von Einmalzahlungen zu berücksichtigen (vgl. § 47 Abs. 1 Satz 3 SGB V). Hierzu ist das Verhältnis zwischen dem Regelentgelt und dem kalendertäglichen Netto-Arbeitsentgelt aus dem laufenden Arbeitsentgelt zu ermitteln. Der

256 BSG, Urteil vom 7.5.2002, B 1 KR 38/00 R

Hinzurechnungsbetrag des Regelentgelts wird in diesem Verhältnis als Hinzurechnungsbetrag für das Netto-Arbeitsentgelt berücksichtigt (vgl. Beispiel 69).

Beispiel 69: Hinzurechnungsbetrag

Brutto-Arbeitsentgelt (laufendes Arbeitsentgelt)		3.500,00 Euro
Netto-Arbeitsentgelt (aus dem laufenden Arbeitsentgelt)		2.200,00 Euro
Beitragspflichtiger Teil der Einmalzahlung (brutto, KV)		3.500,00 Euro
Regelentgelt	3.500,00 Euro : 30 =	116,67 Euro
Hinzurechnungsbetrag (Regelentgelt)	3.500,00 Euro : 360 =	9,72 Euro
Kumuliertes Regelentgelt		126,39 Euro
Netto-Arbeitsentgelt	2.200,00 Euro : 30 =	73,33 Euro
Hinzurechnungsbetrag (Netto-Arbeitsentgelt)	(73,33 Euro : 116,67 Euro) × 9,72 Euro =	6,11 Euro
Kumuliertes Netto-Arbeitsentgelt		79,44 Euro

7.5.3 Begrenzung auf das laufende Netto-Arbeitsentgelt

Das Krankengeld ist auf 90 % des kumulierten Netto-Arbeitsentgelts zu begrenzen. Der so ermittelte Zahlbetrag darf 100 % des aus dem laufenden Arbeitsentgelt ermittelten kalendertäglichen Netto-Arbeitsentgelts nicht überschreiten (vgl. Beispiel 70). Es sind somit ein weiterer Vergleich und ggf. eine weitere Begrenzung vorzunehmen.

Beispiel 70: Begrenzung auf laufendes Netto-Arbeitsentgelt

Sachverhalt

Brutto-Arbeitsentgelt (laufendes Arbeitsentgelt)		2.800,00 Euro
Netto-Arbeitsentgelt (aus dem laufenden Arbeitsentgelt)		2.050,00 Euro
Beitragspflichtiger Teil der Einmalzahlung (brutto, KV)		2.800,00 Euro

Regelentgelt

Regelentgelt (aus dem laufenden Arbeitsentgelt)	2.800,00 Euro : 30 =	93,33 Euro
Hinzurechnungsbetrag (Regelentgelt)	2.800,00 Euro : 360 =	7,78 Euro
kumuliertes Regelentgelt		101,11 Euro

Netto-Arbeitsentgelt

Netto-Arbeitsentgelt (aus dem laufenden Arbeitsentgelt)	2.050,00 Euro : 30 =	68,33 Euro
Hinzurechnungsbetrag (Netto-Arbeitsentgelt)	(68,33 Euro : 93,33 Euro) × 7,78 Euro =	5,70 Euro
kumuliertes Netto-Arbeitsentgelt)		74,03 Euro

Krankengeld

Krankengeld (70 % des kumulierten Regelentgelts)		70,78 Euro
Vergleich mit 90 % des kumulierten Netto-Arbeitsentgelts		66,63 Euro

Vorläufiger Krankengeldzahlbetrag	66,63 Euro
Vergleich mit 100 % des laufenden Netto-Arbeitsentgelts	68,33 Euro
Endgültiger Krankengeldzahlbetrag	66,63 Euro

Hinweis:

Die Begrenzung auf 100 % des laufenden Netto-Arbeitsentgelts stellt sicher, dass die wirtschaftliche Situation des Versicherten nicht verzerrt wird und dieser möglicherweise besser gestellt wäre, als ohne Arbeitsunfähigkeit.

Die Begrenzung auf 100 % des aus dem laufenden Arbeitsentgelt ermittelten kalendertäglichen Netto-Arbeitsentgelts ist nur zulässig, wenn die berücksichtigten Einmalzahlungen überwiegend aus Vergütungsbestandteilen bestehen, die der Arbeitgeber trotz krankheitsbedingter Fehltage zahlen muss oder allenfalls aufgrund einer Vereinbarung nach § 4a EFZG kürzen darf.[257] Entsprechende Sonderzahlungen werden nicht arbeitsleistungsbezogen erbracht (z. B. Weihnachtsgeld zur Belohnung der Betriebstreue). Indiz für eine solche nicht arbeitsleistungsbezogene Sonderzahlung ist z. B. eine Rückzahlungsklausel bei der Beendigung des Arbeitsverhältnisses. Einmalzahlungen setzen sich dann überwiegend aus solchen Vergütungsbestandteilen zusammen, wenn deren Anteil mindestens zwei Drittel der Einmalzahlungen ausmacht (typisierende Betrachtung). Eine „Übersicherung" wird damit vermieden.

Dagegen können Sonderzahlungen im Falle der Arbeitsunfähigkeit vollständig wegfallen, wenn sie arbeitsleistungsbezogen erbracht werden und damit unmittelbar in das vertragliche Austauschverhältnis von Vergütung und Arbeitsleistung einbezogen sind. § 4a EFZG ist auf diese Sonderzahlungen nicht anwendbar. Der Arbeitnehmer erhält keinen wirtschaftlichen Vorteil durch die Kumulation von Krankengeld und Sonderzahlungen. Wenn im Falle der Arbeits-

[257] BSG, Urteil vom 21.2.2006, B 1 KR 11/05 R

unfähigkeit vollständig wegfallende Sonderzahlungen mehr als ein Drittel der berücksichtigten Einmalzahlungen ausmachen, dann ist eine Begrenzung des Krankengeldes auf 100 % des aus dem laufenden Arbeitsentgelt ermittelten kalendertäglichen Netto-Arbeitsentgelts nicht zulässig. Das Krankengeld beträgt vielmehr 70 % des kumulierten Regelentgelts oder wird auf 90 % des kumulierten Netto-Arbeitsentgelts begrenzt.

7.6 Bezieher von Leistungen nach dem SGB III

7.6.1 Arbeitslosengeld I

Versicherte Bezieher von Arbeitslosengeld I nach dem SGB III (vgl. § 5 Abs. 1 Nr. 2 SGB V) erhalten Krankengeld in Höhe der Leistung nach dem SGB III, die zuletzt vor der Arbeitsunfähigkeit bezogen wurde (vgl. § 47b Abs. 1 Satz 1 SGB V). Eine fiktive Berechnung des Krankengeldes z. B. bei einer Befreiung von der Rentenversicherungspflicht aufgrund einer befreienden Lebensversicherung, ist damit ausgeschlossen.[258] Einmalzahlungen werden bereits bei der Bemessung des Arbeitslosengeldes und des Unterhaltsgeldes berücksichtigt, sodass es unmittelbare Auswirkungen auf den Krankengeldanspruch gibt.

Hinweis:

Unterhaltsgeld ist durch das Arbeitslosengeld bei Weiterbildung (AlgW) abgelöst worden. Es wird während einer Weiterbildungsmaßnahme nach § 81 SGB III gezahlt. Die Höhe des AlgW entspricht der des Arbeitslosengeldes I bei Arbeitslosigkeit.

Das Krankengeld ist geänderten Verhältnissen anzupassen, wenn sich diese auf die Leistungshöhe des Arbeitslosengeldes oder des Unterhaltsgeldes auswirken würden (vgl. § 47b Abs. 2 Satz 1 SGB V). Änderungen, die zu einer Erhöhung des Krankengeldes um weniger als 10 % führen würden, werden nicht berücksichtigt (vgl. § 47b Abs. 2 Satz 2 SGB V).

---

258 BSG, Urteil vom 7.5.2002, B 1 KR 38/00 R

7.6.2 Kurzarbeitergeld

Arbeitnehmer sind während der Kurzarbeit weiterhin versicherungspflichtig (vgl. § 5 Abs. 1 Nr. 1 SGB V). Während einer Arbeitsunfähigkeit besteht ein Anspruch auf Kurzarbeitergeld, wenn der Arbeitnehmer während des Bezuges von Kurzarbeitergeld oder zeitgleich mit seinem Beginn arbeitsunfähig wird (vgl. §§ 95 ff. SGB III). Die Dauer richtet sich nach dem Anspruch auf Fortzahlung des Arbeitsentgelts im Krankheitsfall und beträgt sechs Wochen. Das Krankengeld wird nach dem regelmäßigen Arbeitsentgelt berechnet, welches zuletzt vor dem Eintritt des Arbeitsausfalls erzielt wurde (vgl. § 47b Abs. 3 SGB V). Das Krankengeld ruht in Höhe des Kurzarbeitergeldes.

Wenn der Arbeitnehmer vor dem Beginn der Kurzarbeit arbeitsunfähig wird, richtet sich der Krankengeldanspruch nach § 47 SGB V (vgl. § 47b Abs. 4 SGB V). Ein Anspruch auf Kurzarbeitergeld besteht nicht. Der Arbeitgeber leistet die reduzierte Entgeltfortzahlung. In diesem Umfang ruht der Anspruch auf Krankengeld (vgl. § 49 Abs. 1 Nr. 1 SGB V). Daneben erhält der Versicherte ein Krankengeld in Höhe des Kurzarbeitergelds, das bei Arbeitsfähigkeit zu zahlen wäre. Der Arbeitgeber zahlt dieses Krankengeld im Auftrag der Krankenkasse aus. Nach dem Ende der Entgeltfortzahlung leistet die Krankenkasse das Krankengeld in voller Höhe.

Hinweis:

Wenn Ansprüche auf Krankengeld und Saison-Kurzarbeitergeld (vgl. § 101 SGB III) zusammentreffen, ist entsprechend zu verfahren.

Das Krankengeld wird nach dem regelmäßigen Arbeitsentgelt berechnet, welches zuletzt vor dem Eintritt des Arbeitsausfalls erzielt wurde (vgl. § 47b Abs. 3 SGB V).

Die Regelung ist nicht auf Transferkurzarbeitergeld (vgl. § 111 SGB III) anzuwenden.[259] Die Leistung wird an zur Entlassung anstehende oder gekündigte Arbeitnehmer gezahlt. Für diesen Personenkreis wird das Krankengeld nach § 47 SGB V berechnet, indem der letzte abgerechnete Entgeltabrechnungszeitraum vor dem Beginn der Arbeitsunfähigkeit herangezogen wird. § 47b SGB V ist nicht anwendbar.

---

[259] BSG, Urteil vom 10.5.2012, B 1 KR 26/11 R

7.7 Mehrfachbeschäftigte Arbeitnehmer

Bei Mehrfachbeschäftigten ist für jedes Beschäftigungsverhältnis eine getrennte Krankengeldberechnung vorzunehmen. Da die „individuelle kalendertägliche Brutto-Nettolohn-Relation" in den jeweiligen Beschäftigungsverhältnissen unterschiedlich hoch ist, sind dabei auch die Hinzurechnungsbeträge zum Regelentgelt und zum Nettoarbeitsentgelt für die Einmalzahlungen aus jedem Beschäftigungsverhältnis gesondert zu ermitteln.

Die beitragspflichtigen Einmalzahlungen aus einem beendeten Beschäftigungsverhältnis werden für die Berechnung des Brutto-Hinzurechnungsbetrags den Arbeitsentgelten aus aktuell bestehenden Beschäftigungsverhältnissen anteilig hinzugerechnet.

Bei Mehrfachbeschäftigten ist das Regelentgelt für das aus jeder Beschäftigung erzielte beitragspflichtige Arbeitsentgelt gesondert zu berechnen, wenn im Zeitpunkt des Eintritts der Arbeitsunfähigkeit mehrere versicherungspflichtige Beschäftigungen ausgeübt werden und die Krankheit den Versicherten in allen Beschäftigungsverhältnissen arbeitsunfähig macht.

Das Regelentgelt ist aus jedem einzelnen Beschäftigungsverhältnis nach der jeweils zutreffenden Berechnungsart zu ermitteln. Übersteigen die Regelentgelte aus den einzelnen Beschäftigungsverhältnissen zusammen das Höchstregelentgelt, ist festzustellen, in welcher Relation das Regelentgelt aus den einzelnen Beschäftigungsverhältnissen zum Gesamtregelentgelt steht. Hierbei sind die entsprechend dem maßgeblichen Höchstregelentgelt gekürzten Regelentgelte nach folgender Formel zu ermitteln:

Abbildung 6: Rechenweg Gekürztes Regelentgelt

$$\frac{\text{Höchstregelentgelt} \times \text{Teilregelentgelt}}{\text{Gesamtregelentgelt}} = \text{Gekürztes Regelentgelt}$$

7.8 Zahlung des Krankengeldes

Das Krankengeld wird für Kalendertage gezahlt (vgl. § 47 Abs. 1 Satz 6 SGB V; vgl. Beispiel 71). Ist es für einen ganzen Kalendermonat zu zahlen, wird dieser mit 30 Tagen berücksichtigt (vgl. § 47 Abs. 1 Satz 7 SGB V). Das gilt auch, wenn sich Krankengeld an eine andere Entgeltersatzleistung anschließt (vgl. § 65 Abs. 7 SGB IX).

II

Beispiel 71: Zahltage

Es besteht jeweils ein Versicherungsverhältnis mit Anspruch auf Krankengeld. Entgeltfortzahlung wird nicht geleistet.

Sachverhalt	Entstehen des Anspruchs	Beginn der Zahlung	Zahltage
Arbeitsunfähigkeit vom 2.12. – 10.12.2018, Feststellung am 3.12.2018, Meldung bei der KK am 6.12.2018	3.12.2018	3.12.2018	8
Arbeitsunfähigkeit vom 28.11.2018 – 2.1.2019, Feststellung am 29.11.2018, Meldung bei der KK am 6.12.2018	29.11.2018	29.11.2018	34
Arbeitsunfähigkeit vom 28.11.2018 – 2.1.2019, Feststellung am 29.11.2018, Meldung bei der KK am 10.12.2018	29.11.2018	10.12.2018	24
Krankenhausbehandlung vom 28.11.2018 – 5.12.2018, anschließend Arbeitsunfähigkeit bis 23.12.2018	28.11.2018	28.11.2018	26
Arbeitsunfähigkeit vom 2.9.2018 – 6.1.2019, Feststellung am 2.9.2018, Meldung bei der KK am 3.9.2018, Bezug von Arbeitsentgelt vom 2.9. – 13.10.2018	2.9.2018	14.10.2018	84

Sachverhalt	Entstehen des Anspruchs	Beginn der Zahlung	Zahltage
Stationäre Rehabilitation und Übergangsgeld vom 4.9. – 16.10.2018, arbeitsunfähig vom 10.9. – 2.12.2018, Feststellung am 10.9.2018	10.9.2018	17.10.2018	46

Das Krankengeld der Bezieher von Arbeitslosengeld I wird ebenfalls kalendertäglich gezahlt (vgl. § 47 Abs. 1 Satz 6 SGB V, § 154 SGB III, vgl. Beispiel 72). Wenn der gesamte Kalendermonat mit Entgeltersatzleistungen belegt ist, wird dieser mit 30 Tagen berücksichtigt.

Beispiel 72: Zahltage

Beginn der Arbeitsunfähigkeit	6.12.2018
Leistungsfortzahlung bis zum	16.1.2019
Ende der Arbeitsunfähigkeit	6.3.2019
Zahltage des Krankengelds:	
Januar 2019	14
Februar 2019	30
März 2019	6

Bei nicht kontinuierlicher Arbeitsverrichtung und -vergütung kann die Satzung abweichende Bestimmungen zur Zahlung und Berechnung des Krankengeldes vorsehen (vgl. § 47 Abs. 3 SGB V). Eine entsprechende Satzungsbestimmung stellt sicher, dass das Krankengeld seine Entgeltersatzfunktion erfüllt.[260] Bei der Beurteilung einer nicht kontinuierlichen Arbeitsverrichtung ist auf die äußere Form der Arbeitsverrichtung abzustellen und zu prüfen, ob sich längere Perioden der Arbeitsverrichtung und der Arbeitsfreistellung abwechseln (z. B. beim „Jobsharing"), oder ob die Arbeit nur an bestimmten Tagen oder nur saisonal zu verrichten ist, um einen besonderen Arbeitsanfall zu erledigen (z. B. zum Monatsende bei starkem Kundenandrang, allgemein „auf Abruf"). Entscheidend ist, dass sich Zeiten der tatsächlichen Beschäftigung und der tatsächlichen Nicht-

[260] BSG, Urteil vom 30.6.2009, B 2 U 1/08 R

beschäftigung abwechseln. Zur nicht kontinuierlichen Arbeitsverrichtung muss eine nicht kontinuierliche Arbeitsvergütung hinzutreten. Entscheidend für eine nicht kontinuierliche Arbeitsvergütung sind Zeiten ohne Arbeitsentgelt trotz fortbestehendem Beschäftigungsverhältnis (z. B. bei unbezahltem Urlaub).

7.9 Anpassung des Krankengeldes

Der Zahlbetrag des Krankengeldes wird jeweils nach Ablauf eines Jahres seit dem Ende des Bemessungszeitraums angepasst (vgl. § 70 Abs. 1 SGB IX; vgl. Beispiel 73). Berechnungsfaktor ist der Anpassungsfaktor, der vom Bundesministerium für Arbeit und Soziales bekanntgegeben wird und jeweils vom 1. Juli eines Jahres an für zwölf Monate gilt.

Hinweis:

Das Krankengeld wird nur angepasst, wenn der Faktor größer als 1,0 ist.

Beispiel 73: Zeitpunkt der Anpassung

Bemessungszeitraum	Juli 2018
Beginn der Arbeitsunfähigkeit	8.8.2018
Beginn der Krankengeldzahlung	19.9.2018
Anpassungszeitpunkt	1.8.2019

Bei Personen, deren Krankengeld ausschließlich aus beitragspflichtigem Arbeitseinkommen berechnet wird (vgl. § 47 Abs. 4 Satz 2 SGB V), ist dazu auf den kalendertäglichen Betrag abzustellen, der zuletzt vor dem Beginn der Arbeitsunfähigkeit maßgeblich war. Daraus kann abgeleitet werden, dass sich der Zeitpunkt der Anpassung bei diesem Personenkreis nach dem letzten Kalendertag vor dem Beginn der Arbeitsunfähigkeit richtet.

Hinweis:

Die von den Krankenkassen eingesetzten Computer-Programme arbeiten entsprechend. Davon abweichend existiert eine Empfehlung des GKV-Spitzenverbandes, auf das Ende des Kalendermonats vor dem Beginn der Arbeitsunfähigkeit abzustellen.

Der Anpassungsfaktor ergibt sich aus der Veränderung der Bruttolohn- und -gehaltssumme je durchschnittlich beschäftigtem Arbeitnehmer vom vorvergangenen zum vergangenen Kalenderjahr. Der angepasste Zahlbetrag darf 70 % des zum Anpassungszeitpunkt maßgeblichen Höchstregelentgelts nicht überschreiten (vgl. Beispiel 74). Die Beitragsanteile des Versicherten zur Pflege-, Renten- und Arbeitslosenversicherung sind nach der Anpassung vom neuen Zahlbetrag zu berechnen.

Eine Absenkung des Krankengeldes aufgrund einer negativen Entwicklung der Entgelte ist ausgeschlossen. Das Krankengeld wird nur angepasst, wenn der Anpassungsfaktor den Wert 1,0000 überschreitet (vgl. § 70 Abs. 3 SGB IX). Da damit ggf. eine Anpassung entfällt, ist auch kein Vergleich mit 70 % des aktuellen Höchstregelentgelts anzustellen.

Beispiel 74: Anpassung

Bemessungszeitraum	Juli 2018
Anpassungszeitpunkt	1.8.2018
Anpassungsfaktor (1.7.2018)	1,0282
Zahlbetrag des Krankengeldes vor der Erhöhung	101,50 Euro
erhöhtes Krankengeld	104,36 Euro
Höchstregelentgelt zum Anpassungszeitpunkt (2018)	147,50 Euro
70% des Höchstregelentgelts (2018)	103,25 Euro
Zahlbetrag des erhöhten Krankengeldes nach Vergleich mit 70 % des Höchstregelentgelts	103,25 Euro

Hinweis:

Das Krankengeld der Bezieher von Arbeitslosengeld I wird nicht angepasst.

Die Anpassung wird vom Zahlbetrag des Krankengeldes (Brutto-Krankengeld) berechnet, auf den am Tage der Anpassung ein Anspruch besteht. Sollte am Tag der Anpassung nicht der volle Anspruch ausgezahlt werden (z. B. aufgrund einer Kürzung nach § 50 Abs. 2 Nr. 2 SGB V oder Anrechnung eines während der Arbeitsunfähigkeit weitergezahlten Teilentgelts), ist für die Anpassung der ungekürzte Krankengeldbetrag heranzuziehen. Von dem neu errechneten Krankengeldbetrag ist dann wieder die Kürzung bzw. Anrechnung vorzunehmen.

8 Beiträge zur Pflege-, Renten- und Arbeitslosenversicherung

Während des Bezugs von Krankengeld bleibt der Versicherungsschutz in der Sozialversicherung erhalten (vgl. nachfolgende Übersicht). Beiträge sind an die Pflege-, Renten- und Arbeitslosenversicherung zu entrichten. Daran wird der Versicherte meistens beteiligt.

Hinweis:

Beiträge zur Krankenversicherung sind aus dem Krankengeld nicht zu entrichten (vgl. § 224 Abs. 1 SGB V). Das gilt auch für den Zusatzbeitrag, der von der Krankenkasse erhoben wird (vgl. § 242 SGB V).

Der Bezug von Krankengeld aufgrund eines Wahltarifs (vgl. § 53 Abs. 6 SGB V) oder einer Wahlerklärung (vgl. § 44 Abs. 2 Satz 1 Nr. 2, 3 SGB V) zieht die gleichen Rechtsfolgen nach sich wie der Bezug von Krankengeld nach §§ 44 ff. SGB V. Dazu muss das Wahltarif-Krankengeld die Funktion des Einkommensersatzes übernehmen können und mindestens der Hälfte des Krankengeldes entsprechen, dass nach den gesetzlichen Regelungen zu zahlen gewesen wäre.

Übersicht: Sozialversicherung und Beiträge

Mitgliedschaft Versicherungspflichtiger	
Krankenversicherung	§ 192 Abs. 1 Nr. 2 SGB V
Soziale Pflegeversicherung	§ 49 Abs. 2 SGB XI
Rentenversicherung	–
Arbeitslosenversicherung	–

Anmerkung: Die Mitgliedschaft Versicherungspflichtiger bleibt erhalten. Die Mitgliedschaft Versicherungsberechtigter wird durch den Anspruch auf Krankengeld nicht berührt.

Versicherungspflicht, Versicherungspflicht auf Antrag	
Krankenversicherung	–
Soziale Pflegeversicherung	–
Rentenversicherung	§ 3 Satz 1 Nr. 3, § 4 Abs. 3 SGB VI
Arbeitslosenversicherung	§ 26 Abs. 2 Nr. 1 SGB III

Anmerkung:

- Rentenversicherung: Es ist eine Vorpflichtversicherung im letzten Jahr vor dem Beginn des Krankengeldbezugs erforderlich. Der Krankengeldbezieher war zuletzt vor dem Beginn des Krankengeldbezugs versicherungspflichtig in der Rentenversicherung. Versicherungspflicht tritt ggf. aufgrund eines Antrags ein.
- Arbeitslosenversicherung: Der Krankengeldbezieher war unmittelbar (im letzten Monat) vor dem Beginn des Krankengeldbezugs versicherungspflichtig in der Arbeitslosenversicherung oder bezog eine laufende Entgeltersatzleistung nach dem SGB III.

Versicherungsfreiheit	
Krankenversicherung	–
Soziale Pflegeversicherung	–
Rentenversicherung	§ 5 Abs. 4 Nr. 1 SGB VI
Arbeitslosenversicherung	§ 28 SGB III

Anmerkung:

- Rentenversicherung: Vollrente wegen Alters
- Arbeitslosenversicherung: Vollrente wegen Alters; Vollendung des Lebensjahres, von dem an Anspruch auf Regelaltersrente besteht; Anspruch auf Rente wegen voller Erwerbsminderung; keine Verfügbarkeit und volle Erwerbsminderung

Beitragsfreiheit des Krankengeldes	
Krankenversicherung	§§ 224 Abs. 1, 242 SGB V
Soziale Pflegeversicherung	–
Rentenversicherung	–
Arbeitslosenversicherung	–

Anmerkung: Beiträge vom Krankengeld oder ein Zusatzbeitrag sind nicht zu entrichten (Ausnahme: andere beitragspflichtige Einnahmen neben dem Krankengeld).

Bemessungsgrundlage für die Berechnung der Beiträge aus dem Krankengeld	
Krankenversicherung	–
Soziale Pflegeversicherung	§ 57 Abs. 2 SGB XI
Rentenversicherung	§ 166 Abs. 1 Nr. 2 SGB VI
Arbeitslosenversicherung	§ 345 Nr. 5 SGB III

Anmerkung: Bemessungsgrundlage sind 80 % des Regelentgelts. Das gilt auch für den Beitragszuschlag für Kinderlose in der Pflegeversicherung. Das Höchstregelentgelt des jeweiligen Versicherungszweigs ist zu berücksichtigen. Eine leistungsrechtliche Anpassung des Krankengeldes (vgl. § 70 SGB IX) zieht eine Anpassung der Bemessungsgrundlage nach sich, indem das Regelentgelt mit dem Anpassungsfaktor multipliziert wird. Einmalzahlungen werden mit ihrem im jeweiligen Versicherungszweig beitragspflichtigen Teil berücksichtigt. Eine Veränderung der Beitragsbemessungsgrenzen ist zu berücksichtigen.

Beitragsbemessungsgrenze	
Krankenversicherung	–
Soziale Pflegeversicherung	§ 54 Abs. 2 Satz 1 SGB XI
Rentenversicherung	§ 159 SGB VI; Rechtsverordnung
Arbeitslosenversicherung	§ 341 Abs. 3 SGB III

Anmerkung: Das Regelentgelt wird bis zur jeweiligen Beitragsbemessungsgrenze berücksichtigt.

Beitragssatz	
Krankenversicherung	–
Soziale Pflegeversicherung	§ 55 Abs. 1 Satz 1, Abs. 3 SGB XI
Rentenversicherung	§ 158 SGB VI; Rechtsverordnung
Arbeitslosenversicherung	§ 341 Abs. 2 SGB III

Anmerkung: Es ist jeweils der während des Bezugs von Krankengeld maßgebende Beitragssatz zu berücksichtigen.

Beitragstragung	
Krankenversicherung	–
Soziale Pflegeversicherung	§ 59 Abs. 2 SGB XI
Rentenversicherung	§ 170 Abs. 1 Nr. 2 Buchst. a erster Halbsatz SGB VI
Arbeitslosenversicherung	§ 347 Nr. 5 SGB III

Anmerkung: Die Beiträge werden insoweit zur Hälfte getragen, wie die Beiträge auf das Krankengeld (Zahlbetrag) entfallen. Der darüber hinausgehende Beitrag geht ausschließlich zu Lasten der Krankenkasse. Die Krankenkasse trägt den Beitrag allein, wenn das Krankengeld in Höhe des Arbeitslosengeldes nach dem SGB III gezahlt wird, das monatliche Arbeitsentgelt bei Auszubildenden 325 Euro oder bei Geringverdienern 450 Euro nicht übersteigt. Den Beitragszuschlag für Kinderlose in der Pflegeversicherung trägt der Krankengeldbezieher allein.

Zahlung der Beiträge	
Krankenversicherung	–
Soziale Pflegeversicherung	§ 60 Abs. 2 Satz 1 erster Halbsatz SGB XI
Rentenversicherung	§ 176 Abs. 1 Satz 1 SGB VI
Arbeitslosenversicherung	§ 349 Abs. 3 SGB III

Anmerkung: Die Beiträge sind von der Krankenkasse zu zahlen; der Versichertenanteil wird vom Krankengeld einbehalten.

8.1 Beitragspflichtige Einnahmen

8.1.1 Bemessungsgrundlage

Beitragspflichtig sind 80 % des Arbeitsentgelts oder des Arbeitseinkommens, das der Bemessung des Krankengeldes zugrunde liegt (Regelentgelt). Außerdem werden Einmalzahlungen in dem Umfang berücksichtigt, wie sie im jeweiligen Versicherungszweig beitragspflichtig sind. Als Regelentgelt ist höchstens ein Betrag in Höhe der kalendertäglichen Beitragsbemessungsgrenze des jeweiligen Versicherungszweigs zu berücksichtigen (Bemessungsentgelt).[261] Dann

[261] BSG, Urteil vom 29.9.1997, 8 RKn 4/97, 5/97, 6/97

wird auf 80 % des Bemessungsentgelts gekürzt (Bemessungsgrundlage; vgl. Beispiel 75). Änderungen der Beitragsbemessungsgrenze (zum 1. Januar eines Kalenderjahres) sind bei der Beitragsberechnung zu berücksichtigen. Ein ungekürztes Regelentgelt, welches die Beitragsbemessungsgrenze zunächst überschreitet, ist deshalb vom Beginn des neuen Kalenderjahres an entsprechend anzupassen.

II

Beispiel 75: Bemessungsgrundlage

Regelentgelt		220,00 Euro
Beitragsbemessungsgrenze in der Pflegeversicherung (West, 2018)		147,50 Euro
Beitragsbemessungsgrenze in der Renten- und Arbeitslosenversicherung (West, 2018)		216,67 Euro
Bemessungsgrundlage für die Beitragsberechnung in der Pflegeversicherung	147,50 Euro × 80 % =	118,00 Euro
Bemessungsgrundlage für die Beitragsberechnung in der Renten- und Arbeitslosenversicherung	216,67 Euro × 80 % =	173,34 Euro

Hinweis:

Bei Leistungsempfängern, die das Krankengeld in Höhe des Arbeitslosengeldes I erhalten (vgl. § 47b Abs. 1 Satz 1 SGB V), gelten als Bemessungsgrundlage 80 % des Arbeitsentgelts, nach dem das Arbeitslosengeld bemessen wurde.

8.1.2 Anpassung des Regelentgelts

Bei einer Anpassung des Krankengeldes (vgl. § 70 SGB IX) ist auch eine Anpassung der Bemessungsgrundlage für die Beitragsberechnung erforderlich. Dazu ist das Regelentgelt ohne Begrenzung auf die Beitragsbemessungsgrenze mit dem maßgebenden Anpassungsfaktor zu multiplizieren. Es ist ggf. anschließend auf die zum Anpassungszeitpunkt maßgebende Beitragsbemessungsgrenze zu begrenzen (vgl. Beispiel 76).

Beispiel 76: Bemessungsgrundlage

	Pflegeversicherung	**Renten- und Arbeitslosenversicherung**
Regelentgelt	212,00 Euro	212,00 Euro
Begrenzung auf die Beitragsbemessungsgrenze 2017 (West)	145,00 Euro	211,67 Euro
Bemessungsgrundlage im Jahr 2017	116,00 Euro	169,34 Euro
Begrenzung auf die Beitragsbemessungsgrenze 2018 (zum 1.1.2018, West)	147,50 Euro	216,67 Euro
Bemessungsgrundlage im Jahr 2018 vor der Anpassung	118,00 Euro	169,60 Euro
Regelentgelt (nach der Anpassung zum 1.6.2018; Anpassungsfaktor 1,0232)	216,92 Euro	216,92 Euro
Begrenzung auf das Höchstregelentgelt 2018 (West)	147,50 Euro	216,67 Euro
Bemessungsgrundlage (nach der Anpassung zum 1.6.2018)	118,00 Euro	173,34 Euro

II

8.2 Zubilligung von Rente

Fällt der Anspruch auf Krankengeld aufgrund der Zubilligung einer Vollrente wegen Alters oder einer Rente wegen voller Erwerbsminderung rückwirkend weg (vgl. § 50 Abs. 1 Satz 1 Nr. 1 SGB V), wird auch die Beitragspflicht nachträglich beseitigt, und zwar unabhängig vom Lebensalter des Versicherten bei Rentenbeginn. Dabei ist unerheblich, ob es sich um eine Dauerrente oder um eine befristete Rente (Zeitrente) handelt. Die über den Rentenbeginn hinaus gezahlten Beiträge sind der Krankenkasse in voller Höhe zu erstatten (Verrechnungsverfahren mit den im laufenden Monat abzuführenden Beiträgen). Soweit der Versicherte an der Beitragsaufbringung beteiligt war, erhält er die von ihm getragenen Beitragsanteile von der Krankenkasse erstattet.

Wird eine der in § 50 Abs. 2 Nr. 2 SGB V genannten Rentenleistungen (Rente wegen teilweiser Erwerbsminderung, Berufsunfähigkeit oder Teilrente wegen Alters aus der gesetzlichen Rentenversicherung) rückwirkend zugebilligt und kommt es dadurch zu einer Änderung in der Leistungshöhe (Kürzung des Krankengeldes), wirkt sich dieses nicht auf die Bemessungsgrundlage für die Beitragsberechnung aus. Lediglich der Versichertenanteil ist entsprechend zu kürzen.

8.3 Beitragssatz

Die Beiträge werden nach dem Beitragssatz des jeweiligen Versicherungszweigs berechnet, der für den Zahlungszeitraum des Krankengeldes gilt (vgl. Übersicht). Ändert sich der Beitragssatz im Laufe eines Zahlungszeitraumes, ist für die Beitragsberechnung eine entsprechende Aufteilung des Zahlungszeitraumes erforderlich.

Hinweis:

Für Personen, die nach beamtenrechtlichen Vorschriften oder Grundsätzen bei Krankheit und Pflege Anspruch auf Beihilfe oder Heilfürsorge haben, wird der Beitragssatz in der Pflegeversicherung auf die Hälfte des Beitragssatzes reduziert (vgl. § 55 Abs. 1 Satz 2 SGB XI).

Übersicht: Beitragssätze

Versicherung	Beitragssätze 2018 (%)
Pflegeversicherung	2,55
Pflegeversicherung, Beitragszuschlag für Kinderlose	0,25
Rentenversicherung	18,6
Arbeitslosenversicherung	3,0

In der Pflegeversicherung erhöht sich der Beitragssatz für Kinderlose nach Vollendung des 23. Lebensjahres um 0,25 Beitragssatzpunkte (Beitragszuschlag für Kinderlose). Der Beitragszuschlag ist vom Beginn des Monats an zu entrichten, der auf den Monat folgt, in dem das 23. Lebensjahr vollendet wird. Der Beitragssatz erhöht sich nicht für Mitglieder, die vor dem 1. Januar 1940 geboren wurden.

8.4 Tragung der Beiträge

Die Beiträge werden von der Krankenkasse und dem Versicherten jeweils zur Hälfte getragen, soweit sie auf die Leistung (Zahlbetrag des Krankengeldes) entfallen. Der darüber hinausgehende Beitrag geht ausschließlich zulasten der Krankenkasse (vgl. Beispiel 77). Den Beitragszuschlag für Kinderlose trägt ausschließlich der Bezieher des Krankengeldes (vgl. § 58 Abs. 1 Satz 3, § 59 Abs. 5 SGB XI). Der Beitragszuschlag wird aus der Bemessungsgrundlage für die Beiträge berechnet.

Beispiel 77: Verteilung der Beitragslast

Brutto-Arbeitsentgelt			4.950,00 Euro		
Netto-Arbeitsentgelt			3.400,00 Euro		
Einmalzahlung			1.270,00 Euro		
beitragspflichtiger Teil der Einmalzahlung – V/PV			0,00 Euro		
beitragspflichtiger Teil der Einmalzahlung – RV/ArblVers			1.270,00 Euro		
Regelentgelt	4.950,00 Euro : 30 =		165,00 Euro		
Hinzurechnungsbetrag			0,00 Euro		
kumuliertes Regelentgelt			165,00 Euro		
Höchstregelentgelt 2018			147,50 Euro		
70 % des kumulierten Regelentgelts			103,25 Euro		

Netto-Arbeitsentgelt	3.400,00 Euro : 30 =		113,33 Euro		
Hinzurechnungsbetrag			0,00 Euro		
kumuliertes Netto-Arbeitsentgelt			113,33 Euro		
90 % des kumulierten Netto-Arbeitsentgelts			102,00 Euro		
Zahlbetrag des Krankengeldes			102,00 Euro		
Auszahlungsbetrag des Krankengeldes			89,38 Euro		
Beitragsberechnung	**Bemessungsgrundlage**	**Beitragssatz**	**Gesamtbeitrag**	**Versichertenanteil**	**Krankenkassenanteil**
PV (ohne Beitragszuschlag für Kinderlose)	118,00 Euro	2,55 %	3,01 Euro	1,30 Euro	1,71 Euro
PV (Beitragszuschlag für Kinderlose)	118,00 Euro	0,25 %	0,30 Euro	0,30 Euro	
RV	134,82 Euro	18,60 %	25,08 Euro	9,49 Euro	15,59 Euro
ArblVers	134,82 Euro	3,00 %	4,04 Euro	1,53 Euro	2,51 Euro
			32,43 Euro	**12,62 Euro**	**19,81 Euro**

Hinweis:

- Bei einer Kürzung des Krankengeldes aufgrund der Zubilligung einer der in § 50 Abs. 2 SGB V genannten Rentenleistungen (z. B. Rente wegen teilweiser Erwerbsminderung oder Berufsunfähigkeit) wird der Versichertenanteil vom gekürzten Zahlbetrag berechnet.
- Wird das Krankengeld angepasst (vgl. § 70 Abs. 1 SGB IX), verändert sich auch der Beitragsanteil des Versicherten.

Die Krankenkasse trägt die Beiträge allein, ohne den Versicherten zu beteiligen, wenn

- das Krankengeld in Höhe der Leistung nach dem SGB III zu zahlen ist oder
- das dem Krankengeld zugrunde liegende monatliche Arbeitsentgelt (Regelentgelt) 450 Euro nicht übersteigt.

9 Dauer des Anspruchs auf Krankengeld

Versicherte erhalten Krankengeld ohne zeitliche Begrenzung. Wegen derselben Krankheit wird Krankengeld innerhalb von drei Jahren für längstens 78 Wochen bzw. 546 Tage gezahlt (vgl. § 48 Abs. 1 Satz 1 SGB V). Bei wiederholter Erkrankung handelt es sich um dieselbe Krankheit, wenn ihr dieselbe, nicht behobene Krankheitsursache zugrunde liegt.[262] Die Krankheitsursache muss weder ständig Krankheitserscheinungen zeigen noch fortlaufend behandlungsbedürftig sein. Es genügt vielmehr, wenn ein medizinisch nicht ausgeheiltes Grundleiden latent weiter besteht und nach einem beschwerdefreien oder beschwerdearmen Intervall erneut Krankheitssymptome hervorruft.

Tritt während der Arbeitsunfähigkeit eine weitere Krankheit hinzu, wird die Leistungsdauer nicht verlängert (vgl. § 48 Abs. 1 Satz 2 SGB V). Die hinzugetretene Erkrankung teilt das Schicksal der Ursprungserkrankung, wenn die weitere Krankheit noch während der Arbeitsunfähigkeit infolge der ersten Krankheit auftritt.[263] Eine Krankheit tritt erst dann nicht mehr „hinzu" und ist in ihren Rechtsfolgen eigenständig zu beurteilen, wenn sie am Tage nach Beendigung der bisherigen Arbeitsunfähigkeit oder noch später auftritt.[264]

Allerdings kann eine hinzugetretene Krankheit für spätere Bezugszeiten in einem neuen Dreijahreszeitraum bedeutsam sein, wenn sie dann für sich allein die Arbeitsunfähigkeit bedingt bzw. nach dem Wegfall der ersten Krankheit die alleinige Ursache der Arbeitsunfähigkeit ist. Wenn eine weitere Krankheit während des Krankengeldbezugs oder der danach fortbestehenden Arbeitsunfähigkeit hinzugetreten ist und die Arbeitsunfähigkeit in der neuen Blockfrist nur noch auf die hinzugetretene Krankheit zurückzuführen ist, ist die Bezugszeit von 78 Wochen wegen dieser Krankheit in der vorhergehenden Blockfrist noch nicht verbraucht.[265]

---

262 BSG, Urteil vom 7.12.2004, B 1 KR 10/03 R mit weiteren Nachweisen
263 BSG, Urteil vom 8.11.2005, B 1 KR 33/03 R
264 BSG, Urteil vom 8.11.2005, B 1 KR 27/04 R
265 BSG, Urteil vom 26.11.1991, 1/3 RK 25/90

Die Leistungsdauer von längstens 78 Wochen setzt ein Versicherungsverhältnis voraus. Bei versicherungspflichtig Beschäftigten ist dazu erforderlich, dass der Anspruch auf Krankengeld spätestens am letzten Tag der Mitgliedschaft entsteht,[266] damit diese aufgrund des Krankengeldanspruchs für dessen Dauer erhalten bleiben kann (vgl. § 192 Abs. 1 Nr. 2 SGB V).

II

Hinweis:

Der Anspruch auf Krankengeld entsteht aufgrund der in § 46 SGB V genannten Tatbestände.[267]

Entsteht der Anspruch auf Krankengeld nicht innerhalb des Versicherungsverhältnisses, richtet sich die Dauer des Anspruchs auf Krankengeld nicht nach § 48 Abs. 1 SGB V, sondern nach § 19 Abs. 2 SGB V.

9.1 Blockfrist

9.1.1 Starre Blockfrist

Für den Dreijahreszeitraum, innerhalb dessen die Anspruchsdauer des Krankengeldes zu beurteilen ist, sind Blockfristen zu bilden. Der erstmalige Eintritt von Arbeitsunfähigkeit wegen derselben Krankheit setzt eine Kette aufeinander folgender Blockfristen in Gang („Starre Blockfrist“; vgl. Beispiel 78).[268] Innerhalb jeder Blockfrist kann für längstens 78 Wochen Krankengeld bezogen werden.

Beispiel 78: Blockfrist

Beginn der zu beurteilenden Arbeitsunfähigkeit am	30.11.2018
Erstmaliger Eintritt von Arbeitsunfähigkeit wegen derselben Krankheit am	9.10.2015
1. Blockfrist	9.10.2015 – 8.10.2018
2. Blockfrist	9.10.2018 – 8.10.2021

Anmerkung: Innerhalb der 2. Blockfrist besteht aufgrund der Arbeitsunfähigkeit ab 30.11.2018 für längstens 78 Wochen ein Anspruch auf Krankengeld (ggf. unter Berücksichtigung von Vorerkrankungszeiten innerhalb dieser Blockfrist).

266 BSG, Urteil vom 10.5.2012, B 1 KR 19/11 R
267 BSG, Urteil vom 26.6.2007, B 1 KR 37/06 R
268 BSG, Urteil vom 21.6.2011, B 1 KR 15/10 R

Für jede eine Arbeitsunfähigkeit verursachende Krankheit ist eine eigene Blockfrist zu bilden (vgl. Beispiel 79). Hierfür ist es unerheblich, ob dieselbe Krankheit zwischen den Arbeitsunfähigkeitszeiten in der Blockfrist fortlaufend behandlungsbedürftig war.

Beispiel 79: Blockfrist

Krankheit A verursachte vom 19.3. bis zum 4.9.2017 erstmalig Arbeitsunfähigkeit. Krankheit B verursachte vom 2.2. bis zum 15.7.2018 erstmalig Arbeitsunfähigkeit.

Blockfrist A	19.3.2017 – 18.3.2020
Blockfrist B	2.2.2018 – 1.2.2021

9.1.2 Blockfrist bei hinzugetretener Krankheit

Eine Krankheit tritt hinzu, wenn

- während einer die Arbeitsunfähigkeit verursachenden Krankheit eine weitere Krankheit eintritt,
- beide Krankheiten wenigstens an einem Tag zeitgleich nebeneinander bestehen und

die hinzugetretene Krankheit schließlich die alleinige Ursache für die Arbeitsunfähigkeit ist.[269]

Für die Dauer der Arbeitsunfähigkeit wegen der zuerst eingetretenen Krankheit verursacht die hinzugetretene Krankheit zunächst keine Arbeitsunfähigkeit und entfaltet keine Rechtswirkungen.[270] Der zeitliche Anspruch richtet sich nach der zuerst eingetretenen Krankheit.

Hinweis:

Eine Krankheit ist nicht hinzugetreten im Sinne von § 48 Abs. 1 Satz 2 SGB V, wenn am Tag nach der Beendigung einer Arbeitsunfähigkeit oder noch später eine neue Krankheit eintritt und Arbeitsunfähigkeit verursacht.[271] Die neue Krankheit ist dann in ihren Rechtsfolgen eigenständig zu beurteilen.

---

269 BSG, Urteil vom 8.11.2005, B 1 KR 27/04 R

270 BSG, Urteil vom 7.12.2004, B 1 KR 10/03 R in ständiger Rechtsprechung und mit weiteren Nachweisen; Urteil vom 21.6.2011, B 1 KR 15/10 R

271 BSG, Urteil vom 21.6.2011, B 1 KR 15/10 R

Für die „hinzugetretene Krankheit" wird eine Blockfrist von dem Zeitpunkt an gebildet, von dem an die „hinzugetretene Krankheit" alleine Arbeitsunfähigkeit verursacht. Wurde für die „hinzugetretene Krankheit" bereits früher eine Blockfrist ausgelöst, so bleibt diese maßgebend (vgl. Abbildung 7).

Abbildung 7: Blockfrist

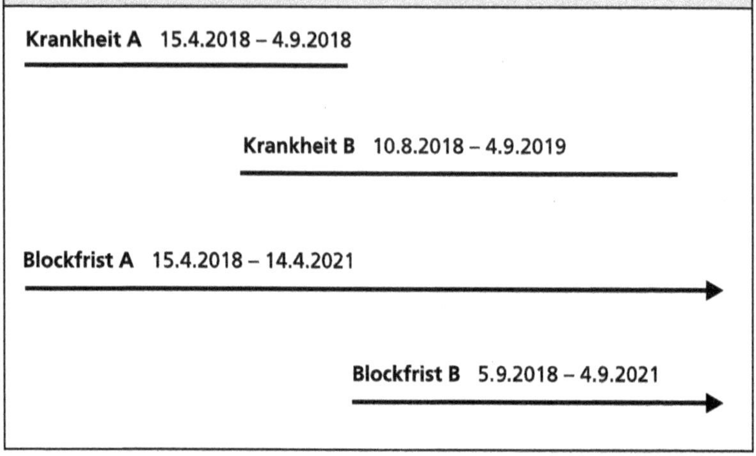

Verursachen mehrere Krankheiten gleichzeitig Arbeitsunfähigkeit (vom selben Zeitpunkt an), beginnen mit dem Eintritt der Arbeitsunfähigkeit für jede dieser Krankheiten eigene Blockfristen.[272]

Hinweis:

Wenn wegen beider Krankheiten schon Blockfristen laufen, hat für jede Krankheit deren eigene Blockfrist weiterhin Bestand.

9.2 Leistungsdauer

Auf die Leistungsdauer sind die Zeiten der Arbeitsunfähigkeit anzurechnen, für die dieselbe Krankheit ursächlich war. Krankengeld wird längstens für 78 Wochen gezahlt. Tritt während der Arbeitsunfähigkeit eine weitere Krankheit hinzu, wird die Leistungsdauer nicht verlängert (vgl. Abbildung 8).

272 BSG, Urteil vom 21.6.2011, B 1 KR 15/10 R

Abbildung 8: Leistungsdauer

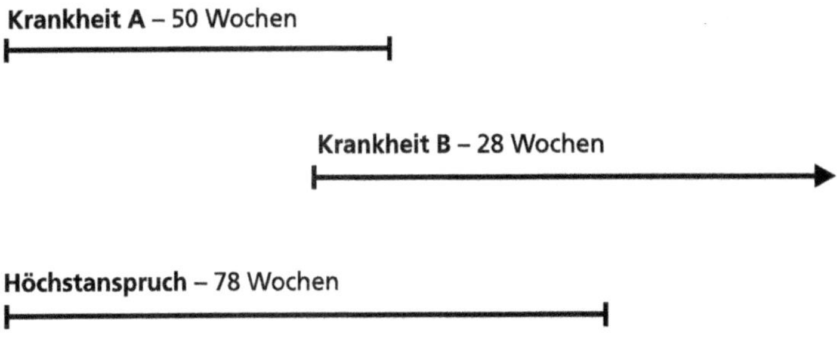

Wird die Arbeitsunfähigkeit nur noch von einer hinzugetretenen Krankheit verursacht, ist von diesem Zeitpunkt an festzustellen, ob wegen der hinzugetretenen Krankheit bereits früher ein Krankengeldanspruch bestanden hat und evtl. schon die Leistungsdauer von 78 Wochen innerhalb der für diese Krankheit geltenden Blockfrist erreicht wurde. Ist der Krankengeldanspruch noch nicht erschöpft, besteht er noch für so viele Tage, wie an 78 Wochen Leistungsbezug entweder

- zusammenhängend unter Berücksichtigung der Arbeitsunfähigkeit wegen der zuerst eingetretenen Krankheit während des laufenden Leistungsfalles oder
- unter Anrechnung von Vorerkrankungszeiten wegen der hinzugetretenen Krankheit fehlen.

Der verbleibende kürzere Krankengeldanspruch ist zu erfüllen (vgl. Abbildung 9).

Die Ermittlung der Leistungsdauer im laufenden Leistungsfall ist unabhängig von Vorerkrankungszeiten wegen der zuerst eingetretenen Krankheit vorzunehmen. Bei fortdauernder Arbeitsunfähigkeit kann zusammenhängend für maximal 78 Wochen Krankengeld gezahlt werden (vgl. Abbildung 10). Lediglich in den Fällen, in denen für die zuerst eingetretene Krankheit eine neue Blockfrist vor dem Zeitpunkt beginnt, von dem an die hinzugetretene Krankheit allein die Arbeitsunfähigkeit verursacht, kann im zusammenhängenden laufenden Leistungsfall ein längerer Krankengeldanspruch bestehen. Der für die zuerst eingetretene Krankheit vor Beginn der neuen

Abbildung 9: Leistungsdauer

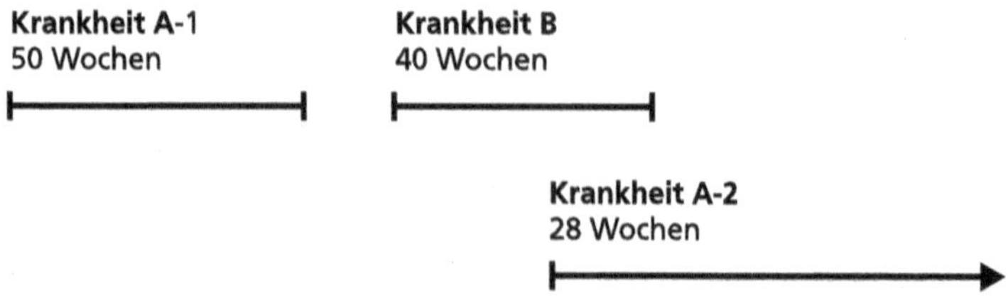

Krankheit A-2 ist zu Krankheit B hinzugetreten. Von dem Zeitpunkt, von dem an A-2 die alleinige Ursache für Arbeitsunfähigkeit ist, besteht aufgrund der Krankheit A ein Restanspruch auf Krankengeld für 28 Wochen.
Dabei wurde die Vorerkrankungszeit A-1 berücksichtigt. Der Anspruch auf Krankengeld innerhalb der durch die Krankheiten B und A-2 verursachten Arbeitsunfähigkeit erreicht nicht den Höchstanspruch von 78 Wochen.

Blockfrist liegende Krankengeldbezugszeitraum kann auf die zusammenhängende Leistungsdauer von 78 Wochen nicht angerechnet werden. Der Beginn einer neuen Blockfrist sowohl wegen der zuerst eingetretenen Krankheit als auch wegen der hinzugetretenen Krankheit nach dem Zeitpunkt, von dem an die hinzugetretene Krankheit allein die Arbeitsunfähigkeit verursacht, verlängert nicht die Leistungsdauer im laufenden Leistungsfall.

Abbildung 10: Leistungsdauer

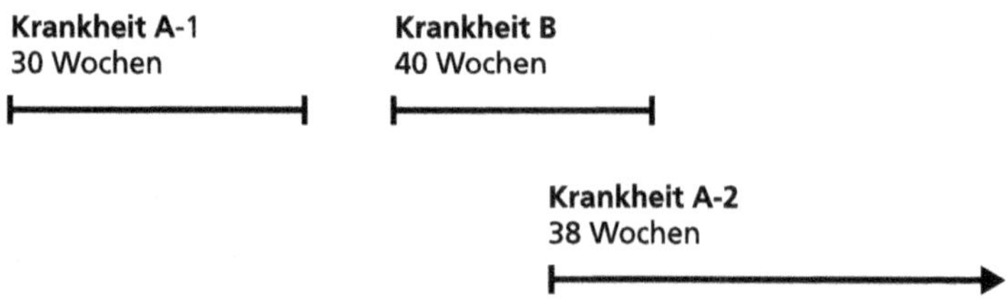

Krankheit A-2 ist zu Krankheit B hinzugetreten. Von dem Zeitpunkt, von dem an A-2 die alleinige Ursache für Arbeitsunfähigkeit ist, besteht aufgrund der Krankheit A ein Restanspruch auf Krankengeld für 48 Wochen.
Dabei wurde die Vorerkrankungszeit A-1 berücksichtigt. Der Anspruch auf Krankengeld innerhalb der durch die Krankheiten B und A-2 verursachten Arbeitsunfähigkeit erreicht allerdings den Höchstanspruch von 78 Wochen, weshalb der Anspruch auf Krankengeld bereits nach 38 Wochen endet.

Ist der Höchstanspruch auf Krankengeld erreicht, kann aufgrund einer während des Krankengeldbezugs oder während der darüber hinaus fortbestehenden Arbeitsunfähigkeit eingetretenen weiteren Krankheit während des laufenden Leistungsfalles ein Krankengeldanspruch grundsätzlich nicht mehr begründet werden. Allerdings besteht unter Umständen ein Anspruch auf Krankengeld dann, wenn sowohl wegen der zuerst eingetretenen als auch wegen der hinzugetretenen Krankheit zwischenzeitlich Arbeitsfähigkeit vorgelegen hat und erneut Arbeitsunfähigkeit wegen der zuerst eingetretenen oder der hinzugetretenen Krankheit begründet wird (vgl. Abbildung 11).

Abbildung 11: Leistungsdauer

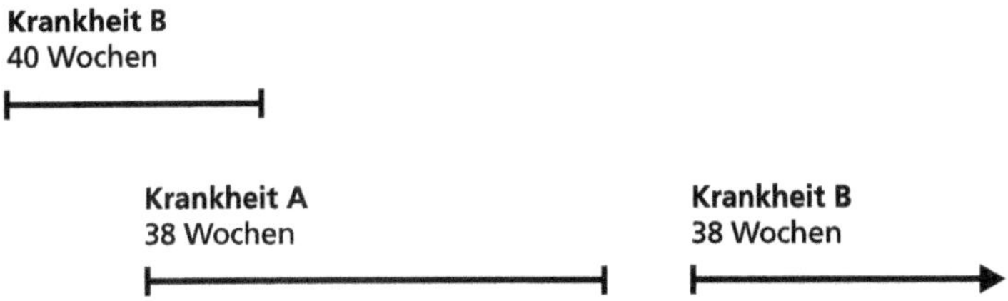

Krankheit A ist zu Krankheit B hinzugetreten. Von dem Zeitpunkt, von dem an A die alleinige Ursache für Arbeitsunfähigkeit ist, besteht aufgrund von Krankheit A ein Restanspruch für 38 Wochen, da die Leistungsdauer im laufenden Leistungsfall 78 Wochen nicht überschreiten darf. Wenn zwischenzeitlich Arbeitsfähigkeit sowohl wegen A als auch wegen B eintritt, besteht aufgrund der Wiedererkrankung wegen B ein Restanspruch für 38 Wochen.

Ist die Krankheit, wegen der im aktuellen Fall Arbeitsunfähigkeit besteht, schon einmal zu einer weiteren Krankheit hinzugetreten, kann als Vorerkrankungszeit nur der Zeitraum angerechnet werden, für den ggf. die hinzugetretene Krankheit alleine über das Ende der zuerst eingetretenen Krankheit hinaus Arbeitsunfähigkeit verursachte. Da bereits die zuerst eingetretene Krankheit ursächlich für die Arbeitsunfähigkeit des Versicherten war, kann für den Zeitraum des gleichzeitigen Bestands beider Krankheiten durch die hinzugetretene Krankheit kein ursächlicher Arbeitsunfähigkeit begründender Tatbestand zusätzlich ausgelöst werden.[273] Eine Anrechnung der gesamten „Versicherungsfallgemeinschaft" oder zumindest des

[273] BAG, Urteile vom 27.7.1977, 5 AZR 318/76; 19.6.1991, 5 AZR 304/90

Zeitraumes, für den beide Krankheiten nebeneinander bestanden, würde nicht dem Sinn des § 48 Abs. 1 Satz 2 SGB V entsprechen; sie würde stattdessen zu einer nicht beabsichtigten „Verkürzung" der Leistungsdauer für die hinzugetretene Krankheit führen.

Haben mehrere Krankheiten zum selben Zeitpunkt miteinander Arbeitsunfähigkeit verursacht, sind sie rechtlich nicht als „hinzugetretene Krankheiten" zu bewerten.[274] Verursacht eine dieser Krankheiten für sich allein erneut Arbeitsunfähigkeit, so kann für die Leistungsdauer jeweils der Zeitraum der durch die betreffende Krankheit verursachten Arbeitsunfähigkeit angerechnet werden. Kam es während dieses Zeitraums zum Leistungsablauf, so kann während der laufenden Blockfrist für keine dieser Krankheiten mehr Krankengeld gezahlt werden.

Haben mehrere Krankheiten zum selben Zeitpunkt miteinander Arbeitsunfähigkeit verursacht und begründeten diese Krankheiten in der Vergangenheit für sich allein bereits Arbeitsunfähigkeit, werden auf die Höchstbezugsdauer für den laufenden Leistungsfall die Arbeitsunfähigkeitszeiten der Krankheit mit den längeren Vorerkrankungszeiten angerechnet (vgl. Abbildung 12).

Abbildung 12: Leistungsdauer

Krankheit A-1	**Krankheit A-2**
50 Wochen	28 Wochen
	Krankheit B
	28 Wochen

Krankheit A-2 und Krankheit B bilden eine Einheit als dieselbe Krankheit. Vorerkrankungszeiten sind deshalb anzurechnen und begrenzen den Anspruch auf Krankengeld auf 28 Wochen.

[274] Abweichend BSG, Urteil vom 8.11.2005, B 1 KR 27/04 R, wonach es sich um einen Hinzutritt handelt, der u. a. bei anrechenbaren Vorerkrankungszeiten die Anspruchsdauer nicht verlängert.

9.3 Anrechenbare Zeiten

Auf die Leistungsdauer sind nur solche Zeiten anzurechnen, für die ein Anspruch auf Krankengeld besteht. Dazu gehören auch Zeiten, in denen der Anspruch auf Krankengeld ruht oder für die das Krankengeld versagt wird (vgl. § 48 Abs. 3 Satz 1 SGB V).[275] Eine anzurechnende Zeit in diesem Sinne ist auch die Zeit des Bezugs von Arbeitsentgelt (vgl. § 3 Abs. 1 EFZG). Zeiten der Arbeitsunfähigkeit vor der ärztlichen Feststellung (auch wenn hierfür Entgeltfortzahlung geleistet wurde) sowie die Zeiten ohne Anspruch auf Krankengeld bei selbstständigen Künstlern und Publizisten (vgl. § 46 Satz 2 und 3 SGB V) bleiben bei der Ermittlung der Leistungsdauer ebenso außer Betracht, wie Zeiten, in denen der Anspruch auf Krankengeld für freiwillig Versicherte noch nicht entstanden ist.[276]

Zeiten im Sinne von § 50 Abs. 1 Satz 1 SGB V werden ebenfalls nicht berücksichtigt, weil ein Anspruch auf Krankengeld nicht besteht.[277] Der Anspruch auf Krankengeld ist in den entsprechenden Fällen wegen einer konkurrierenden anderen Sozialleistung rückwirkend weggefallen. Der Leistungsausschluss tritt mit Beginn der folgenden Leistungen ein:

- Rente wegen voller Erwerbsminderung, Erwerbsunfähigkeit oder Vollrente wegen Alters aus der gesetzlichen Rentenversicherung;
- Ruhegehalt, das nach beamtenrechtlichen Vorschriften oder Grundsätzen gezahlt wird;
- Vorruhestandsgeld nach § 5 Abs. 3 SGB V;
- Leistungen, die ihrer Art nach den in den oben genannten Leistungen vergleichbar sind, wenn sie von einem Träger der gesetzlichen Rentenversicherung oder einer staatlichen Stelle im Ausland gezahlt werden;
- Leistungen, die ihrer Art nach den oben genannten Leistungen vergleichbar sind, wenn sie nach den ausschließlich für das in dem in Artikel 3 des Einigungsvertrages genannten Gebiets geltenden Bestimmungen gezahlt werden.

Ruhendes oder versagtes Krankengeld gilt als bezogen. Mithin sind Zeiten, für die das Krankengeld während bestehender Arbeits-

---

275 BSG, Urteil vom 8.11.2005, B 1 KR 33/03 R
276 BSG, Urteil vom 13.7.2004, B 1 KR 39/02 R
277 BSG, Urteil vom 8.12.1992, 1 RK 9/92

unfähigkeit ruht oder versagt wird, auf die Leistungsdauer des Krankengeldes anzurechnen. Dazu gehören Zeiten

- der Entgeltfortzahlung sowohl aufgrund gesetzlicher Vorschriften als auch aufgrund weitergehender tarifvertraglicher Ansprüche,
- der Leistungsbeschränkung bei Selbstverschulden (vgl. § 52 SGB V),
- des Bezugs von Mutterschaftsgeld (vgl. § 24i SGB V),
- des Bezugs von Versorgungskrankengeld oder Übergangsgeld,
- des Bezugs von Arbeitslosengeld I oder Kurzarbeitergeld,
- in denen der Anspruch auf Arbeitslosengeld wegen einer Sperrzeit nach dem SGB III ruht.

9.4 Neuer Anspruch auf Krankengeld

9.4.1 Beginn einer neuen Blockfrist

Für Versicherte, die aufgrund einer Arbeitsunfähigkeit wegen derselben Krankheit Krankengeld für 78 Wochen innerhalb von drei Jahren erhalten haben, besteht nach dem Beginn einer neuen Blockfrist ein neuer Anspruch auf Krankengeld wegen derselben Krankheit, wenn bestimmte Voraussetzungen gegeben sind (vgl. § 48 Abs. 2 SGB V). Ausdrücklich greift diese Regelung also nur dann, wenn im vorhergehenden Dreijahreszeitraum für 78 Wochen Krankengeld wegen derselben Krankheit bezogen wurde und diese Krankheit erneut zur Arbeitsunfähigkeit führt.

Hinweis:

Die Regelung greift nicht, wenn der Anspruch in der vorhergehenden Blockfrist durch den Hinzutritt einer Krankheit ausgeschöpft und die erneute Arbeitsunfähigkeit durch die hinzugetretene Krankheit verursacht wurde.[278]

9.4.2 Versicherung mit Anspruch auf Krankengeld

Ein Neuanspruch auf Krankengeld besteht, wenn die beim Eintritt der erneuten Arbeitsunfähigkeit wegen derselben Krankheit bestehende Versicherung einen Anspruch auf Krankengeld einschließt. Neben den besonderen Voraussetzungen des § 48 Abs. 2 SGB V sind die grundlegenden Voraussetzungen für das Entstehen des Krankengeldanspruchs (vgl. §§ 44, 46 SGB V) zu prüfen (vgl. Beispiel 80).

[278] BSG, Urteil vom 7.12.2004, B 1 KR 10/03 R

Beispiel 80: Neuer Anspruch auf Krankengeld

Ablauf des Krankengeldanspruchs nach 78 Wochen	20.2.2018
Beendigung der Arbeitsunfähigkeit	5.4.2018
Aufnahme einer versicherungspflichtigen Beschäftigung	6.4.2018
erneute Arbeitsunfähigkeit wegen derselben Krankheit	12.12.2018
Entgeltfortzahlung und Versicherungspflicht bis	22.1.2019
Fortbestehen der Mitgliedschaft wegen fortdauernden Beschäftigungsverhältnisses für längstens 1 Monat (vgl. § 7 Abs. 3 Satz 1 SGB IV) bis	22.2.2019 (längstens)
Beginn der neuen Blockfrist mit Anspruch auf Krankengeld	3.2.2019
Fortbestehen der Mitgliedschaft wegen Anspruchs auf Krankengeld (vgl. § 192 Abs. 1 Nr. 2 SGB V) ab	3.2.2019

Es besteht ab 3.2.2019 (Beginn der neuen Blockfrist) ein Anspruch auf Krankengeld für längstens 78 Wochen, weil die Arbeitsunfähigkeit während einer Versicherung mit Anspruch auf Krankengeld eintrat und zwischen dem Ende der vorhergehenden Arbeitsunfähigkeit wegen derselben Krankheit (5.4.2018) und dem erneuten Eintritt von Arbeitsunfähigkeit (12.12.2018) länger als sechs Monate keine Arbeitsunfähigkeit wegen derselben Krankheit bestand und eine Erwerbstätigkeit ausgeübt wurde. Die Grundvoraussetzungen für den Krankengeldanspruch ab 3.2.2019 sind aufgrund der fortbestehenden Mitgliedschaft erfüllt.

Anmerkung: Wenn die Voraussetzungen für den Anspruch auf Krankengeld nach dem Beginn einer neuen Blockfrist erfüllt sind, besteht auch dann ein Anspruch, wenn der Zeitpunkt in die Zeit eines „nachgehenden" Anspruchs nach § 19 Abs. 2 SGB V fällt. Die Anspruchsdauer richtet sich dann allerdings nach der Monatsfrist des § 19 Abs. 2 SGB V. Der „nachgehende" Anspruch ist ausgeschlossen, wenn eine obligatorische Anschlussversicherung nach § 188 Abs. 4 SGB V durchgeführt wird.

9.4.3 Sechs-Monats-Zeitraum

Weitere Voraussetzung für den Anspruch auf Krankengeld nach dem Beginn einer neuen Blockfrist ist, dass zwischen dem Ablauf des

Krankengeldanspruchs nach 78 Wochen in einer vorhergehenden Blockfrist und dem erneuten Eintritt von Arbeitsunfähigkeit ein Zeitraum von mindestens sechs Monaten liegt, in dem der Versicherte

- nicht wegen der bisherigen Krankheit arbeitsunfähig und außerdem
- entweder erwerbstätig war oder
- den Vermittlungsbemühungen der Agentur für Arbeit zur Verfügung stand (Verfügbarkeit i. S. von § 138 Abs. 1 Nr. 3 SGB III).

Der Anspruch auf Krankengeld lebt auch dann wieder auf, wenn der Versicherte zwischenzeitlich mindestens sechs Monate mit seinem Restleistungsvermögen der Arbeitsvermittlung zur Verfügung stand und hinsichtlich dieses Restleistungsvermögens arbeitsunfähig wird.

Der Zeitraum von sechs Monaten (180 Kalendertage) muss nicht ununterbrochen verlaufen sein, er kann sich auch aus mehreren Teilabschnitten zusammensetzen. Jede Erwerbstätigkeit begründet grundsätzlich einen neuen Krankengeldanspruch. Hierzu gehören auch selbstständige Tätigkeiten und geringfügige Beschäftigungen nach §§ 7, 8 SGB IV. War der Versicherte im Zeitraum von sechs Monaten zeitweise wegen einer anderen Krankheit arbeitsunfähig, so ist diese Arbeitsunfähigkeit einer Erwerbstätigkeit im Sinne des § 48 Abs. 2 Nr. 2 SGB V gleichzusetzen.

10 Krankengeld und Rente

Krankengeld ist eine Entgeltersatzleistung. Wenn Krankengeld mit einer anderen Entgeltersatzleistung wie einer Rente aus der gesetzlichen Rentenversicherung zusammentrifft, ergeben sich daraus Auswirkungen auf das Krankengeld. Abhängig von der Rentenart und ggf. dem Beginn des Rentenanspruchs kann der Anspruch auf Krankengeld ausgeschlossen sein, gekürzt werden oder unbeeinträchtigt bleiben.

10.1 Ausschluss des Krankengeldes

Der Anspruch auf Krankengeld endet vom Beginn der nachfolgend genannten Leistungen an; nach dem Beginn dieser Leistungen entsteht kein neuer Krankengeldanspruch:[279]

- Rente wegen voller Erwerbsminderung oder Vollrente wegen Alters aus der gesetzlichen Rentenversicherung,

[279] BSG, Urteil vom 30.5.2006, B 1 KR 14/05 R

Ruhegehalt, das nach beamtenrechtlichen Vorschriften oder Grundsätzen gezahlt wird,[280]

- Vorruhestandsgeld nach § 5 Abs. 3 SGB V,
- Leistungen, die ihrer Art nach der Rente wegen voller Erwerbsminderung oder wegen Erwerbsunfähigkeit, der Vollrente wegen Alters oder dem Ruhegehalt vergleichbar sind, wenn sie von einem Träger der gesetzlichen Rentenversicherung oder einer staatlichen Stelle im Ausland gezahlt werden,
- Leistungen, die ihrer Art nach der Rente wegen voller Erwerbsminderung oder wegen Erwerbsunfähigkeit, der Vollrente wegen Alters oder dem Ruhegehalt vergleichbar sind, wenn sie nach den ausschließlich für das in dem in Artikel 3 des Einigungsvertrages genannten Gebiets geltenden Bestimmungen gezahlt werden (vgl. § 50 Abs. 1 Satz 1 SGB V).

Nach dem Ausschluss des Anspruchs entsteht ein neuer Anspruch auf Krankengeld erst dann, wenn

- die Rentenleistung nicht mehr gezahlt wird,
- die ursprüngliche Arbeitsunfähigkeit beendet ist und
- beim Eintritt einer erneuten Arbeitsunfähigkeit eine Versicherung mit einem Anspruch auf Krankengeld besteht

(vgl. § 50 Abs. 1 Satz 4 SGB V).

Beginn der Leistung im Sinne des § 50 Abs. 1 Satz 1 SGB V ist der Zeitpunkt, von dem an ein Anspruch auf Rente besteht.[281] Das gilt auch für befristete Renten (vgl. § 101 SGB VI) oder Renten, die wegen eines anrechenbaren Hinzuverdienstes (vgl. § 96a SGB V) tatsächlich nicht ausgezahlt werden. Von diesem Tag an besteht kein Anspruch auf Krankengeld. Der Versicherte kann nicht über diesen Zeitpunkt hinaus die Auszahlung von Krankengeld beanspruchen. Über den Rentenbeginn hinaus ausgezahltes Krankengeld kann nicht vom Versicherten zurückgefordert werden.

---

[280] Der Anspruch auf Krankengeld wird nur durch eine Versorgung ausgeschlossen, die sich in Leistungsvoraussetzungen, Berechnung und Finanzierung eng an beamtenrechtliche Vorschriften anlehnt (BSG, Urteil vom 1.7.2003, B 1 KR 6/02 R). Das gilt beispielsweise für die Pensionen der Abgeordneten, Bundesminister und Parlamentarischen Staatssekretäre, weil die entsprechenden Gesetze auf eine „sinngemäße Anwendung" der für Beamte geltenden versorgungsrechtlichen Vorschriften verweisen.

[281] BSG, Urteil vom 28.9.2010, B 1 KR 31/09 R

10.2 Erstattungsanspruch der Krankenkasse

Die Krankenkasse hat einen Erstattungsanspruch auf die Rente vom Rentenbeginn bis zur Einstellung der Krankengeldzahlung (vgl. § 103 SGB X). Wenn nachträglich eine weitere Rente zugebilligt wird, die höher als die zunächst zugebilligte Rente ist, dann richtet sich der Erstattungsanspruch auf die höhere Rente.[282] Erstattungen aufgrund der niedrigeren Rente werden rückgängig gemacht (vgl. § 112 SGB X).

Wird die Rentenleistung von einem ausländischen Leistungsträger gezahlt (vgl. § 50 Abs. 1 Satz 1 Nr. 4 SGB V), hat der Versicherte die Rentenleistung für die Zeit bis zur Einstellung der Krankengeldzahlung an die Krankenkasse herauszugeben (vgl. § 50 Abs. 1 Satz 3 SGB V).

Bleibt die Krankenkasse mit einem „Krankengeldspitzbetrag" belastet, weil die Rentenleistung niedriger als das Krankengeld ist, kann die Krankenkasse den „Krankengeldspitzbetrag" nicht vom Versicherten zurückfordern (vgl. § 50 Abs. 1 Satz 2 SGB V).

10.3 Kürzung des Krankengeldes

Der Anspruch auf Krankengeld ist beim Zusammentreffen mit folgenden Leistungen zu kürzen:

- Altersrente, Rente wegen Erwerbsminderung oder Landabgaberente aus der Alterssicherung der Landwirte;
- Rente wegen teilweiser Erwerbsminderung oder Teilrente wegen Alters aus der gesetzlichen Rentenversicherung,
- Knappschaftsausgleichsleistung oder Rente für Bergleute,
- vergleichbare Leistung, die von einem Träger oder einer staatlichen Stelle im Ausland gezahlt wird,
- Leistung, die ihrer Art nach mit den oben genannten Leistungen vergleichbar sind und ausschließlich nach den für die „neuen" Bundesländer geltenden Bestimmungen gezahlt werden

(vgl. § 50 Abs. 2 SGB V). Das Krankengeld wird allerdings nur dann gekürzt, wenn die Leistung von einem Zeitpunkt nach dem Beginn der Arbeitsunfähigkeit oder der stationären Behandlung an zuerkannt

[282] BSG, Urteil vom 7.9.2010, B 5 KN 4/08 R in einem Erstattungsstreit nach dem Recht der Arbeitsförderung. Die Rechtsprechung wird auch auf Erstattungen zwischen Krankenkassen und Rentenversicherung angewendet.

wird. Sonst werden Rente und Krankengeld ungekürzt nebeneinander gezahlt. Das Krankengeld wird außerdem dann nicht gekürzt, wenn Rente und Arbeitsunfähigkeit oder Krankenhausbehandlung am selben Tag beginnen.[283]

Liegen die Voraussetzungen vor, ist das Krankengeld vom Zeitpunkt der Rentenzubilligung an zu kürzen. Darüber hinaus gezahltes ungekürztes Krankengeld kann nicht vom Versicherten zurückgefordert werden. Andererseits hat der Versicherte keinen Anspruch auf Auszahlung des ungekürzten Krankengelds über den Zeitpunkt der Rentenzubilligung hinaus.

Der Kürzungsbetrag ist zu ermitteln, indem der Zahlbetrag der Rente (vgl. § 228 Abs. 1 SGB V) durch 30 geteilt wird. Zahlbetrag der Rente ist die Brutto-Rente einschließlich der Steigerungsbeträge aus Beiträgen der Höherversicherung vor Abzug von Beiträgen zur Kranken- und Pflegeversicherung bzw. Kürzungs- oder Abzweigungsbeträgen.

11 Wegfall und Versagen des Krankengeldes

11.1 Aufforderung zum Antrag auf Leistungen zur Teilhabe

Die Träger der Rehabilitation (vgl. § 6 SGB IX) sind nach dem Grundsatz „Vorrang von Leistungen zur Teilhabe vor Rente" (vgl. § 9 Abs. 2 SGB IX) verpflichtet, vor der Bewilligung von Renten wegen Erwerbsminderung (vgl. §§ 43, 45 SGB VI) zu prüfen, ob Leistungen zur Teilhabe notwendig sind. Davon ist nur abzusehen, wenn insbesondere wegen der Art oder der Schwere der Behinderung ein Erfolg solcher Maßnahmen nicht zu erwarten ist (vgl. § 9 Abs. 1 SGB IX).

In entsprechenden Fällen ist die Krankenkasse berechtigt, Versicherte aufzufordern, einen Antrag auf Leistungen zur medizinischen Rehabilitation und zur Teilhabe am Arbeitsleben zu stellen (vgl. § 51 SGB V). Die Krankenkasse kann nur ausnahmsweise auffordern, einen Rentenantrag zu stellen (vgl. § 51 Abs. 1 Satz 2, Abs. 2 SGB V).

Eine rechtmäßige Aufforderung zum Antrag auf Leistungen zur Teilhabe durch die Krankenkasse ist an bestimmte Voraussetzungen gebunden. Da die Aufforderung zum Antrag auf Leistungen zur Teilhabe ein Verwaltungsakt der Krankenkasse ist, treten die Rechtsfolgen des unterlassenen Antrags (vgl. § 51 Abs. 3 Satz 1 SGB V) auch bei einer rechtswidrigen Aufforderung ein. Davon ausgenommen ist

[283] BSG, Urteil vom 20.3.1969, 3 RK 96/67

nur die nichtige Aufforderung (vgl. § 40 SGB X), die von Anfang an unwirksam und damit unbeachtlich ist (vgl. § 39 Abs. 3 SGB X).

Die Antragstellung gehört nicht zu den Mitwirkungspflichten des Versicherten gegenüber der Krankenkasse (vgl. §§ 60 ff. SGB I); die Krankenkasse kann den Antrag nicht anstelle des Versicherten stellen. Die Krankenkasse ist allerdings verpflichtet, den Antrag entgegenzunehmen (vgl. § 16 Abs. 1 Satz 2 SGB I). Der Antrag gilt in diesem Fall zu dem Zeitpunkt als gestellt, zu dem er bei der Krankenkasse eingeht (vgl. § 16 Abs. 2 Satz 2 SGB I). Die wirksame Aufforderung zum Antrag auf Leistungen zur Teilhabe kann für den Versicherten sowohl hinsichtlich seines Anspruchs auf Krankengeld als auch hinsichtlich seines Versicherungsverhältnisses bestimmte Folgen haben.

11.1.1 Voraussetzungen

Die Krankenkasse kann Versicherte zum Antrag auf Leistungen zur Teilhabe auffordern, wenn deren Erwerbsfähigkeit nach ärztlichem Gutachten erheblich gefährdet oder gemindert ist (vgl. § 51 Abs. 1 Satz 1 SGB V). Befinden sich der Wohnsitz oder der gewöhnliche Aufenthalt im Ausland, kann die Krankenkasse entweder zum Antrag auf Leistungen zur Teilhabe oder zum Antrag auf Rente wegen voller Erwerbsminderung auffordern (vgl. § 51 Abs. 1 Satz 2 SGB V).

11.1.1.1 Anspruch auf Krankengeld

Eine rechtmäßige Aufforderung zum Antrag auf Leistungen zur Teilhabe ist nach der Stellung der Rechtsgrundlage im Gesetz und nach Sinn und Zweck der Vorschrift nur im Zusammenhang mit einem Anspruch auf Krankengeld möglich. Die Regelung will im Schnittbereich der Leistungspflicht von Kranken- und Rentenversicherung sowohl die doppelte Gewährung von Sozialleistungen vermeiden als auch eine sachgerechte Abgrenzung der Leistungszuständigkeit von Kranken- und Rentenversicherung vornehmen. Dabei gilt der Grundsatz, dass Rentenzahlungen den Vorrang vor Krankengeldleistungen haben, weil es in erster Linie Aufgabe der Rentenversicherung ist, bei dauerhafter Erwerbsminderung mit Leistungen einzutreten. Der Krankenkasse wird das Recht eingeräumt, Einfluss auf den Beginn der antragsabhängigen Rente wegen Erwerbsminderung zu nehmen und einen Wegfall ihrer Leistungszuständigkeit für das Krankengeld schon vor Erreichen der Anspruchshöchstdauer zu bewirken.

Die Aufforderung kann bereits vor dem Beginn des Bezugs von Krankengeld ausgesprochen werden, wenn der Versicherte z. B. Entgeltfortzahlung durch seinen Arbeitgeber erhält.[284] Ob eine Aufforderung nach dem Ende des Anspruchs auf Krankengeld sinnvoll ist, muss im Einzelfall geprüft werden.

11.1.1.2 Gefährdung oder Minderung der Erwerbsfähigkeit

Die Krankenkasse kann zum Antrag auf Leistungen zur Teilhabe auffordern, wenn der Versicherte in seiner Erwerbsfähigkeit erheblich gefährdet oder gemindert ist. Das ist in der Regel der Fall, wenn der Versicherte

- durch die gesundheitlichen Beeinträchtigungen und die damit verbundenen Funktionseinschränkungen ohne die Leistungen zur Teilhabe innerhalb von drei Jahren mit einer Minderung der Leistungsfähigkeit zu rechnen hat (vgl. § 10 Abs. 1 Nr. 1, 2 Buchst. a SGB VI),
- wegen Krankheit oder Behinderung auf nicht absehbare Zeit außerstande ist, unter den üblichen Bedingungen des allgemeinen Arbeitsmarktes mindestens sechs (teilweise erwerbsgemindert) oder drei Stunden (voll erwerbsgemindert) täglich erwerbstätig zu sein (vgl. § 43 Abs. 1 Satz 2, Abs. 2 Satz 2 SGB VI),
- wegen Art oder Schwere der Behinderung nicht auf dem allgemeinen Arbeitsmarkt tätig sein kann (vgl. § 43 Abs. 2 Satz 3 Nr. 1 SGB VI),
- voll erwerbsgemindert ist und nicht erfolgreich in den allgemeinen Arbeitsmarkt eingegliedert werden kann (vgl. § 43 Abs. 2 Satz 3 Nr. 2 SGB VI) oder
- wegen Krankheit oder Behinderung nicht imstande ist, die von ihm bisher ausgeübte knappschaftliche Beschäftigung und eine andere wirtschaftlich im Wesentlichen gleichwertige knappschaftliche Beschäftigung, die von Personen mit ähnlicher Ausbildung sowie gleichwertigen Kenntnissen und Fähigkeiten ausgeübt wird, auszuüben (vgl. § 45 Abs. 2 Satz 1 SGB VI).

11.1.1.3 Ärztliches Gutachten

Die Krankenkasse kann nur aufgrund eines ärztlichen Gutachtens beurteilen, ob die Erwerbsfähigkeit des Versicherten erheblich gefährdet oder gemindert ist.[285] Das Gutachten sollte neben der Krank-

---

[284] BSG, Urteil vom 26.6.2008, B 13 R 37/07 R

[285] Anforderungen an die Person des Gutachters und den Inhalt des Gutachtens vgl. BSG, Urteil vom 7.8.1991, 1/3 RK 26/90

heitsgeschichte Aussagen zum Befund, zur Diagnose sowie zum Ergebnis der Begutachtung hinsichtlich der gesundheitsbedingten Leistungseinschränkungen und ihrer voraussichtlichen Dauer enthalten. Die Krankenkasse wird regelmäßig den MDK mit der Begutachtung beauftragen (vgl. § 275 SGB V). Es kann aber auch jeder andere Arzt beauftragt werden. Das Gutachten soll inhaltlich so gestaltet sein, dass es von anderen Sozialleistungsträgern akzeptiert wird. Es muss neben einer ausführlichen berufs- und arbeitsplatzbezogenen Anamnese Aussagen darüber enthalten,

- welche Minderbelastbarkeiten und/oder Leistungs- und Funktionseinschränkungen vorliegen,
- weshalb sie eine erhebliche Gefährdung oder Minderung der Erwerbsfähigkeit bedingen,
- ob voraussichtlich durch Leistungen der medizinischen Rehabilitation oder zur Teilhabe am Arbeitsleben eine Minderung der Erwerbsfähigkeit abgewendet bzw. bei geminderter Erwerbsfähigkeit diese wesentlich gebessert oder wiederhergestellt oder der Eintritt von teilweiser oder voller Erwerbsminderung voraussichtlich abgewendet werden kann,
- welche Motivation der Versicherte erkennen lässt und
- ob die zuletzt ausgeübte Beschäftigung/Tätigkeit nach den Leistungen zur medizinischen Rehabilitation oder zur Teilhabe am Arbeitsleben voraussichtlich wieder aufgenommen werden kann.

Das Gutachten schließt mit der Beurteilung ab, ob und wann vor Antritt der Leistungen zur medizinischen Rehabilitation oder zur Teilhabe am Arbeitsleben die Arbeitsunfähigkeit beendet sein wird.

Verzichtet die Krankenkasse auf ein eigenes Gutachten, weil der Rentenversicherungsträger wegen eines Rehabilitationsantrags des Versicherten die persönlichen Voraussetzungen für eine medizinische Rehabilitationsmaßnahme geprüft hat, hat die Krankenkasse das entsprechende Gutachten des Rentenversicherungsträgers einzusehen. Ohne die Inhalte des Gutachtens zu kennen, kann die Krankenkasse das erforderliche Ermessen für die Aufforderung nicht angemessen ausüben.

11.1.1.4 Ermessen der Krankenkasse

Die Aufforderung zum Antrag auf Leistungen zur Teilhabe ist in das pflichtgemäße Ermessen der Krankenkasse gestellt. Das Ermessen ist auf der Rechtsfolgenseite der Rechtsgrundlage angesiedelt und stellt sogenanntes Anwendungsermessen dar. Die Krankenkasse kann aufgrund des eingeräumten Ermessens entscheiden, ob die Aufforderung ausgesprochen wird oder nicht.

Bei der Ausübung des Ermessens muss die Krankenkasse alle Umstände des Einzelfalls sorgfältig abwägen und die Belange des Versicherten beachten. Zu berücksichtigen sind sowohl die gesundheitliche als auch die soziale Situation des Versicherten. Neben den versicherungsrechtlichen Folgen sind auch die Belange und Interessen des Versicherten, insbesondere im Hinblick auf die einschneidende Bedeutung eines solchen Antrages sowie dessen Erfolgsaussichten, angemessen zu berücksichtigen.

Dabei räumt das Gesetz bei der Abwägung zwischen den Gestaltungsmöglichkeiten des Versicherten und den Befugnissen der Krankenkasse grundsätzlich den Interessen der Krankenkasse den Vorrang ein. Eine Entscheidung zugunsten des Versicherten erfordert, dass seine Belange den bei Dauerzuständen gesetzlich typisierten Vorrang der Krankenkasseninteressen an einer Begrenzung der Krankengeldaufwendungen sowie der Überantwortung der Kompensation krankheitsbedingten Entgeltausfalls an die Rentenversicherungsträger überwiegen. Dabei ist das bloße Interesse des Versicherten, das Krankengeld weiterhin und möglichst lange in Anspruch nehmen zu wollen, nicht geschützt.

Die Begründung der Aufforderung muss auch die Gesichtspunkte erkennen lassen, von denen bei der Ausübung des Ermessens ausgegangen wird (vgl. § 35 Abs. 1 Satz 2 SGB X). Wenn Ermessen ausgeübt wurde und lediglich eine Aussage dazu in der Begründung fehlt, kann diese nachgeholt werden und macht den Form- bzw. Verfahrensfehler unbeachtlich (vgl. § 41 Abs. 1 Nr. 2, Abs. 2 SGB X). Die Begründung kann bis zum Abschluss der letzten gerichtlichen Tatsacheninstanz nachgeholt werden.

Hinweis:

Bei einer unvollständigen Begründung ist zunächst davon auszugehen, dass Ermessen nicht ausgeübt wurde. Die Aufforderung leidet dann an einem materiellen Fehler und ist rechtswidrig und aufhebbar.

11.1.2 Form

Die Aufforderung zum Antrag auf Leistungen zur Teilhabe ist an keine bestimmte Form gebunden. Aus Gründen der Rechtssicherheit wird die Schriftform bevorzugt. Dabei ist sicherzustellen, dass die Aufforderung für den Versicherten hinreichend bestimmt ist (vgl. § 33 Abs. 1 SGB X) und eine Begründung enthält (vgl. § 35 Abs. 1 SGB X). Die Begründung muss die wesentlichen tatsächlichen und rechtlichen Gründe beinhalten, welche die Krankenkasse zu ihrer Entscheidung bewogen haben. Außerdem sind die Gesichtspunkte zu nennen, von denen die Krankenkasse bei der Ausübung ihres Ermessens ausgegangen ist. Die unterlassene oder fehlerhafte Begründung wird geheilt, indem die erforderliche Begründung nachträglich gegeben wird (vgl. § 41 Abs. 1 Nr. 2 SGB X). Ein Verwaltungsakt darf in diesem Zusammenhang nicht deshalb aufgehoben werden, weil der Form- oder Verfahrensfehler nicht geheilt wurde (vgl. § 42 Satz 1 SGB X).

11.1.3 Frist

Der Versicherte hat aufgrund einer wirksamen Aufforderung den Antrag innerhalb einer Frist von zehn Wochen zu stellen. Die Krankenkasse übt kein Ermessen hinsichtlich des Laufs und der Dauer dieser Frist aus. Es handelt sich um eine gesetzliche Frist, die materiell-rechtlicher Natur ist.

Der Fristverlauf und das Fristende sind nach § 26 Abs. 1 SGB X zu bestimmen. Danach gelten die §§ 187 bis 193 BGB für die Berechnung der Frist entsprechend, soweit im Sozialgesetzbuch nichts Abweichendes bestimmt ist. Der Lauf der Frist wird durch die wirksame Aufforderung zum Antrag auf Leistungen zur Teilhabe gegenüber dem Versicherten zu diesem Zeitpunkt ausgelöst. Der entsprechende Tag (Ereignistag) wird bei der Berechnung der Frist nicht mitgerechnet (vgl. § 187 Abs. 1 BGB). Die Frist endet mit dem Ablauf desjenigen Tages der letzten Woche, welcher durch seine Benennung dem Ereignistag entspricht (vgl. § 188 Abs. 2 BGB). Fällt das Fristende auf einen Samstag, Sonntag oder gesetzlichen Feiertag, verlängert sich die Frist auf den nächstfolgenden Werktag (vgl. § 26 Abs. 3 SGB X).

11.1.4 Beratungspflicht der Krankenkasse

Der Versicherte muss wegen der weitreichenden Rechtsfolgen einer Aufforderung zum Antrag auf Leistungen zur Teilhabe eindeutige Klarheit darüber erhalten, welche Konsequenzen für ihn mit einer daraufhin erfolgenden Beantragung von Leistungen verbunden sind.

- Dazu ist mit Rücksicht auf die Beratungspflichten eines Sozialleistungsträgers (vgl. § 14 SGB I) insbesondere eine Information über die mögliche Einstellung des Krankengeldes nach Ablauf des Zehnwochenzeitraums (vgl. § 51 Abs. 3 SGB V) erforderlich.
- Ebenso nötig ist ein Hinweis auf die eingeschränkte Dispositionsbefugnis über die Ansprüche gegenüber dem Rentenversicherungsträger.
- Schließlich ist darüber zu beraten, dass der Antrag nur noch mit Zustimmung der Krankenkasse wirksam zurückgenommen, beschränkt oder der Rentenantragsfiktion (vgl. § 116 Abs. 2 SGB IV) widersprochen werden kann und aufgrund welcher berechtigten Interessen des Versicherten die Krankenkasse diese Zustimmung erteilen muss.

Mängel der Beratung begründen einen sozialrechtlichen Herstellungsanspruch des Versicherten.

Als Auskunftsstelle nach dem Sozialgesetzbuch hat die Krankenkasse über die rentenversicherungsrechtlichen Folgen des Antrags eine umfassende Auskunft zu geben (vgl. § 15 SGB I). Dazu gehören Auskünfte über die Leistungen zur Teilhabe einschließlich des Übergangsgelds sowie eine mögliche Umwandlung des Antrags auf Leistungen zur Teilhabe in einen Rentenantrag.

11.1.5 Verwaltungsverfahren der Krankenkasse

Die Aufforderung zum Antrag auf Leistungen zur Teilhabe ist ein Verwaltungsakt (vgl. § 31 SGB X), der mit einem Widerspruch angefochten werden kann.[286] Die schriftliche Aufforderung ist mit einer Begründung zu versehen, der die wesentlichen tatsächlichen und rechtlichen Gründe für die Aufforderung zu entnehmen sein müssen (vgl. § 35 Abs. 1 Satz 1, 2 SGB X). Dabei müssen auch die Gesichtspunkte zu erkennen sein, von denen die Krankenkasse bei der Ausübung des Ermessens ausgegangen ist (vgl. § 35 Abs. 1 Satz 3 SGB X).

Da es sich bei der Aufforderung um einen belastenden Verwaltungsakt handelt, der in die Rechte des Versicherten eingreift (u. a. das eingeschränkte Dispositionsrecht hinsichtlich seiner Sozialleistungsansprüche), ist der Versicherte vor der Aufforderung anzuhören (vgl. § 24 Abs. 1 SGB X). Gründe, von einer Anhörung abzusehen,

[286] BSG, Urteil vom 17.12.2002, B 7 AL 18/02 R, zum vergleichbaren Tatbestand der Aufforderung zum Rentenantrag nach § 202 Abs. 1 Satz 1 SGB III

ergeben sich regelmäßig nicht (vgl. § 24 Abs. 2 SGB X). Der Versicherte hat in diesem Zusammenhang einen Anspruch auf Akteneinsicht bei der Krankenkasse (vgl. § 25 SGB X).

11.1.6 Rechtsschutz

11.1.6.1 Widerspruch

Gegen den Verwaltungsakt, mit dem der Versicherte aufgefordert wird, einen Antrag auf Leistungen zur Teilhabe zu stellen, kann dieser einen Widerspruch einlegen. Damit wird ein Vorverfahren eingeleitet, dessen Durchführung die Voraussetzung für ein Klageverfahren vor dem Sozialgericht ist.

Der Widerspruch muss keine Begründung oder einen bestimmten Antrag enthalten. Er kann sich gegen einzelne selbstständige und teilbare Regelungen richten; er richtet sich im Zweifel gegen alle Verfügungssätze des Bescheides.

11.1.6.2 Form des Widerspruchs

Der Widerspruch ist schriftlich oder zur Niederschrift bei der Krankenkasse einzureichen, die den Verwaltungsakt erlassen hat (vgl. § 84 Abs. 1 SGG). Die Schriftform wird durch ein den Widerspruch darstellendes Schriftstück gewahrt; eine Unterschrift ist nicht erforderlich. Es muss gewährleistet sein, dass aus dem Schriftstück der Inhalt der Erklärung und die Person, von der sie ausgeht, hinreichend zuverlässig entnommen werden können. Außerdem muss feststehen, dass es sich bei dem Schriftstück nicht nur um einen Entwurf handelt, sondern dass es mit Wissen und Willen des Berechtigten in den Verkehr gelangt ist.

Der Widerspruch kann durch den Betroffenen oder seinen Bevollmächtigten auch mündlich erklärt werden. Dazu ist die Krankenkasse persönlich aufzusuchen; der Widerspruch ist dort in einer Niederschrift aufzunehmen.[287] Der aufnehmende Bedienstete hat die Niederschrift zu unterschreiben; eine Unterschrift des Betroffenen ist nicht erforderlich. Die Krankenkasse darf die Aufnahme der Niederschrift während der Dienststunden nicht ablehnen. Der Widerspruch kann nicht fernmündlich zur Niederschrift erklärt werden.[288]

---

[287] Der Widerspruch kann auch bei einer der in § 84 Abs. 2 SGG genannten Stellen form- und fristwahrend eingelegt werden. Allerdings besteht dort anders als beim zuständigen Sozialversicherungsträger nicht die Verpflichtung, die Niederschrift aufzunehmen.

[288] Dem Schrifttum sind auch gegenteilige Auffassungen zu entnehmen, nach denen auch bei einem fernmündlich vorgetragenen Widerspruch die Personenidentität sowie die Ernsthaftigkeit des Vorbringens geprüft und in eine Niederschrift aufgenommen werden können.

11.1.6.3 Frist des Widerspruchs

Der Widerspruch ist binnen eines Monats nach der Bekanntgabe des Verwaltungsakts einzureichen (vgl. § 84 Abs. 1 Satz 1 SGG). Die Widerspruchsfrist beträgt drei Monate, wenn der Verwaltungsakt im Ausland bekannt gegeben wurde (vgl. § 84 Abs. 1 Satz 2 SGG). Die Bekanntgabe des Verwaltungsakts richtet sich nach § 37 SGB X; der Verlauf der gesetzlichen Frist ist nach § 26 SGB X zu bestimmen. Da es sich um eine gesetzliche Frist handelt, sind die für behördliche Fristen geltenden Regelungen (vgl. § 26 Abs. 2 und Abs. 5 SGB X) sowie die Fristverlängerung durch die Krankenkasse (vgl. § 26 Abs. 7 SGB X) ausgeschlossen.

Für den Lauf der Rechtsbehelfsfrist ist es Voraussetzung, dass der Beteiligte eine schriftliche Rechtsbehelfsbelehrung erhalten hat (vgl. § 84 Abs. 2 Satz 3 SGG i. V. m. § 66 SGG). Ist die Belehrung unterblieben oder unvollständig oder unrichtig erteilt worden, kann der Rechtsbehelf innerhalb eines Jahres seit der Bekanntgabe des Verwaltungsakts eingelegt werden (vgl. § 66 Abs. 2 Satz 1 SGG).[289]

Um rechtsstaatlichen Anforderungen zu genügen muss eine Rechtsbehelfs- oder Rechtsmittelbelehrung nicht nur richtig und vollständig sein.[290] Sie darf auch nicht durch weitere Informationen überfrachtet werden, durch Umfang, Kompliziertheit, Hervorhebung des Unwichtigen u. ä. Verwirrung stiften oder gar den Eindruck erwecken, die Rechtsverfolgung sei schwieriger, als dies in Wahrheit der Fall ist. Bei derartigen Unklarheiten kann eine Gesamtwertung ergeben, dass die Rechtsbehelfs- oder Rechtsmittelbelehrung als unrichtig anzusehen, möglicherweise für fristbezogene Irrtümer ursächlich und daher zum Ingangsetzen der Monatsfrist ungeeignet gewesen ist.

11.1.6.4 Verfahrensrechtliche Wirkung des Widerspruchs

Durch den Widerspruch wird die Krankenkasse zunächst verpflichtet, ein Rechtsbehelfsverfahren einzuleiten. Dieses Verfahren schließt sich als Verwaltungsverfahren besonderer Art an das Ausgangsverfahren an und verfolgt das Ziel, die Ausgangsentscheidung auf ihre Rechtmäßigkeit und Zweckmäßigkeit zu untersuchen und ggf.

---

289 BSG, Urteil vom 10.9.1997, 5 RJ 18/97

290 BSG, Urteil vom 31.8.2000, B 3 P 18/99 R

durch eine neue Entscheidung zu ersetzen. Da es sich beim Widerspruchsverfahren um ein Verwaltungsverfahren handelt, sind die Vorschriften des SGB X entsprechend anzuwenden (vgl. § 62 SGB X).

11.1.6.5 Aufschiebende Wirkung

Der Widerspruch zur Einleitung des Vorverfahrens nach dem Sozialgesetzbuch hat grundsätzlich aufschiebende Wirkung (Suspensiveffekt; vgl. § 86a Abs. 1 Satz 1 SGG).[291] Die gesetzte Frist wird dadurch nicht verlängert.

Die aufschiebende Wirkung erstreckt sich auf alle Verwaltungsakte. Dazu gehören auch solche mit rechtsgestaltender und feststellender Wirkung sowie Verwaltungsakte mit Drittwirkung (vgl. § 86a Abs. 1 Satz 2 SGG). Die aufschiebende Wirkung tritt mit Einlegung des Widerspruchs rückwirkend auf den Zeitpunkt ein, zu dem der angegriffene Bescheid erlassen wurde. Das gilt auch für den unzulässigen oder unbegründeten Widerspruch, da die entsprechende Feststellung erst während des Vorverfahrens getroffen wird. Die aufschiebende Wirkung bleibt auch während eines sozialgerichtlichen Klageverfahrens in der ersten Instanz erhalten.

Während der aufschiebenden Wirkung ist der Versicherte nicht in seinem Dispositionsrecht eingeschränkt und Krankengeld ist über das Ende der Frist von zehn Wochen hinaus zu zahlen.

Hinweis:

Krankengeld wird auch während des Widerspruchsverfahrens nur gezahlt, wenn die Arbeitsunfähigkeit jeweils rechtzeitig ärztlich festgestellt und der Krankenkasse gemeldet wird.

Die aufschiebende Wirkung entfällt rückwirkend, wenn der Widerspruchsbescheid und damit der bestätigte oder modifizierte Ausgangsbescheid durch einen bestandskräftigen Widerspruchsbescheid oder ein rechtskräftiges Gerichtsurteil seine Unanfechtbarkeit erlangt.[292] Der angefochtene Verwaltungsakt ist damit als von Anfang an wirksam anzusehen.

---

[291] BSG, Urteil vom 16.12.2014, B 1 KR 31/13 R

[292] BVerwGE 78, 192, 209; DVBl 1988, 289, 290

Hinweis:

Zu Unrecht gezahltes Krankengeld ist zurückzufordern (vgl. § 50 SGB X). Das Risiko, die durch den belastenden Verwaltungsakt angedrohten nachteiligen Rechtsfolgen tragen zu müssen, wird dem unterlegenen Beteiligten durch die aufschiebende Wirkung nicht genommen.

11.1.6.6 Anordnung der Vollziehung

Die aufschiebende Wirkung des Widerspruchs entfällt in Fällen, in denen die sofortige Vollziehung im öffentlichen Interesse oder im überwiegenden Interesse eines Beteiligten ist (vgl. § 86a Abs. 2 Nr. 5 SGG). Entfällt die aufschiebende Wirkung, weil die sofortige Vollziehung des angegriffenen Verwaltungsakts im öffentlichen Interesse liegt, hat die Krankenkasse oder ihre Widerspruchsstelle die sofortige Vollziehung mit schriftlicher Begründung des besonderen Interesses an der sofortigen Vollziehung anzuordnen. Bei dieser Entscheidung sind die verschiedenen Interessen abzuwägen und der Grundsatz der Verhältnismäßigkeit zu beachten. Dazu bedarf es einer schlüssigen, konkreten und substanziierten Darlegung der wesentlichen Erwägungen, warum aus der Sicht der Krankenkasse gerade im vorliegenden Einzelfall ein besonderes öffentliches Interesse an der sofortigen Vollziehung gegeben ist und das Interesse des Beteiligten am Bestehen der aufschiebenden Wirkung ausnahmsweise zurückzutreten habe.[293] Dabei können im Einzelfall auch fiskalische Gründe die Anordnung der sofortigen Vollziehung nicht nur materiell rechtfertigen, sondern auch zur Begründung des Ausschlusses der aufschiebenden Wirkung herangezogen werden.

11.1.6.7 Vorläufiger Rechtsschutz

Das Gericht der Hauptsache kann auf Antrag

- in den Fällen aufschiebender Wirkung die sofortige Vollziehung ganz oder teilweise anordnen,
- in den Fällen, in denen ein Widerspruch keine aufschiebende Wirkung hat, die aufschiebende Wirkung ganz oder teilweise anordnen oder

---

[293] BVerwG, Beschluss vom 31.1.2002, 1 DB 2.02

- in den Fällen, in denen die sofortige Vollziehung durch den Sozialversicherungsträger oder dessen Widerspruchsstelle ganz oder teilweise ausgesetzt wurde, diese ganz oder teilweise wiederherstellen

(vgl. § 86b Abs. 1 Satz 1 SGG). Das Gericht wird einen entsprechenden Antrag regelmäßig unverzüglich nach dessen Eingang prüfen und darüber entscheiden. Eine umfassende Prüfung der Erfolgsaussichten ist in diesem Rahmen nicht möglich. Es erscheint deshalb ausreichend, den Antrag summarisch zu prüfen und so eine Prognose über den Ausgang des Rechtsstreits zu treffen. Parallel dazu hat eine Interessenabwägung zwischen Vollziehungsinteresse und Verhinderungsinteresse stattzufinden. Ist der Verwaltungsakt bereits vollzogen, kann das Gericht die Aufhebung der Vollziehung anordnen (vgl. § 86b Abs. 1 Satz 2 SGG).

11.1.7 Bindung des Versicherten und des Rentenversicherungsträgers

Ein Versicherter entscheidet aufgrund seiner allgemeinen Dispositionsbefugnis darüber, ob er bei antragsabhängigen Sozialleistungen einen Leistungsantrag stellt oder einen gestellten Antrag zurücknimmt. Es kann auch bestimmt werden, dass der Antrag auf Leistungen zur Teilhabe nicht die Wirkung eines Rentenantrags hat. Ein Rentenantrag kann darüber hinaus bis zum Erlass des Rentenbescheids oder bis zum Ablauf der damit verbundenen Widerspruchsfrist zurückgenommen werden.[294]

Ein Versicherter, der entsprechend der Aufforderung der Krankenkasse einen Antrag auf Leistungen zur Teilhabe gestellt hat, darf diesen nur noch mit Zustimmung der Krankenkasse wirksam zurücknehmen, beschränken oder der Rentenantragsfiktion (vgl. § 116 Abs. 2 SGB VI) widersprechen. § 51 SGB V stellt damit eine gesetzliche Einschränkung der Dispositionsbefugnis des Versicherten über seine Sozialleistungsansprüche gegen den Rentenversicherungsträger dar.

Diese eingeschränkte Dispositionsbefugnis ist durch den Rentenversicherungsträger zu berücksichtigen, wenn der Bescheid der Krankenkasse nicht offensichtlich fehlerhaft ist.[295] Dazu ist es erforderlich, dass der Rentenversicherungsträger von der wirksamen Einschränkung

[294] BSG, Urteil vom 7.12.2004, B 1 KR 6/03 R mit weiteren Nachweisen
[295] BSG, Urteil vom 26.6.2008, B 13 R 37/07 R

der Dispositionsbefugnis durch die Krankenkasse weiß. Die entsprechende Benachrichtigung des Rentenversicherungsträgers durch die Krankenkasse entspricht der Pflicht der engen Zusammenarbeit (vgl. § 86 SGB X).

Die Krankenkasse hat bei der Erteilung oder Verweigerung der Zustimmung die berechtigten Interessen des Versicherten im Rahmen einer Interessenabwägung angemessen zu berücksichtigen. Ein berechtigtes Interesse ergibt sich z. B., wenn

- durch einen Rentenantrag aufgrund tarifvertraglicher (arbeitsrechtlicher) Regelungen der Arbeitsplatz gefährdet ist,
- ein Anspruch auf Betriebsrente durch einen frühzeitigen Rentenbeginn verloren ginge,
- durch einen späteren Rentenbeginn eine qualifizierte Wartezeit in der Rentenversicherung und damit ein höherer Rentenanspruch erreicht werden könnte,
- durch einen späteren Rentenbeginn die Voraussetzungen für die Krankenversicherung der Rentner erfüllt werden könnten.

Wenn das berechtigte Interesse des Versicherten an einem Hinausschieben des Rentenbeginns die Belange der Krankenkasse überwiegt, hat die Krankenkasse ihre Zustimmung zu erteilen.

Die Dispositionsbefugnis des Versicherten ist auch dann eingeschränkt, wenn die Krankenkasse bei bereits gestelltem Antrag die Aufforderung „nachschiebt" oder den Versicherten auffordert, seinen bereits gestellten Antrag nicht ohne ihre Zustimmung zurückzunehmen oder zu beschränken.[296] Der Krankenkasse ist es auch nicht verwehrt, zur Einschränkung der Dispositionsfreiheit des Versicherten eine entsprechende Aufforderung auszusprechen, wenn bereits ein Rentenantrag gestellt wurde. Sinn und Zweck des § 51 Abs. 1 Satz 1 SGB V würde es auch entsprechen, wenn die Krankenkasse den Versicherten lediglich unter Hinweis auf die Rechtsfolgen des § 51 Abs. 3 SGB V auffordert, einen bereits gestellten Rentenantrag ohne ihre Zustimmung nicht zurückzunehmen oder zu beschränken. Wichtig ist dabei vor allem, dass die Krankenkasse dem Versicherten deutlich zu erkennen gibt, dass er über seinen Rentenantrag nicht mehr ohne Folgen für den Krankengeldanspruch frei verfügen kann.

---

296 BSG, Urteil vom 26.6.2008, B 13 R 37/07 R

11.1.8 Folgen für den Anspruch auf Krankengeld

Die Aufforderung zum Antrag auf Leistungen zur Teilhabe kann sowohl hinsichtlich des Anspruchs auf Krankengeld als auch hinsichtlich des Versicherungsverhältnisses bestimmte Folgen haben. Die Folgen treten ein, wenn der Versicherte den Antrag trotz wirksamer Aufforderung nicht oder nicht fristgerecht stellt.

Wenn der Antrag wirksam und fristgerecht gestellt wird, bleibt der Anspruch auf Krankengeld zunächst unberührt. Krankengeld ist innerhalb der gesetzlichen Grenzen für die Dauer der weiterhin bestehenden Arbeitsunfähigkeit längstens bis zum zeitlichen Höchstanspruch (vgl. § 48 SGB V) zu zahlen.

Wird dem Antrag entsprochen und durch den Rehabilitationsträger ein Übergangsgeld gezahlt, ruht während dieser Zeit der Anspruch auf Krankengeld (vgl. § 49 Abs. 1 Nr. 3 SGB V). Die Differenz zwischen Krankengeld und Übergangsgeld (Krankengeldspitzbetrag) wird von der Krankenkasse nicht ausgezahlt (vgl. § 49 Abs. 3 SGB V).

Der Antrag auf Leistungen zur medizinischen Rehabilitation oder zur Teilhabe am Arbeitsleben wird in einen Rentenantrag umgewandelt, wenn Versicherte vermindert erwerbsfähig sind und

- ein Erfolg von Leistungen zur medizinischen Rehabilitation oder zur Teilhabe am Arbeitsleben nicht zu erwarten ist oder
- Leistungen zur medizinischen Rehabilitation oder zur Teilhabe am Arbeitsleben nicht erfolgreich gewesen sind, weil sie die verminderte Erwerbsfähigkeit nicht verhindert haben

(vgl. § 116 Abs. 2 SGB VI). Der Anspruch auf Krankengeld bleibt unberührt, wenn der Rentenantrag abgelehnt wird. Der Versicherte ist nicht verpflichtet, dagegen einen Widerspruch einzulegen. Wird eine Rente zugebilligt, ergeben sich die Konsequenzen aus § 50 SGB V (Wegfall oder Kürzung des Krankengelds).

Ungeklärt sind Sachverhalte in der Praxis, in denen ein Antrag zwar fristgerecht gestellt wird, der Versicherte aber eine bewilligte Maßnahme zur Rehabilitation nicht antritt, diese abbricht oder sich bei einer Umwandlung des Antrags auf Leistungen zur Teilhabe in einen Rentenantrag weigert, einen formellen Rentenantrag zu stellen. Folgen aus fehlender Mitwirkung(vgl. § 66 SGB I) können in diesen Fällen durch die Krankenkasse nicht hergeleitet werden, weil Mitwirkungspflichten nur gegenüber dem zuständigen Rehabilitationsträger (z. B. Träger der Rentenversicherung) bestehen. Eine Lösung ergibt sich, indem entsprechende Tatbestände wie nicht wirksam gestellte Anträge behandelt werden.

11.1.9 Wegfall des Anspruchs auf Krankengeld

Der Antrag ist wirksam, wenn er ohne Einschränkungen gestellt wird und vom Rentenversicherungsträger bearbeitet werden kann.[297] Ein Antrag, der nur vorsorglich und gleichzeitig „ruhend“ gestellt wird, genügt diesen Anforderungen nicht. Wird der Antrag trotz einer wirksamen Aufforderung nicht wirksam oder nicht fristgerecht gestellt, entfällt der Anspruch auf Krankengeld mit Ablauf der Frist (vgl. § 51 Abs. 3 Satz 1 SGB V). Es entfällt lediglich der Anspruch auf Auszahlung des Krankengelds und nicht das Stammrecht.[298]

Ein neuer Anspruch auf Auszahlung des Krankengelds kann aufgrund der weiterhin bestehenden Arbeitsunfähigkeit nicht entstehen. Das gilt unabhängig von den die Arbeitsunfähigkeit verursachenden Krankheiten. Ein neuer Anspruch auf Krankengeld ist somit erst nach beendeter Arbeitsunfähigkeit denkbar, wenn die Voraussetzungen für den Krankengeldanspruch erneut eintreten (vgl. § 44 SGB V).

Hinweis:

Von einem neuen Anspruch auf Krankengeld ist das Wiederaufleben des „alten“ Anspruchs auf Krankengeld aufgrund eines nachträglich gestellten Antrags zu unterscheiden.

11.1.9.1 Entscheidung über den Wegfall des Anspruchs

Der Anspruch auf Krankengeld fällt mit dem Ablauf der Zehnwochenfrist weg, ohne dass es einer weiteren Entscheidung bedarf. Dazu muss die Aufforderung zum Antrag wirksam und bestandskräftig erlassen werden. Die aufschiebende Wirkung eines Rechtsbehelfs darf nicht gegeben sein.

11.1.9.2 Wiederaufleben des Anspruchs auf Krankengeld

Stellt der Versicherte den Antrag nach Fristablauf, lebt der Anspruch auf Krankengeld mit dem Tag des Antrags wieder auf (vgl. § 51 Abs. 3 Satz 2 SGB V). Das Wiederaufleben erfordert, dass das Stammrecht auf Krankengeld bis zum Zeitpunkt des nachgeholten Antrags besteht. Dazu muss die Arbeitsunfähigkeit ununterbrochen fort-

---

[297] BSG, Urteil vom 16.12.2014, B 1 KR 32/13 R
[298] BSG, Urteil vom 16.12.2014, B 1 KR 31/13 R

bestehen, regelmäßig fristgerecht ärztlich festgestellt und der Krankenkasse gemeldet werden (vgl. § 46 Satz 2; § 49 Abs. 1 Nr. 5 SGB V).[299]

11.1.10 Versicherungsrechtliche Auswirkungen

11.1.10.1 Versicherungspflichtige

Die Mitgliedschaft Versicherungspflichtiger bleibt für die Dauer des Anspruchs auf Krankengeld erhalten (vgl. § 192 Abs. 1 Nr. 2 SGB V). Voraussetzung ist, dass der Anspruch auf Krankengeld während der Mitgliedschaft des Versicherungspflichtigen (vgl. § 186 SGB V) und nicht erst nach ihrem Ende (vgl. § 190 SGB V) entstanden ist.

Entfällt der Anspruch auf Krankengeld mit dem Ende der Zehn-Wochen-Frist, endet zu diesem Zeitpunkt auch der Anspruch auf Zahlung des Krankengeldes.[300] Das Stammrecht bleibt dagegen erhalten, wenn die Voraussetzungen (Versicherungsverhältnis, Arbeitsunfähigkeit) weiterhin bestehen. Dazu gehört, die fortdauernde Arbeitsunfähigkeit spätestens am nächsten Werktag nach dem zuletzt bescheinigten Ende der Arbeitsunfähigkeit erneut ärztlich festzustellen. Jede Fortsetzungserkrankung ist der Krankenkasse innerhalb einer Woche zu melden (vgl. § 49 Abs. 1 Nr. 5 SGB V).

Ansonsten endet die Mitgliedschaft des Versicherungspflichtigen mit dem Ende der Krankengeldzahlung bzw. der bis dahin ärztlich festgestellten und der Krankenkasse gemeldeten Arbeitsunfähigkeit. Die Mitgliedschaft endet auch dann zu diesem Zeitpunkt, wenn das Arbeitsverhältnis noch besteht. § 7 Abs. 3 SGB IV ist nicht anwendbar, solange Arbeitsunfähigkeit besteht und damit die Fiktion einer Beschäftigung gegen Arbeitsentgelt verdrängt.[301]

Hinweis:

Endet die Mitgliedschaft, weil die fortgesetzte Arbeitsunfähigkeit nicht ärztlich festgestellt wird, ist der Arbeitsunfähige auf die obligatorische Anschlussversicherung (vgl. § 188 Abs. 4 SGB V), auf eine freiwillige Mitgliedschaft oder eine Familienversicherung angewiesen.

---

299 BSG, Urteil vom 16.12.2014, B 1 KR 31/13 R

300 BSG, Urteil vom 16.12.2014, B 1 KR 32/13 R, B 1 KR 31/13 R

301 BSG, Urteile vom 17.2.2004, B 1 KR 7/02 R; 17.4.2002, B 10 LW 24/01 R

11.1.10.2 Versicherungsberechtigte

Die Mitgliedschaft Versicherungsberechtigter wird durch den Wegfall des Anspruchs auf Krankengeld nicht berührt, da es an einer entsprechenden Regelung fehlt (vgl. § 191 SGB V). Die Versicherung ist ggf. auf eine Versicherung ohne Anspruch auf Krankengeld umzustellen (vgl. § 44 Abs. 2 SGB V).

11.2 Aufforderung zum Rentenantrag

Neben der Aufforderung zum Antrag auf Leistungen zur Teilhabe hat die Krankenkasse auch die Möglichkeit, zum Rentenantrag aufzufordern (vgl. § 51 Abs. 1 Satz 2, Abs. 2 SGB V). Die Aufforderung ist allerdings auf Versicherte beschränkt, die

- ihren Wohnsitz oder gewöhnlichen Aufenthalt im Ausland haben,
- die Voraussetzungen für die Regelaltersrente aus der gesetzlichen Rentenversicherung oder
- die Voraussetzungen für das Altersgeld aus der Altershilfe für Landwirte erfüllen.

Es gelten die gleichen Bedingungen wie bei der Aufforderung zum Antrag auf Leistungen zur Teilhabe. Wird der Antrag nicht oder nicht fristgerecht gestellt, fällt der Anspruch auf Krankengeld mit Ablauf der Frist weg.

11.3 Leistungsbeschränkung bei Selbstverschulden

Die Krankenkasse kann Krankengeld für die Dauer einer Krankheit ganz oder teilweise versagen oder zurückfordern, wenn sich Versicherte die Krankheit

- vorsätzlich oder
- bei einem von ihnen begangenen Verbrechen oder vorsätzlichen Vergehen

zugezogen haben (vgl. § 52 Abs. 1 SGB V).

Das Krankengeld kann für die Zukunft versagt oder für die Vergangenheit zurückgefordert werden.

Das Gleiche gilt, wenn sich Versicherte eine Krankheit durch eine medizinisch nicht indizierte Maßnahme (z. B. eine ästhetische Operation, eine Tätowierung oder ein Piercing) zugezogen haben (vgl. § 52 Abs. 2 SGB V). Das Krankengeld wird für die Dauer dieser

Behandlung versagt oder zurückgefordert. Die Krankenkasse übt kein Ermessen hinsichtlich der Anwendung der Rechtsnorm aus, sondern wird von Amts wegen tätig. Ermessen ist lediglich hinsichtlich der Entscheidung eingeräumt, ob das Krankengeld ganz oder teilweise versagt oder zurückgefordert wird. Dabei kann in Anlehnung an § 54 Abs. 4 SGB I das Krankengeld oberhalb der Pfändungsfreigrenze versagt bzw. zurückgefordert werden.

11.4 Mitwirkung des Versicherten

Wird Krankengeld beantragt oder bezogen, hat der Versicherte bei der Leistungsgewährung mitzuwirken. Dazu hat er

- alle Tatsachen anzugeben, die für die Leistung erheblich sind (vgl. § 60 Abs. 1 Satz 1 Nr. 1 SGB I),
- Änderungen in den Verhältnissen, die für die Leistung erheblich sind oder über die im Zusammenhang mit der Leistung Erklärungen abgegeben worden sind, unverzüglich mitzuteilen (vgl. § 60 Abs. 1 Satz 1 Nr. 2 SGB I),
- Beweismittel zu bezeichnen und auf Verlangen Beweisurkunden vorzulegen oder ihrer Vorlage zuzustimmen (vgl. § 60 Abs. 1 Satz 1 Nr. 3 SGB I),
- zur mündlichen Erörterung des Antrags oder zur Vornahme anderer für die Entscheidung über die Leistung notwendiger Maßnahmen persönlich zu erscheinen (vgl. § 61 SGB I),
- sich ärztlichen und psychologischen Untersuchungsmaßnahmen zu unterziehen, soweit diese für die Entscheidung über die Leistung erforderlich sind (vgl. § 62 SGB I),
- sich einer Heilbehandlung zu unterziehen, wenn zu erwarten ist, dass sie eine Besserung seines Gesundheitszustands herbeiführen oder eine Verschlechterung verhindern wird (vgl. § 63 SGB I).

Wird die Mitwirkung unberechtigt unterlassen und dadurch die Aufklärung des Sachverhalts erschwert, kann die Krankenkassen das Krankengeld ganz oder teilweise versagen oder entziehen (vgl. § 66 Abs. 1 Satz 1 SGB I). Betroffen sind Verstöße gegen Mitwirkungsobliegenheiten nach

- § 60 SGB I (Angabe von Tatsachen),
- § 61 SGB I (Persönliches Erscheinen) und
- § 62 SGB I (ärztliche und psychologische Untersuchungsmaßnahmen),

ohne dass die Grenzen der Mitwirkung (vgl. § 65 SGB I) überschritten wurden.

Krankengeld kann ganz oder teilweise versagt oder entzogen werden, wenn durch die unterbliebene Mitwirkung die Arbeitsfähigkeit beeinträchtigt oder der Gesundheitszustand nicht gebessert wird (vgl. § 66 Abs. 2 SGB I). Betroffen sind Verstöße gegen Mitwirkungsobliegenheiten nach

- § 62 SGB I (ärztliche oder psychologische Untersuchungen) oder
- § 63 SGB I (Heilbehandlung),

ohne dass die Grenzen der Mitwirkung (vgl. § 65 SGB I) überschritten wurden. Es muss durch die Verletzung der Mitwirkungspflichten unter Würdigung aller Umstände mit Wahrscheinlichkeit anzunehmen sein, dass die Arbeitsfähigkeit beeinträchtigt und der Gesundheitszustand nicht gebessert ist.

12 Krankengeld bei Erkrankung eines Kindes

12.1 Voraussetzungen

Krankengeld bei Erkrankung eines Kindes (Kinderpflege-Krankengeld) erhalten Versicherte,

- wenn es nach ärztlichem Zeugnis erforderlich ist, dass sie zur Beaufsichtigung, Betreuung oder Pflege ihres erkrankten, im selben Haushalt lebenden und selbst versicherten Kindes der Arbeit fernbleiben,
- eine andere im Haushalt lebende Person das Kind nicht beaufsichtigen, betreuen oder pflegen kann und
- das Kind das 12. Lebensjahr noch nicht vollendet hat oder behindert und auf Hilfe angewiesen ist (vgl. § 45 Abs. 1 Satz 1 SGB V).

12.2 Altersgrenze

Der Anspruch ist auf Kinder beschränkt, die das zwölfte Lebensjahr noch nicht vollendet haben. Ist das Kind jedoch behindert und auf Hilfe angewiesen, besteht der Anspruch ohne Rücksicht auf das Lebensalter des Kindes. Wenn der Anspruch auf die Vollendung des zwölften Lebensjahrs begrenzt ist, endet der Anspruch auch während des laufenden Bezugs zu diesem Zeitpunkt.

Behindert und auf Hilfe angewiesen sind Kinder, wenn ihre körperliche Funktion, geistige Fähigkeit oder seelische Gesundheit mit hoher Wahrscheinlichkeit länger als sechs Monate von dem für das Lebensalter typischen Zustand abweichen und daher ihre Teilhabe am Leben in der Gesellschaft beeinträchtigt ist (vgl. § 2 Abs. 1 Satz 1 SGB IX).

12.3 Dauer

Anspruch auf Kinderpflege-Krankengeld besteht in jedem Kalenderjahr für jedes Kind längstens für zehn Arbeitstage. Der Anspruch auf Krankengeld für dasselbe Kind kann von jedem versicherten Elternteil unter Berücksichtigung der neuen Höchstanspruchsdauer für bis zu zehn Arbeitstage geltend gemacht werden.

Soweit in der Familie mehrere versicherte Kinder leben, bestehen die Ansprüche in einem Kalenderjahr entsprechend mehrfach. Insgesamt ist der Anspruch für einen Versicherten innerhalb eines Kalenderjahrs allerdings auf 25 Arbeitstage begrenzt.

12.4 Alleinerziehende

Bei alleinerziehenden Versicherten wird die Höchstanspruchsdauer je Kind im Kalenderjahr auf 20 Arbeitstage bzw. für mehrere Kinder insgesamt auf 50 Arbeitstage festgelegt. Es ist unter Berücksichtigung der tatsächlichen Verhältnisse im Einzelfall darüber zu entscheiden, ob der antragstellende Elternteil als alleinerziehend angesehen werden kann. Als alleinerziehend im Sinne des § 45 Abs. 2 Satz 1 SGB V gelten auch Versicherte, die als erziehender Elternteil faktisch alleinstehend sind. Für den erweiterten Anspruch auf Kinderpflege-Krankengeld von 20 Arbeitstagen ist dann nicht auf die alleinige Innehabung des Sorgerechts, sondern auf das tatsächliche Alleinstehen bei der Erziehung abzustellen (z. B. wenn das Kind grundsätzlich im gemeinsamen Haushalt mit einem Elternteil lebt und sich nur alle zwei Wochen am Wochenende beim anderen Elternteil aufhält).[302]

Bei einem Statuswechsel von einem gemeinsamen zu einem alleinigen Personensorgerecht oder umgekehrt darf die Höchstanspruchsdauer für das Kinderpflege-Krankengeld nach § 45 Abs. 2 SGB V von maximal 20 Arbeitstagen je Kind (bzw. 50 Arbeitstage) nicht überschritten werden.

---

[302] BSG, Urteil vom 26.6.2007, B 1 KR 33/06 R

12.5 Berechnung und Höhe

Das Krankengeld wird nach dem während der Freistellung ausgefallenen Nettoarbeitsentgelt berechnet (ähnlich wie die Entgeltfortzahlung im Krankheitsfall). Das Nettoarbeitsentgelt wird aus dem Bruttoarbeitsentgelt ermittelt, soweit davon Beiträge zur Krankenversicherung berechnet wurden.

- Das Brutto-Krankengeld beträgt 90 % des Nettoarbeitsentgelts.
- Einmalzahlungen werden berücksichtigt, wenn sie in den letzten zwölf Kalendermonaten vor der Freistellung gezahlt wurden. Das Brutto-Krankengeld beträgt dann unabhängig von der Höhe der Einmalzahlung 100 % des ausgefallenen Nettoarbeitsentgelts.
- Das kalendertägliche Krankengeld darf 70 % der kalendertäglichen Beitragsbemessungsgrenze in der Krankenversicherung nicht übersteigen.

12.6 Beiträge

Beitragspflichtige Einnahmen in der Pflege-, Renten- und Arbeitslosenversicherung sind 80 % des während der Freistellung ausgefallenen, laufenden Arbeitsentgelts oder des der Leistung zugrunde liegenden Arbeitseinkommens (vgl. § 345 Nr. 5b SGB III, § 166 Abs. 1 Nr. 2e SGB VI, § 57 Abs. 2 Satz 6 SGB XI).

Arbeitsentgelt ist das beitragspflichtige Arbeitsentgelt unter Berücksichtigung der Beitragsbemessungsgrenze im jeweiligen Versicherungszweig.

Einmalig gezahltes Arbeitsentgelt, welches zu einer Erhöhung des Kinderkrankengeldes von 90 auf 100 % des ausgefallenen laufenden Nettoarbeitsentgelts führt, hat keinen Einfluss auf die Höhe der beitragspflichtigen Einnahmen.

Gleichzeitig zum Kinderkrankengeld bezogenes Arbeitsentgelt wird nicht berücksichtigt.

12.7 Schwerstkranke Kinder

Ein unbefristeter Anspruch auf Kinderpflege-Krankengeld besteht für Kinder, die das 12. Lebensjahr noch nicht vollendet haben oder behindert und auf Hilfe angewiesen sind und an einer Erkrankung leiden,

- die progredient (fortschreitend und sich unaufhaltsam verschlimmernd) verläuft und bereits ein weit fortgeschrittenes Stadium erreicht hat,
- bei der eine Heilung ausgeschlossen und eine palliativ-medizinische Behandlung notwendig oder von einem Elternteil erwünscht ist und
- die lediglich eine begrenzte Lebenserwartung von Wochen oder wenigen Monaten erwarten lässt.

Der Anspruch besteht für einen Elternteil unabhängig davon, ob eine andere im Haushalt lebende Person die Beaufsichtigung, Betreuung und Pflege des schwerstkranken Kindes übernehmen kann (vgl. § 45 Abs. 4 Satz 2 SGB V). Der Anspruch ist nicht zeitlich befristet.

Der Anspruch besteht, soweit und solange die medizinischen und versicherungsrechtlichen Voraussetzungen gegeben sind. In der Praxis wird empfohlen, das Krankengeld zu zahlen, wenn das Kind voraussichtlich eine Lebenserwartung von bis zu sechs Monaten hat. Der Anspruch endet mit dem Tod des Kindes.

Das Krankengeld wird in entsprechender Anwendung des § 47 SGB V für Kalendertage berechnet und gezahlt. Berechnungsgrundlage ist das Arbeitsentgelt oder Arbeitseinkommen des Abrechnungszeitraums, der zuletzt vor der Freistellung abgerechnet wurde. Ist das Krankengeld für einen ganzen Kalendermonat zu zahlen, wird dieser mit 30 Tagen berücksichtigt (vgl. § 47 Abs. 1 Satz 7 SGB V).

12.8 Freistellung von der Arbeitsleistung

Versicherte Arbeitnehmer haben für die Dauer des Anspruchs auf Krankengeld einen Anspruch auf Freistellung von der Arbeitsleistung (vgl. § 45 Abs. 3 Satz 1 SGB V). Ob der Arbeitgeber für diese Zeit das Entgelt fortzahlt, richtet sich nach der inhaltlichen Ausgestaltung des Arbeitsverhältnisses.

Den Freistellungsanspruch haben alle Arbeitnehmer unabhängig davon, ob sie mit oder ohne Anspruch auf Krankengeld bei einer gesetzlichen Krankenkasse versichert sind (vgl. § 45 Abs. 5 SGB V). Die Vorschrift erfasst auch Arbeitnehmer, die bei einem Unternehmen der privaten Versicherungswirtschaft krankenversichert sind.

III. Verletztengeld

1 Allgemeines 222
2 Anspruch 222
2.1 Voraussetzungen 222
2.2 Dauer 235
2.3 Wiedererkrankung 241
2.4 Ausschluss des Anspruchs auf Krankengeld 242
3 Höhe 243
3.1 Arbeitsentgelt 243
3.2 Kumuliertes Regelentgelt 244
3.3 Arbeitseinkommen 244
3.4 Höchstregelentgelt 245
3.5 Höhe des Verletztengeldes 246
3.6 Günstigkeitsvergleich und Neufestsetzung 246
3.7 Bezieher von Leistungen nach dem SGB II und SGB III 247
3.8 Unternehmer 248
4 Mitgliedschaft und Versicherungspflicht in der Sozialversicherung 249
5 Anrechnung von Einkommen 250
5.1 Arbeitsentgelt oder Arbeitseinkommen 250
5.2 Sozialleistungen 250

III. Verletztengeld

1 Allgemeines

Verletztengeld wird an Versicherte (vgl. §§ 2 bis 6 SGB VII) wegen eines Arbeitsunfalls oder einer Berufskrankheit gezahlt (Versicherungsfälle der Unfallversicherung; vgl. §§ 7 bis 13 SGB VII). Es ergänzt die Leistungen zur medizinischen Rehabilitation (vgl. § 44 Abs. 1 Nr. 1 SGB IX). Rechtsgrundlagen sind die §§ 45 bis 48, 52 SGB VII.

Die Krankenkassen werden beauftragt, Verletztengeld für den zuständigen Unfallversicherungsträger zu berechnen und auszuzahlen (vgl. § 189 SGB VII, § 88 SGB X). Daraus entsteht ein Erstattungsanspruch der Krankenkasse gegen den Unfallversicherungsträger (vgl. § 91 SGB X). Weitere Erstattungsansprüche ergeben sich aus §§ 102, 105 SGB X, wenn Leistungen vorläufig oder unzuständig erbracht werden.

2 Anspruch

Das Verletztengeld ersetzt das durch einen Versicherungsfall der Unfallversicherung entfallene Arbeitsentgelt oder Arbeitseinkommen.

2.1 Voraussetzungen

2.1.1 Versicherungsfall

Versicherungsfälle sind Arbeitsunfälle und Berufskrankheiten (vgl. § 7 Abs. 1 SGB VII). Der Versicherte hat einen Anspruch gegen den Unfallversicherungsträger, den Versicherungsfall festzustellen.[303] Die Entscheidung darüber ist an keine bestimmte Form gebunden.

2.1.1.1 Arbeitsunfall

Arbeitsunfälle sind Unfälle von Versicherten infolge einer den Versicherungsschutz nach §§ 2, 3, 6 SGB VII begründenden Tätigkeit (versicherte Tätigkeit; vgl. § 8 Abs. 1 Satz 1 SGB VII).[304] Für den ursäch-

[303] BSG, Urteil vom 31.1.2012, B 2 U 2/11 R

[304] Für die See- und Binnenschifffahrt gelten weitere spezialgesetzliche Regelungen (vgl. § 10 SGB VII).

lichen Zusammenhang zwischen einem Unfall und der versicherten Tätigkeit ist es erforderlich, dass

- die Verrichtung des Versicherten zur Zeit des Unfalls der versicherten Tätigkeit zuzurechnen ist (innerer bzw. sachlicher Zusammenhang),
- diese Verrichtung zum Unfallereignis geführt hat (Unfallkausalität) und

letzteres einen Gesundheitsschaden oder den Tod des Versicherten verursacht hat (haftungsbegründende Kausalität).[305]

Der ursächliche Zusammenhang zwischen dem Gesundheitsschaden und den Unfallfolgen wird als haftungsausfüllende Kausalität bezeichnet (vgl. Beispiel 81).

Beispiel 81: Arbeitsunfall

Ein Arbeitnehmer übt eine versicherte Tätigkeit als Maurer aus und stürzt infolge dessen von einem Baugerüst. Dabei zieht er sich eine Prellung am linken Oberschenkel zu. Die versicherte Tätigkeit (Maurer), das Unfallereignis (Sturz vom Baugerüst) sowie der Gesundheitsschaden (Prellung am linken Oberschenkel) stehen in einem ursächlichen Zusammenhang (haftungsbegründende Kausalität). Die Folge der Prellung ist ein Bluterguss im Oberschenkel (Unfallfolgen), der ärztlicher Behandlung bedarf (haftungsausfüllende Kausalität).

2.1.1.2 Eigenwirtschaftliche Tätigkeit

Verrichtungen im Rahmen eines Beschäftigungsverhältnisses gehören nicht zur versicherten Tätigkeit und stehen nicht unter dem Versicherungsschutz, wenn sie höchst persönliche Verrichtungen (wie z. B. Essen) oder eigenwirtschaftliche Verrichtungen (wie z. B. Einkaufen) sind.[306] Sie führen zu einer Unterbrechung der versicherten Tätigkeit und damit auch zu einer Unterbrechung des Versicherungsschutzes. Der Versicherungsschutz lebt wieder auf, wenn anschließend die versicherte Tätigkeit wieder aufgenommen wird.[307]

305 BSG, Urteil vom 24.7.2012, B 2 U 9/11 R
306 BSG, Urteil vom 31.1.2012, B 2 U 2/11 R
307 BSG, Urteil vom 4.7.2013, B 2 U 3/13 R

2.1.1.3 Gemischte Tätigkeit

Gemischte Tätigkeiten setzen (mindestens) zwei gleichzeitig ausgeübte untrennbare Verrichtungen voraus, von denen (wenigstens) eine den Tatbestand einer versicherten Tätigkeit erfüllt (vgl. Beispiel 82).[308] Es handelt sich um einen Arbeitsunfall, wenn der Gesundheitsschaden infolge der Verrichtung der versicherten Tätigkeit eingetreten und ihr damit zuzurechnen ist.

Beispiel 82: Gemischte Tätigkeit

Eine versicherte Altenpflegerin unternimmt einen Spaziergang (privatwirtschaftliches Verhalten). Da sie für ihren Arbeitgeber rufbereit zu sein hat, trägt sie ein ihr überlassenes Mobiltelefon mit sich. Während eines Anrufs ihres Arbeitgebers (versicherte Tätigkeit) stürzt die Arbeitnehmerin wegen Eisglätte und zieht sich eine Verletzung zu. Sie hat einen Arbeitsunfall erlitten.

2.1.1.4 Gelegenheitsursache

Der Unfall ist ein zeitlich begrenztes, von außen auf den Körper einwirkendes Ereignis, das zu einem Gesundheitsschaden oder zum Tod führt (vgl. § 8 Abs. 1 Satz 2 SGB VII). Damit grenzt sich das Unfallereignis von krankhaften Vorgängen im Inneren des menschlichen Körpers (z. B. Sturz während der Arbeitszeit wegen eines Herzinfarktes) oder von willentlich herbeigeführten Einwirkungen (z. B. Selbstverstümmelung) ab.[309] Vergleichbar sind konkurrierende Ursachen, die der versicherten Tätigkeit nicht zuzurechnen sind (z. B. Drogenkonsum).

2.1.1.5 Kausalität

Maßgebend für die Beurteilung der haftungsbegründenden Kausalität ist die Theorie der wesentlichen Bedingung.[310] Danach muss das versicherte Unfallereignis für den Gesundheitsschaden wesentlich sein. Gab es neben der versicherten Ursache noch konkurrierende Ursachen wie z. B. Krankheitsanlagen oder Drogen- oder Alkoholkonsum, ist der Ursachenzusammenhang ausgeschlossen, wenn die

---

308 BSG, Urteil vom 26.6.2014, B 2 U 4/13 R
309 BSG, Urteil vom 9.5.2006, B 2 U 1/05 R
310 BSG, Urteil vom 9.5.2006, B 2 U 1/05 R

konkurrierende Ursache von überragender Bedeutung für den Gesundheitsschaden war. Es handelt sich dann beim Unfallereignis um eine Gelegenheitsursache, die den Versicherungsschutz ausschließt.

2.1.1.6 Wegeunfall

Arbeitsunfälle sind nicht nur Unfälle im Zusammenhang mit der versicherten Tätigkeit, sondern auch auf den damit zusammenhängenden Wegen nach und vom Ort der Tätigkeit (Wegeunfälle; vgl. § 8 Abs. 2 SGB VII).[311] Der Versicherungsschutz erstreckt sich somit auch auf den Weg von der Wohnung zur Arbeitsstätte (ab Außenhaustür des Wohngebäudes) bzw. auf den Heimweg. Der Versicherungsschutz besteht, wenn die Wege der Aufnahme der versicherten Tätigkeit bzw. nach deren Beendigung dem Erreichen der Wohnung oder eines dritten Ortes dienen.

Beim eingeschlagenen Weg muss es sich nicht um den kürzesten Weg zwischen Ausgangs- und Endpunkt handeln. Als unmittelbarer Weg ist ein längerer Weg anzusehen, der eingeschlagen wird, um eine verkehrstechnisch schlechte Wegstrecke zu umgehen oder eine weniger verkehrsreiche oder schneller befahrbare Straße zu nutzen. Versichert ist auch ein vom unmittelbaren Weg abweichender Weg, wenn Kinder von Versicherten, die mit ihnen in einem gemeinsamen Haushalt leben, fremder Obhut anvertraut werden oder wenn Fahrgemeinschaften mit Mitfahrenden desselben Betriebs oder Unternehmens dies erfordern.

Der Versicherungsschutz erlischt, wenn der versicherte Weg für eine eigenwirtschaftliche Verrichtung, die zum persönlichen Lebensbereich gehört (z. B. Einkauf von Lebensmitteln auf dem Heimweg von der Arbeit), unterbrochen wird. Der Versicherungsschutz setzt wieder ein, wenn die eigenwirtschaftliche Tätigkeit beendet ist und der ursprüngliche Weg wieder aufgenommen wird. Dauert die Unterbrechung länger als zwei Stunden, ist davon auszugehen, dass der Versicherte sich vom geschützten Weg gelöst hat.[312] Der Versicherungsschutz beginnt dann mit dem Ende der Unterbrechung (Weg zur Arbeit) oder mit dem Beginn der Unterbrechung (Heimweg).

---

311 BSG, Urteile vom 13.11.2012, B 2 U 19/11 R; 14.11.2013, B 2 U 27/12 R

312 BSG, Urteil vom 2.12.2008, B 2 U 26/06 R

2.1.1.7 Berufskrankheit

Berufskrankheiten sind Krankheiten, die durch eine Rechtsverordnung als Berufskrankheit bezeichnet werden und die Versicherte infolge einer versicherten Tätigkeit erleiden (vgl. § 9 Abs. 1 Satz 1 SGB VII).[313]

- Eine Erkrankung wird als Berufskrankheit anerkannt, wenn sie in der Berufskrankheiten-Verordnung aufgeführt ist.
- Die Erkrankung muss den Zwang zur Unterlassung aller gefährdenden Tätigkeiten herbeigeführt haben, und der Versicherte darf eine solche Tätigkeit tatsächlich nicht mehr ausüben.
- Für das Vorliegen des Tatbestandes der Berufskrankheit ist ein ursächlicher Zusammenhang zwischen der versicherten Tätigkeit und der schädigenden Einwirkung und zwischen der schädigenden Einwirkung und der Erkrankung erforderlich.
- Dabei müssen die Krankheit, die versicherte Tätigkeit und die durch sie bedingten schädigenden Einwirkungen einschließlich deren Art und Ausmaß i. S. des „Vollbeweises", also mit an Sicherheit grenzender Wahrscheinlichkeit, nachgewiesen werden, während für den ursächlichen Zusammenhang als Voraussetzung der Entschädigungspflicht, der nach der auch sonst im Sozialrecht geltenden Lehre von der wesentlichen Bedingung zu bestimmen ist, grundsätzlich die (hinreichende) Wahrscheinlichkeit ausreicht.

2.1.1.8 Mittelbare Folgen

Mittelbare Folgen eines Versicherungsfalls werden ebenfalls als Unfallfolge entschädigt (vgl. § 11 SGB VII).[314] Zuständig ist der Unfallversicherungsträger, der den Erstschaden entschädigt hat.

Es handelt sich um einen mittelbaren Schaden, wenn zu einer ersten Gesundheitsstörung eine weitere hinzutritt, die rechtlich wesentlich durch die anerkannte Unfallfolge mit verursacht ist. Zum Erstunfall tritt ein zweites Unfallereignis hinzu, welches eine nach Identität und Qualität verschiedene und selbstständige Schädigung darstellt. Der Erstunfall muss stets ein Versicherungsfall nach §§ 8, 9 SGB VII sein.

[313] BSG, Urteil vom 4.7.2013, B 2 U 11/12 R
[314] BSG, Urteil vom 15.5.2012, B 2 U 31/11 R

Hinweis:

Vom mittelbaren Schaden ist die Verschlimmerung eines Schadens zu unterscheiden, die immer dem Erstunfall zuzurechnen ist.

Zweitunfälle in diesem Sinne sind Unfälle bei der

- Durchführung einer Heilbehandlung, von Leistungen zur Teilhabe am Arbeitsleben oder einer Maßnahme nach § 3 der Berufskrankheiten-Verordnung,
- Wiederherstellung oder Erneuerung eines Hilfsmittels,
- zur Aufklärung des Sachverhalts eines Versicherungsfalls angeordneten Untersuchung.

Versichert sind auch die notwendigen Wege.

2.1.1.9 Schädigung einer Leibesfrucht

Ein ungeborenes Kind (Leibesfrucht) steht ebenfalls unter dem Schutz der Unfallversicherung (vgl. § 12 SGB VII). Der Versicherungsfall setzt einen Arbeitsunfall der Mutter voraus, durch den auch das ungeborene Kind geschädigt wird. Wird das ungeborene Kind durch eine Berufskrankheit geschädigt, ist es nicht erforderlich, dass auch die Mutter erkrankt. Es ist vielmehr ausreichend, dass die Krankheit geeignet ist, bei der Mutter eine Berufskrankheit auszulösen.

2.1.1.10 Blut- oder Organspende

Als Versicherungsfall gilt bei Versicherten (vgl. § 2 Abs. 1 Nr. 13 Buchst. b SGB VII) der Gesundheitsschaden, der über die durch die Blut-, Organ-, Organteil- oder Gewebeentnahme regelmäßig entstehenden Beeinträchtigungen hinausgeht und in ursächlichem Zusammenhang mit der Spende steht (vgl. § 12a SGB VII).[315] Dazu gehören auch erforderliche Voruntersuchungen sowie Nachsorgemaßnahmen.

---

[315] Es kommt nur eine Gesundheitsbeeinträchtigung in Betracht, die nach den derzeit anerkannten medizinischen Erfahrungssätzen nicht notwendig allein schon durch die operative Organentnahme verursacht wird (BSG, Urteil vom 15.5.2012, B 2 U 16/11 R).

2.1.2 Arbeitsunfähigkeit

Versicherte erhalten Verletztengeld, wenn sie infolge des Versicherungsfalls arbeitsunfähig sind und unmittelbar vor dem Beginn der Arbeitsunfähigkeit Anspruch auf Arbeitsentgelt, Arbeitseinkommen oder eine Entgeltersatzleistung hatten (vgl. § 45 Abs. 1 SGB VII).

Hinweis:

Der Begriff „Arbeitsunfähigkeit" entspricht dem durch die Rechtsprechung entwickelten Begriff in der Krankenversicherung.

Ein Versicherter ist arbeitsunfähig, wenn wegen eines Versicherungsfalls (vgl. § 7 SGB VII)[316] die zuletzt ausgeübte Beschäftigung oder Tätigkeit nicht mehr ausgeübt werden kann oder der Versicherte ihr nur unter der Gefahr der Verschlimmerung seiner Krankheit in absehbarer Zeit weiter nachgehen kann.[317] Die Beurteilung erfolgt allein nach medizinischen und berufskundlichen Gesichtspunkten. Dabei sind die vom BSG in ständiger Rechtsprechung zum Begriff der Arbeitsunfähigkeit in der Krankenversicherung entwickelten Kriterien heranzuziehen.[318]

Wenn mehrere Beschäftigungen ausgeübt werden, ist die Arbeitsunfähigkeit für jede einzelne Beschäftigung zu prüfen.[319]

Kinder, Schüler und Studenten (vgl. § 2 Abs. 1 Nr. 8 SGB VII) sind arbeitsunfähig, wenn sie neben dem Schulbesuch oder dem Studium (ggf. während der Ferien oder vorlesungsfreien Zeit) eine Tätigkeit verrichten und diese Tätigkeit infolge eines Versicherungsfalls der Unfallversicherung aus gesundheitlichen Gründen nicht mehr ausüben können. Die Arbeitsunfähigkeit endet mit dem vorgesehenen Ende der Beschäftigung, da von diesem Zeitpunkt an kein zu ersetzender Ausfall von Arbeitsentgelt oder Arbeitseinkommen vorhanden ist.

2.1.3 Hinzutritt einer Krankheit

Tritt zu einer Arbeitsunfähigkeit aufgrund eines Versicherungsfalls eine unfallunabhängige Krankheit hinzu, die für sich Arbeitsunfähigkeit verursachen würde, wird dadurch keine weitere Arbeitsunfähigkeit begründet, die selbstständige rechtliche Folgen auslösen

---

[316] BSG, Urteil vom 17.2.2009, B 2 U 18/07 R

[317] BSG in ständiger Rechtsprechung, u. a. Urteil vom 30.10.2007, B 2 U 31/06 R mit weiteren Nachweisen

[318] BSG, Urteil vom 30.10.2007, B 2 U 31/06 R mit weiteren Nachweisen

[319] BSG, Urteil vom 23.7.2015, B 2 U 6/14 R

könnte. Die zu einer unfallbedingten Krankheit hinzugetretene unfallunabhängige Erkrankung teilt im Ergebnis das Schicksal der Ursprungserkrankung, weil die weitere Krankheit noch während des Bestehens der Arbeitsunfähigkeit infolge der ersten Krankheit aufgetreten ist.[320] Eine Krankheit tritt erst dann nicht mehr „hinzu" und ist in ihren Rechtsfolgen eigenständig zu beurteilen, wenn sie am Tage nach Beendigung der bisherigen Arbeitsunfähigkeit oder noch später auftritt.[321]

Eine hinzugetretene Krankheit löst erst dann selbstständige rechtliche Folgen aus, wenn sie alleinige Ursache für die Arbeitsunfähigkeit ist.

Das gilt auch, wenn zu einer Arbeitsunfähigkeit aufgrund einer unfallunabhängigen Krankheit die Folgen eines Versicherungsfalls in der Unfallversicherung hinzutreten, die ebenfalls Arbeitsunfähigkeit auslösen würden.

2.1.4 Maßnahme der Heilbehandlung

Versicherte erhalten Verletztengeld, wenn sie wegen einer Maßnahme der Heilbehandlung (vgl. §§ 27 ff. SGB VII) keine ganztägige Erwerbstätigkeit ausüben können und unmittelbar vor dem Beginn der Arbeitsunfähigkeit Anspruch auf bestimmte Einkünfte hatten (vgl. § 45 Abs. 1 SGB VII). Es ist unerheblich, ob die Maßnahme ambulant oder stationär durchgeführt wird. Der Versicherte in einer Vollzeit- oder Teilzeitbeschäftigung kann dann eine ganztägige Erwerbstätigkeit nicht ausüben, wenn die Unterbrechung der Arbeitszeit dazu führt, dass der Arbeitgeber in der restlichen Arbeitszeit keine Verwendung für den Arbeitnehmer hat.

2.1.5 Leistungen unmittelbar vor der Arbeitsunfähigkeit

Eine weitere Voraussetzung für den Anspruch ist ein Arbeitsentgelt oder Arbeitseinkommen unmittelbar vor dem Beginn der Arbeitsunfähigkeit oder der Heilbehandlung. Diesen Einkünften gleichgestellt sind die in § 45 Abs. 1 Nr. 2 SGB VII aufgeführten Entgeltersatzleistungen (z. B. Krankengeld, Versorgungskrankengeld oder Arbeitslosengeld).

Entscheidend ist die Versicherteneigenschaft zum Zeitpunkt des Arbeitsunfalles sowie die Erzielung von Einkommen.[322] Der Begriff

---

[320] BSG, Urteil vom 8.11.2005, B 1 KR 33/03 R

[321] BSG, Urteil vom 8.11.2005, B 1 KR 27/04 R

[322] BSG, Urteil vom 19.8.2003, B 2 U 46/02 R

„unmittelbar vor Beginn der Arbeitsunfähigkeit ..." bedeutet nicht, dass bis zum letzten Tag vor dem Eintritt der unfallbedingten Arbeitsunfähigkeit Anspruch auf eine der genannten Leistungen bestanden haben muss. Der Wortsinn zwingt nicht zu einem solchen Verständnis, denn das Wort „unmittelbar" bringt lediglich zum Ausdruck, dass die Arbeitsunfähigkeit ohne Unterbrechung auf den Leistungsbezug folgen muss, ohne dass damit gesagt wäre, wann eine für den Verletztengeldanspruch schädliche Unterbrechung anzunehmen ist.[323]

Für das Verständnis des Begriffs „unmittelbar" bedeutet das, dass es nicht auf einen tagesgenauen zeitlichen Anschluss ankommt. Vielmehr muss der Versicherte vor der Arbeitsunfähigkeit eine auf Gewinnerzielung ausgerichtete selbstständige Tätigkeit ausgeübt oder von einer der im Gesetz aufgeführten Einkunftsarten gelebt haben.[324] Die Voraussetzungen des § 45 Abs. 1 Nr. 2 SGB VII sind dagegen nicht erfüllt, wenn er seinen Lebensunterhalt zu diesem Zeitpunkt aus anderen Quellen, etwa aus Vermögen, Kapitaleinkünften, Rente oder Sozialhilfe, finanziert hat. War der Anspruch auf eine der durch Verletztengeld zu ersetzenden Leistungen bereits vor Eintritt der unfallbedingten Arbeitsunfähigkeit weggefallen, so hängt die Entscheidung über den Anspruch auf Verletztengeld davon ab, ob sich in der Zwischenzeit eine neue wirtschaftliche Lebensgrundlage gebildet hatte oder bilden konnte. Kürzere Unterbrechungen zwischen dem Anspruch auf Arbeitsentgelt oder Arbeitseinkommen und dem Beginn der Arbeitsunfähigkeit oder der Heilbehandlung sind deshalb unschädlich.

In der Praxis wird unter Berücksichtigung der durch die Rechtsprechung aufgestellten Grundsätze zur Unmittelbarkeit eine Unterbrechung von einem Monat in entsprechender Anwendung des § 7 Abs. 3 Satz 1 SGB IV oder § 19 Abs. 2 SGB V akzeptiert (vgl. Beispiel 83).[325] Eine Unterbrechung von sieben Tagen ist jedenfalls unschädlich, wenn von vornherein feststeht, dass keine anderweitige Erwerbsgrundlage geschaffen werden wird.[326]

---

[323] Dem Schrifttum sind auch abweichende Auffassungen zu entnehmen. In der Praxis ist eine Entscheidung des Unfallversicherungsträgers im Einzelfall erforderlich.

[324] BSG, Urteil vom 26.6.2007, B 2 U 23/06 R

[325] Bei einer anderen Auslegung sind Sachverhalte problematisch, in denen ein Arbeitsunfall während der Wartezeit nach § 3 Abs. 3 EFZG eintritt. In diesen Fällen bestünde bei einer engen Auslegung kein Anspruch auf Verletztengeld (anders als beim Anspruch auf Krankengeld).

[326] BSG, Urteil vom 26.6.2007, B 2 U 23/06 R

Beispiel 83: Anspruch auf Arbeitsentgelt

Fall 1:

Das Arbeitsverhältnis eines Arbeitnehmers endet durch Kündigung zum 30.6.2018. Bis zu diesem Zeitpunkt besteht auch ein Anspruch auf Arbeitsentgelt; ein Anspruch auf Arbeitslosengeld oder andere Einkünfte besteht nicht. Der Arbeitnehmer ist wegen eines Arbeitsunfalls vom 15.7.2018 bis auf Weiteres arbeitsunfähig.

Es besteht Anspruch auf Verletztengeld, weil der Arbeitnehmer infolge eines Versicherungsfalls arbeitsunfähig ist und unmittelbar vor dem Beginn der Arbeitsunfähigkeit Anspruch auf Arbeitsentgelt hatte.

Fall 2:

Ein Arbeitnehmer steht seit dem 1.7.2018 in einem Beschäftigungsverhältnis mit Anspruch auf Arbeitsentgelt. Der Arbeitnehmer ist wegen einer unfallunabhängigen Erkrankung vom 15. bis zum 20.7.2018 arbeitsunfähig. Wegen eines am 18.7.2018 eingetretenen Arbeitsunfalls besteht über den 20.7.2018 hinaus bis auf Weiteres Arbeitsunfähigkeit.

Der Arbeitnehmer erhält wegen der Regelung des § 3 Abs. 3 EFZG für die Zeit vom 29.7. bis zum 8.9.2018 Entgeltfortzahlung durch seinen Arbeitgeber. In der Zeit vom 15. bis zum 20.7.2018 besteht ein Anspruch auf Krankengeld. Anspruch auf Verletztengeld besteht vom 21.7.2018 an, weil unmittelbar vor dem Beginn der Arbeitsunfähigkeit aufgrund des Versicherungsfalls ein Anspruch auf Krankengeld bestand.

Fall 3:

Ein selbstständig Erwerbstätiger gibt sein Gewerbe zum 30.7.2018 auf, um von da an von seinen Einnahmen aus Vermietung und Verpachtung zu leben. Arbeitseinkommen wird nicht mehr erzielt. Der ehemals Erwerbstätige erleidet am 15.7.2018 einen Arbeitsunfall. Ein Anspruch auf Verletztengeld besteht nicht, weil die wirtschaftliche Lebensgrundlage die Einnahmen aus Vermietung und Verpachtung sind. Damit fehlt es an einer der in § 45 Abs. 1 Nr. 2 SGB VII genannten Einnahmen. Insbesondere Arbeitseinkommen wird nicht mehr erzielt und bildet nicht die wirtschaftliche Lebensgrundlage.

III

Kinder, Schüler und Studierende haben keinen Anspruch auf Verletztengeld.[327] Es fehlt an Arbeitsentgelt oder Arbeitseinkommen, das unmittelbar vor der Arbeitsunfähigkeit erzielt wurde. Der Anspruch besteht auch dann nicht, wenn eine abhängige Beschäftigung oder selbstständige Tätigkeit wegen der Arbeitsunfähigkeit nicht aufgenommen werden kann. Allerdings kann ein Anspruch gegeben sein, wenn ein Schüler oder ein Student während der Schul- oder Semesterferien arbeitet und infolge eines Arbeitsunfalls arbeitsunfähig ist.

2.1.6 Bevorstehende Leistungen zur Teilhabe

Versicherte erhalten Verletztengeld, wenn sie in der Zeit nach dem Abschluss der Heilbehandlung bis zum Beginn erforderlicher Leistungen zur Teilhabe am Arbeitsleben arbeitsfähig sind, aber im Hinblick auf die vorgesehenen Leistungen ihre bisherige berufliche Tätigkeit nicht wieder aufnehmen können (vgl. § 45 Abs. 2 Satz 1 SGB VII). Die genannten Voraussetzungen sind kumulativ zu erfüllen. Die Leistung dient dazu, die Wartezeit zwischen dem Ende der Heilbehandlung und dem Beginn der Leistungen zur Teilhabe am Arbeitsleben zu überbrücken. Dementsprechend wird das Verletztengeld vom Ende der Arbeitsunfähigkeit bis zum Beginn der Leistungen zur Teilhabe gezahlt (vgl. § 45 Abs. 2 Satz 2 SGB VII).

Die Regelung gilt entsprechend für die Zeit bis zum Beginn und während der Durchführung einer Maßnahme der Berufsfindung und Arbeitserprobung (vgl. § 45 Abs. 2 Satz 3 SGB VII).

Versicherte, die in der Zeit vor Beginn von Leistungen zur Teilhabe am Arbeitsleben arbeitsunfähig sind, haben Anspruch auf Verletztengeld nach § 45 Abs. 1 SGB VII.

2.1.6.1 Leistungen zur Teilhabe sind erforderlich

Wenn der Versicherte nach Abschluss der Heilbehandlung nicht wettbewerbsfähig in das Arbeitsleben eingegliedert werden kann, hat der Unfallversicherungsträger zu prüfen, mit welchen Maßnahmen der Leistungen zur Teilhabe (vgl. § 35 SGB VII, §§ 49 bis 54, 57, 58 SGB IX) der Versicherte nach seiner Leistungsfähigkeit und unter Berücksichtigung seiner Eignung, Neigung und bisherigen Tätigkeit möglichst auf Dauer beruflich eingegliedert werden kann. Es ist davon auszugehen, dass Leistungen zur Teilhabe erforderlich sind,

[327] BSG, Urteil vom 26.5.1982, 2 RU 41/81

solange der Unfallversicherungsträger sie prüft, die Maßnahme vorbereitet und sie einleitet bzw. sie ggf. ablehnt. Ein schriftlicher Bescheid ist zunächst nicht erforderlich.

2.1.6.2 Leistungen zur Teilhabe schließen sich nicht unmittelbar an die Heilbehandlung an

Die Leistungen zur Teilhabe am Arbeitsleben schließen sich nicht unmittelbar an die Heilbehandlung an aus Gründen, die der Versicherte nicht zu vertreten hat, weil er darauf keinen Einfluss nehmen kann. Das ist dann der Fall, wenn die Ursachen im Verantwortungsbereich des Unfallversicherungsträgers liegen (z. B. aufgrund einer langen Vorbereitungszeit in Verbindung mit Maßnahmen der Berufsfindung oder Arbeitserprobung oder wegen langer Wartezeiten für den Beginn der Umschulung in einem Berufsförderungswerk). Nicht zu vertreten hat der Versicherte aber auch Ursachen wie die Erkrankung des Ehegatten oder eines Kindes, die seine Anwesenheit erfordern.

Versicherte sind für Verzögerungen verantwortlich, wenn sie zumutbare Angebote von Leistungen zur Teilhabe am Arbeitsleben in größerer Entfernung zu ihren Wohnorten ablehnen (vgl. § 71 Abs. 2 Satz 1 SGB IX). Für die Beurteilung der Zumutbarkeit ist § 140 Abs. 4 SGB III entsprechend anzuwenden (vgl. § 71 Abs. 2 Satz 2 SGB IX).

2.1.6.3 Eine Tätigkeit kann nicht aufgenommen werden

Eine Tätigkeit kann nicht aufgenommen werden, wenn der Versicherte

- die bisherige berufliche Tätigkeit nicht wieder aufnehmen kann (weil z. B. das bisherige Arbeitsverhältnis beendet wurde),
- nicht in eine andere zumutbare Tätigkeit vermittelt werden kann oder

die bisherige Tätigkeit oder eine zumutbare Tätigkeit aus wichtigem Grund nicht ausüben kann.[328]

[328] Die Tatbestandsmerkmale, die bisherige Tätigkeit nicht aufnehmen zu können und keine andere zumutbare Tätigkeit vermittelt zu bekommen, sind kumulativ zu erfüllen. Das Wort „oder" ist ein Redaktionsversehen (Jung, in Jung, SGB VII, § 45 SGB VII Rz. 14, Stand: 19.12.2011).

Die Gründe dafür können in der Person des Versicherten liegen (z. B. Gesundheitszustand, Leistungsfähigkeit) oder am Fehlen einer vermittelbaren, zumutbaren Tätigkeit.

2.1.6.4 Arbeitsentgelt, Arbeitseinkommen oder Entgeltersatzleistungen unmittelbar vor Beginn der Wartezeit

Eine weitere Voraussetzung für den Anspruch auf Verletztengeld während der Wartezeit auf Leistungen zur Teilhabe am Arbeitsleben ist ein Anspruch auf Arbeitsentgelt oder Arbeitseinkommen unmittelbar vor dem Beginn der Wartezeit. Diesen Einkünften gleichgestellt sind die in § 45 Abs. 1 Nr. 2 SGB VII aufgeführten Entgeltersatzleistungen (z. B. Verletztengeld, Krankengeld oder Arbeitslosengeld). Der Begriff „unmittelbar vor Beginn der Arbeitsunfähigkeit ..." bedeutet nicht, dass ein nahtloser Übergang erforderlich ist. Kürzere Unterbrechungen zwischen dem Anspruch auf Arbeitsentgelt oder Arbeitseinkommen und dem Beginn der Arbeitsunfähigkeit oder der Heilbehandlung sind unschädlich.

2.1.7 Berufsfindung und Arbeitserprobung

Versicherte haben während der Durchführung einer Maßnahme der Berufsfindung und Arbeitserprobung Anspruch auf Verletztengeld (vgl. § 45 Abs. 2 Satz 3 SGB VII). Es handelt sich nicht um Leistungen zur Teilhabe am Arbeitsleben. Vielmehr dienen die Maßnahmen während des Verwaltungsverfahrens der Auswahl von Leistungen. Dabei sind die

- Eignung,
- Neigung,
- bisherige Tätigkeit sowie
- Lage und Entwicklung auf dem Arbeitsmarkt

angemessen zu berücksichtigen. Es sind die gleichen Voraussetzungen wie für den Anspruch auf Verletztengeld bis zum Beginn von Leistungen zur Teilhabe am Arbeitsleben zu erfüllen.

2.1.8 Kombination von Heilbehandlung und Leistungen zur Teilhabe am Arbeitsleben

Versicherte haben einen Anspruch auf Verletztengeld anstelle von Übergangsgeld, wenn in einer Rehabilitationseinrichtung sowohl Maßnahmen der Heilbehandlung als auch Leistungen zur Teilhabe am Arbeitsleben erbracht werden (vgl. § 45 Abs. 3 SGB VII). Das Verletztengeld wird gezahlt, wenn der Versicherte

- arbeitsunfähig ist oder wegen der Maßnahmen eine ganztägige Erwerbstätigkeit nicht ausüben kann und
- unmittelbar vorher Arbeitsentgelt, Arbeitseinkommen oder eine Entgeltersatzleistung bezogen hat.

2.1.9 Beaufsichtigung, Betreuung oder Pflege eines Kindes

Verletztengeld (Kinderpflege-Verletztengeld) erhält der berufstätige Elternteil eines durch einen Versicherungsfall verletzten Kindes (vgl. § 45 Abs. 4 SGB VII). Die Vorschriften der Krankenversicherung (vgl. § 45 SGB V) gelten entsprechend.

Das Kinderpflege-Verletztengeld wird in Höhe des während der Freistellung ausgefallenen Nettoarbeitsentgelts gezahlt (ähnlich wie die Entgeltfortzahlung im Krankheitsfall). Das Nettoarbeitsentgelt wird aus dem Bruttoarbeitsentgelt ermittelt. Wenn das Verletztengeld aus Arbeitseinkommen berechnet wird, beträgt dies 80 % des erzielten regelmäßigen Arbeitseinkommens.

Das Bruttoarbeitsentgelt wird bis zu einem Betrag in Höhe des 450. Teils des Höchstjahresarbeitsverdienstes berücksichtigt. Die Leistung wird innerhalb des Anspruchszeitraums für Kalendertage gezahlt.

2.2 Dauer

2.2.1 Beginn des Verletztengeldes

2.2.1.1 Arbeitsunfähigkeit

Verletztengeld wird von dem Tag an gezahlt, von dem an die unfallbedingte Arbeitsunfähigkeit ärztlich festgestellt wird (vgl. § 46 Abs. 1 SGB VII). Bei diesem Tag handelt es sich um den durch einen Arzt bescheinigten Beginn der Arbeitsunfähigkeit. Eine rückwirkende Feststellung der Arbeitsunfähigkeit ist nicht ausgeschlossen. Maßgebend ist der Zeitraum, für den ärztlich Arbeitsunfähigkeit festgestellt wird.[329] Der Anspruch auf Verletztengeld besteht auch dann vom Beginn der Arbeitsunfähigkeit an, wenn das Versicherungsverhältnis in der Krankenversicherung im Zusammenhang mit

---

[329] BSG, Urteil vom 5.7.2005, B 2 U 10/04 R

einem Wahltarif oder einer Wahlerklärung eine Wartezeit vorsieht (vgl. §§ 44 Abs. 2 Satz 1 Nr. 2, 3, Satz 3, 46 Satz 3, 53 Abs. 6 SGB V). Die Arbeitsunfähigkeit kann von jedem Arzt festgestellt werden.

Hinweis:

Verletztengeld wird erst nach der Entgeltfortzahlung geleistet. Hinsichtlich des Beginns der Zahlung ist § 52 SGB VII zu beachten. Eine Ruhensvorschrift wie beim Krankengeld (vgl. § 49 Abs. 1 Nr. 1 SGB V) existiert nicht.

2.2.1.2 Heilbehandlungsmaßnahme

Verletztengeld wird vom Beginn einer Heilbehandlungsmaßnahme an gezahlt, wenn der Unfallversicherte deshalb an der Ausübung einer ganztägigen Erwerbstätigkeit gehindert ist (vgl. § 46 Abs. 1 SGB VII). Maßnahmen der Heilbehandlung sind u. a.

- Behandlung in Krankenhäusern und Rehabilitationseinrichtungen,
- Leistungen zur medizinischen Rehabilitation nach § 42 Abs. 2 Nr. 1, 3 bis 7, Abs. 3 SGB IX

(vgl. § 27 Abs. 1 SGB VII). Stationäre, teilstationäre oder ambulante Maßnahmen können eine ganztägige Erwerbstätigkeit ausschließen (beispielsweise die Anpassung bzw. Reparatur eines Körperersatzstücks oder eines Hilfsmittels).

2.2.1.3 Unternehmer, Ehegatten und Gleichgestellte

Für Unternehmer und ihre Ehegatten oder ihre Lebenspartner kann der Anspruch auf Verletztengeld längstens für die Dauer der ersten 13 Wochen der Arbeitsunfähigkeit ganz oder teilweise ausgeschlossen werden (vgl. § 46 Abs. 2 Satz 1 SGB VII). Den Unternehmern sind solche Personen gleichgestellt, die in Kapital- oder Personenhandelsgesellschaften wie Unternehmer tätig werden (vgl. § 6 Abs. 1 Nr. 2 SGB VII). Gemeint sind damit vor allem geschäftsführende Gesellschafter, die aufgrund ihres tatsächlichen Einflusses auf die Gesellschaft nicht in einem Abhängigkeitsverhältnis zur Gesellschaft stehen.

Erforderlich ist eine Satzungsbestimmung des Unfallversicherungsträgers. Darin können der Anspruch auf Zahlung des Verletztengeldes ganz oder teilweise ausgeschlossen sowie die Dauer des Ausschlusses geregelt werden.

Der Anspruch auf Verletztengeld kann nicht für die Personen ausgeschlossen werden, die bei einer Krankenkasse mit Anspruch auf Krankengeld versichert sind (vgl. § 46 Abs. 2 Satz 2 SGB VII).[330] Das gilt selbst dann, wenn der Anspruch auf Krankengeld nach der Satzung der Krankenkasse aufgrund eines Wahltarifs (vgl. § 53 Abs. 6 SGB V) oder einer Wahlerklärung (vgl. § 46 Satz 2 SGB V) erst nach einer Wartezeit beginnt.[331]

Für den Personenkreis der bei einer Krankenkasse mit Anspruch auf Krankengeld Versicherten ist der Anspruch auf Krankengeld ausgeschlossen, wenn es als Folge eines Arbeitsunfalls oder einer Berufskrankheit im Sinne der gesetzlichen Unfallversicherung zu erbringen ist (vgl. § 11 Abs. 5 SGB V). Es bestünde somit bei einem satzungsmäßigen Ausschluss des Anspruchs auf Verletztengeld weder gegen die Krankenkasse noch gegen den Unfallversicherungsträger ein Anspruch auf eine Entgeltersatzleistung.

Ein Krankengeldspitzbetrag in Höhe des Krankengeldes, das den Anspruch auf Verletztengeld übersteigt, wird neben dem Verletztengeld nicht gezahlt.[332]

2.2.2 Ende des Verletztengeldes

2.2.2.1 Arbeitsunfähigkeit oder Heilbehandlungsmaßnahme

Der Anspruch auf Verletztengeld endet mit dem letzten Tag der unfallbedingten Arbeitsunfähigkeit (vgl. § 46 Abs. 3 Satz 1 Nr. 1 SGB VII).[333] Das gilt auch, wenn inzwischen das Arbeitsverhältnis beendet wurde. Am Anspruchsende orientiert sich der Beginn einer Rente an den Versicherten (vgl. § 72 Abs. 1 Nr. 1 SGB VII).

Wenn das Verletztengeld abschnittsweise für die Dauer der ärztlich bescheinigten Arbeitsunfähigkeit bewilligt wird, verliert der Verwaltungsakt mit dem Ende des bewilligten Zeitraums seine Wirksamkeit durch Fristablauf (vgl. § 39 Abs. 2 SGB X). Ein Aufhebungsbescheid ist nicht erforderlich.

---

330 BSG, Urteil vom 5.7.2005, B 2 U 10/04 R
331 BSG, Urteil vom 5.9.2006, B 2 U 12/05 R
332 BSG, Urteil vom 8.11.2005, B 1 KR 33/03 R
333 BSG, Urteil vom 13.9.2005, B 2 U 4/04 R

Im Falle einer Heilbehandlungsmaßnahme, die an einer ganztägigen Erwerbstätigkeit hindert, endet der Anspruch auf Verletztengeld mit dem letzten Tag der Maßnahme.

2.2.2.2 Anspruch auf Übergangsgeld

Versicherte erhalten Übergangsgeld während der Inanspruchnahme von Leistungen zur Teilhabe am Arbeitsleben (vgl. § 49 SGB VII). Der Anspruch auf Verletztengeld endet mit dem Beginn des Übergangsgeldes (vgl. § 46 Abs. 3 Satz 1 Nr. 2 SGB VII). Leistungen zur Teilhabe am Arbeitsleben in diesem Sinne sind vor allem die Berufsbildungsmaßnahmen (vgl. § 49 Abs. 3 Nr. 2 bis 5 SGB IX; Ausbildung, Fortbildung, berufliche Anpassung, Umschulung) aber auch Berufsvorbereitungsmaßnahmen (vgl. § 35 Abs. 2 SGB VII) und Integrationsmaßnahmen für arbeitslose Versicherte. Leistungen des Unfallversicherungsträgers zur Erhaltung oder Erlangung eines Arbeitsplatzes (vgl. § 49 Abs. 3 Nr. 1 SGB IX) begründen keinen Anspruch auf Übergangsgeld. Der Anspruch auf Verletztengeld lebt nicht wieder auf, wenn die berufsfördernde Leistung abgebrochen wird, weil es dafür an einer ausdrücklichen Regelung fehlt.

2.2.2.3 Zumutbare Berufs- oder Erwerbstätigkeit

Das Verletztengeld endet trotz bestehender Arbeitsunfähigkeit, wenn mit dem Wiedereintritt von Arbeitsfähigkeit nicht zu rechnen ist und Leistungen zur Teilhabe am Arbeitsleben nicht zu erbringen sind (vgl. § 46 Abs. 3 Satz 2 Nr. 1 SGB VII).[334] Das Verletztengeld endet mit dem Tag, an dem die Heilbehandlung so weit abgeschlossen ist, dass der Versicherte eine zumutbare, zur Verfügung stehende Berufs- oder Erwerbstätigkeit aufnehmen kann.

Eine Berufs- oder Erwerbstätigkeit steht zur Verfügung, wenn sie dem Versicherten durch den Träger der Unfallversicherung oder die Agentur für Arbeit konkret angeboten wird. Dafür genügt es, wenn der Arbeitgeber allgemein bereit ist, die Stelle mit einer Person mit entsprechenden gesundheitlichen Problemen zu besetzen.

Der Unfallversicherungsträger hat vorausschauend festzustellen und darüber einen Verwaltungsakt zu erlassen (Prognoseentscheidung), ob die Arbeitsunfähigkeit in den nächsten 78 Wochen beendet sein wird (in Anlehnung an § 46 Abs. 3 Satz 2 Nr. 3 SGB VII) und Leistungen

334 BSG, Urteil vom 13.9.2005, B 2 U 4/04 R

zur Teilhabe am Arbeitsleben, die einen Anspruch auf Übergangsgeld auslösen, nicht zu erbringen sind. Die Heilbehandlung muss nicht vollständig abgeschlossen sein.

Hinsichtlich der Zumutbarkeit einer Berufs- oder Erwerbstätigkeit sind die Kriterien des Arbeitsförderungsrechts zu berücksichtigen. Danach sind einem Arbeitslosen alle seiner Arbeitsfähigkeit entsprechenden Beschäftigungen zumutbar, soweit allgemeine oder personenbezogene Gründe der Zumutbarkeit einer Beschäftigung nicht entgegenstehen (vgl. § 140 Abs. 1 SGB III). Die Zumutbarkeit im Sinne des § 140 SGB III ist mit der Stufentheorie der gesetzlichen Rentenversicherung zur Berufsunfähigkeitsrente[335] zu kombinieren. Dazu hat die Rechtsprechung des Bundessozialgerichts ein Mehrstufenschema entwickelt, das die Berufe der Versicherten ausgehend von der Bedeutung, die Dauer und Umfang der Ausbildung für die Qualität eines Berufs haben, in Gruppen einteilt.[336] Dementsprechend werden die Arbeiterberufe durch Gruppen mit den Leitberufen des Vorarbeiters mit Vorgesetztenfunktion bzw. des besonders hoch qualifizierten Facharbeiters, des Facharbeiters (anerkannter Ausbildungsberuf mit einer Ausbildungszeit von mehr als zwei Jahren), des angelernten Arbeiters (sonstiger Ausbildungsberuf mit einer Regelausbildungszeit von drei Monaten bis zu zwei Jahren) und des ungelernten Arbeiters charakterisiert. Im Rahmen der sozialen Zumutbarkeit kann auf eine Tätigkeit der jeweils nächst niedrigeren Gruppe verwiesen werden. Nach längerem Verletztengeldbezug (z. B. nach sechs Monaten) ist auch eine Tätigkeit als zumutbar anzusehen, die nach der Stufentheorie eine Stufe tiefer als die bisherige Tätigkeit einzugruppieren ist. Hinsichtlich des regionalen Einsatzbereichs sind bei der Zumutbarkeit ergänzend die Pendelzeiten nach § 140 Abs. 4 SGB III zu beachten.

Die zumutbare Beschäftigung steht dann zur Verfügung, wenn sie dem Versicherten neben anderen – evtl. auch nicht behinderten – Bewerbern nachgewiesen wird und er diese aufgrund seiner Kenntnisse und Fähigkeiten sowie in Anbetracht des durch den Versicherungsfall bedingten Gesundheitszustandes ausüben könnte. Es muss also ein konkreter Hinweis der Vermittlungsmöglichkeit bestehen. Es ist nicht Voraussetzung, dass der einzelne Versicherte die zumutbare und auf dem ihm nicht verschlossenen allgemeinen Arbeitsmarkt zur Verfügung stehende Stelle tatsächlich erhält.

335 BSG, Urteil vom 19.1.1978, 4 RJ 81/77
336 BSG, Urteil vom 9.4.2003, B 5 RJ 34/02 R

2.2.2.4 Rentenleistung

Das Verletztengeld endet trotz bestehender Arbeitsunfähigkeit mit dem Beginn einer der in § 50 Abs. 1 Satz 1 SGB V genannten Leistungen, wenn mit dem Wiedereintritt von Arbeitsfähigkeit nicht zu rechnen ist (Prognoseentscheidung) und Leistungen zur Teilhabe am Arbeitsleben nicht zu erbringen sind.[337] Das Verletztengeld endet nicht, wenn die Rentenleistungen mit dem Versicherungsfall in der Unfallversicherung zusammenhängen.

Durch die Beendigung des Verletztengeldes verschlechtert sich die finanzielle Situation des Versicherten. Diese Verschlechterung soll nicht eintreten, wenn die Rentenleistung eine Folge des Versicherungsfalls im Sinne der gesetzlichen Unfallversicherung ist. Das Verletztengeld wird dann auf die Rente wegen verminderter Erwerbsfähigkeit angerechnet (vgl. § 96a Abs. 3 Satz 2 Nr. 1 SGB VI).

2.2.2.5 Ablauf der 78. Woche

Das Verletztengeld endet trotz bestehender Arbeitsunfähigkeit, wenn mit dem Wiedereintritt von Arbeitsfähigkeit nicht zu rechnen ist (Prognoseentscheidung) und Leistungen zur Teilhabe am Arbeitsleben nicht zu erbringen sind (vgl. § 46 Abs. 3 Satz 2 Nr. 3 SGB VII). Die Zahlung endet frühestens mit Ablauf der 78. Woche der Arbeitsunfähigkeit, gerechnet vom Beginn der Arbeitsunfähigkeit an. Die vorausschauende Betrachtung frühestens zum Ablauf der 78. Woche der Arbeitsunfähigkeit (Prognose) erstreckt sich zumindest auf die nächsten 78 Wochen.[338] Wird zum Zeitpunkt der Prognose eine stationäre Behandlung durchgeführt, endet das Verletztengeld frühestens mit deren Ende.

Die Regelung stellt keine zeitliche Begrenzung des Anspruchs auf 78 Wochen dar.[339] Verletztengeld ist vielmehr grundsätzlich zeitlich unbefristet zu leisten und endet nicht durch reinen Zeitablauf. Verletztengeld ist deshalb über den Ablauf der 78. Woche hinaus zu zahlen, wenn zu diesem Zeitpunkt die Grundvoraussetzungen (voraussichtlich kein Wiedereintritt von Arbeitsfähigkeit und keine Leistungen zur Teilhabe am Arbeitsleben) nicht vorliegen.

---

[337] Wenn mit dem Wiedereintritt von Arbeitsfähigkeit zu rechnen ist, ist die Verletztengeldzahlung neben der Rente zu leisten (BSG, Urteil vom 13.8.2002, B 2 U 30/01 R).

[338] BSG, Urteil vom 13.9.2005, B 2 U 4/04 R

[339] BSG, Urteil vom 30.10.2007, B 2 U 31/06 R mit weiteren Nachweisen

Hinweis:

Die Krankenkassen stellen die auftragsweise Zahlung des Verletztengeldes mit dem Ablauf der 78. Woche oder dem Ende der stationären Behandlung unabhängig von der Prognose über den Wiedereintritt von Arbeitsfähigkeit ein.[340] Für die weitere Zahlung bedarf es eines neuen Auftrags des Unfallversicherungsträgers.

2.3 Wiedererkrankung

Ein erneuter Anspruch auf Verletztengeld besteht im Fall der Arbeitsunfähigkeit aufgrund einer Wiedererkrankung (vgl. § 48 SGB VII). Das Verletztengeld kann auch neben einer Verletztenrente bezogen werden.[341] Ein Versicherungsschutz in der Unfallversicherung zum Zeitpunkt der Wiedererkrankung ist nicht erforderlich. Vielmehr wirkt der Versicherungsschutz aufgrund der Ersterkrankung fort.

Es handelt sich dann um eine Wiedererkrankung, wenn

- zwischen Ersterkrankung und Wiedererkrankung ein Zeitraum der Arbeitsfähigkeit liegt und
- die erneute Arbeitsunfähigkeit rechtlich wesentlich auf denselben Versicherungsfall zurückzuführen ist.

Nicht beendet ist die Arbeitsunfähigkeit, wenn der Versicherte – obwohl er gesundheitlich dazu nicht in der Lage ist – seine bisherige Tätigkeit oder eine andere Tätigkeit aufnimmt. Dabei handelt es sich um Sachverhalte, die früher unter der Bezeichnung „missglückter Arbeitsversuch"[342] behandelt wurden.[343] Ein solcher liegt vor, wenn rückschauend betrachtet (also bei Tätigkeitsaufnahme) objektiv feststeht, dass

- der Versicherte bei Aufnahme der Arbeit zu ihrer Verrichtung nicht fähig war oder die Arbeit nur unter schwerwiegender Gefährdung seiner Gesundheit (etwa unter der Gefahr einer weiteren Verschlimmerung seines Leidens) würde verrichten können und
- er die Arbeit entsprechend der darauf zu gründenden Erwartung vor Ablauf einer wirtschaftlich ins Gewicht fallenden Zeit aufgegeben hat.

---

340 Verwaltungsvereinbarung über die generelle Beauftragung der Krankenkassen durch die Unfallversicherungsträger zur Berechnung und Auszahlung des Verletztengeldes vom 21.7.2005, 3.6

341 BSG, Urteil vom 23.7.2015, B 2 U 6/14 R

342 BSG, Urteil vom 4.12.1997, 12 RK 3/97

343 vgl. Benz, BG 1997, 319, 320

Übernimmt der Versicherte aus freien Stücken eine andere Tätigkeit, die der bisherigen nicht entspricht, also nicht gleichartig ist, und kann er diese Tätigkeit ohne Gefährdung seiner Gesundheit verrichten, liegt darin eine Lösung vom bisherigen Beruf. Die Arbeitsunfähigkeit endet in diesem Fall zum Zeitpunkt der tatsächlichen Arbeitsaufnahme, nicht aber schon mit dem Abschluss des Arbeitsvertrages, der erheblich vor dem Arbeitsbeginn liegen kann.[344]

Sowohl für die Voraussetzungen des Anspruchs auf Verletztengeld als auch für dessen Berechnung kommt es auf die Verhältnisse vor der neuen Arbeitsunfähigkeit an.[345] Es ist nicht erforderlich, dass der Betroffene zu diesem Zeitpunkt zum versicherten Personenkreis in der Unfallversicherung gehört. Damit ist der Anspruch auf Verletztengeld u. a. davon abhängig, dass unmittelbar vor der Wiedererkrankung ein Anspruch auf Arbeitsentgelt, Arbeitseinkommen, oder eine Entgeltersatzleistung bestanden hat.

2.4 Ausschluss des Anspruchs auf Krankengeld

Der Anspruch auf Krankengeld ist ausgeschlossen, wenn die Arbeitsunfähigkeit die Folge eines Arbeitsunfalls oder einer Berufskrankheit im Sinne der gesetzlichen Unfallversicherung ist (vgl. § 11 Abs. 5 SGB V). Das gilt auch, wenn der Gesundheitsschaden auf eine Spende von Organen, Geweben oder Blut zur Separation von Blutstammzellen oder anderen Blutbestandteilen (vgl. § 12a SGB VII) zurückzuführen ist. Der Ausschluss ist nicht nur auf die Höhe des Verletztengeldes beschränkt. Vielmehr besteht auch kein Anspruch auf Krankengeld, das über den Anspruch auf Verletztengeld hinaus geht (Krankengeldspitzbetrag).[346]

Wer als Unternehmer den Unfallversicherungsschutz auf eine niedrige Versicherungssumme begrenzt, kann ebenfalls keinen Spitzbetrag in Form eines ergänzenden Krankengelds in Anspruch nehmen. Das gilt uneingeschränkt, wenn dieselbe Tätigkeit sowohl kranken- als auch unfallversichert ist (z. B., wenn der unfallversicherte Unternehmer freiwilliges Mitglied einer Krankenkasse ist).[347]

---

[344] vgl. Kummer in Schulin, Handbuch des Sozialversicherungsrechts, Band 1, Krankenversicherung, Rdnr. 77 zu § 20

[345] BSG, Urteil vom 26.6.2007, B 2 U 23/06 R

[346] BSG, Urteil vom 25.6.2002, B 1 KR 13/01 R unter Aufgabe der bisherigen Rechtsprechung und mit einem Hinweis auf die verfassungskonforme Rechtsauslegung; Urteil vom 26.6.2014, B 2 U 17/13 R

[347] BSG, Urteil vom 25.11.2015, B 3 KR 3/15 R

Etwas anderes gilt, wenn zwei grundlegend verschiedene und sozialversicherungsrechtlich anders zu behandelnde Tätigkeiten ausgeübt werden (z. B., wenn neben einer krankenversicherungspflichtigen Beschäftigung eine Tätigkeit als Unternehmer ausgeübt wird). Der Anspruch auf Krankengeld ist dann nur ausgeschlossen, wenn das Verletztengeld aus der freiwillig eingegangenen Unfallversicherung unter Berücksichtigung des gesamten Einkommens des Betroffenen bis zur Versicherungspflichtgrenze in der Krankenversicherung berechnet wird und so auch an die Stelle des Krankengeldes treten kann, das der Versicherte erhalten würde, wenn er sich nicht freiwillig versichert hätte.

3 Höhe

3.1 Arbeitsentgelt

Bezieher von Arbeitsentgelt oder Arbeitseinkommen erhalten Verletztengeld, das den Vorschriften über das Krankengeld der Krankenversicherung nach § 47 Abs. 1 und 2 SGB V entsprechend ermittelt wird (vgl. § 47 Abs. 1 Satz 1 SGB VII). Dabei sind besondere Maßgaben zu berücksichtigen, die das Höchstregelentgelt und die Höhe des Verletztengeldes betreffen.

Hinweis:

Anspruch auf Verletztengeld haben auch Arbeitnehmer in einer geringfügigen Beschäftigung nach § 8 SGB IV.[348]

Die Vorschrift erfasst Versicherte, die den Versicherungsfall als Arbeitnehmer erlitten haben. Dies gilt auch dann, wenn sie selbstständige Tätigkeiten als Unternehmer verrichten, der Versicherungsfall jedoch nicht bei der Unternehmertätigkeit eingetreten ist. Tritt der Versicherungsfall bei einer versicherten Tätigkeit als Unternehmer ein, ist § 47 Abs. 5 SGB VII für die Berechnung des Verletztengeldes maßgeblich.

Das Regelentgelt ist die Grundlage der Verletztengeldberechnung. Es wird aus dem regelmäßig erzielten Arbeitsentgelt und Arbeitseinkommen ermittelt (vgl. § 47 Abs. 1 Satz 1 SGB V). Anders als bei der Berechnung des Krankengeldes werden alle entsprechenden

348 BSG, Urteil vom 19.8.2003, B 2 U 46/02 R

Einnahmen berücksichtigt, unabhängig davon, ob von den Einnahmen Beiträge zur Sozialversicherung entrichtet wurden.

Werden mehrere Beschäftigungen ausgeübt, berechnet sich das Verletztengeld aus dem Gesamtbetrag der Arbeitsentgelte in allen Beschäftigungen, an deren Ausübung der Versicherte durch die Arbeitsunfähigkeit gehindert ist.[349]

3.2 Kumuliertes Regelentgelt

III

Neben dem aus dem laufenden Arbeitsentgelt ermittelten Regelentgelt ist aus dem einmalig gezahlten Arbeitsentgelt der letzten zwölf Kalendermonate vor dem Beginn der Arbeitsunfähigkeit ein Hinzurechnungsbetrag zu ermitteln (vgl. § 47 Abs. 2 Satz 6 SGB V). Arbeitnehmerbezogene beitragspflichtige Teile von Einmalzahlungen lassen sich in der Unfallversicherung nicht ermitteln. Es ist deshalb abweichend vom Recht der Krankenversicherung die gesamte Einmalzahlung unabhängig von der beitragsrechtlichen Behandlung zu berücksichtigen.

3.3 Arbeitseinkommen

Bei der Ermittlung des Regelentgelts ist auch erzieltes Arbeitseinkommen zu berücksichtigen (vgl. § 47 Abs. 1 Satz 1, 2 SGB VII). Die Vorschrift betrifft Bezieher von Arbeitseinkommen aus einer selbstständigen Tätigkeit, deren Versicherungsfall außerhalb der Tätigkeit als Unternehmer eingetreten ist. Ist der Versicherungsfall infolge einer Tätigkeit als Unternehmer eingetreten, richtet sich das Verletztengeld nach dem Jahresarbeitsverdienst (vgl. § 47 Abs. 5 Satz 1 SGB VII).

Bei der Ermittlung des Regelentgelts ist das Arbeitseinkommen aus dem letzten Kalenderjahr vor dem Beginn der Arbeitsunfähigkeit oder der Maßnahme der Heilbehandlung zu berücksichtigen (Bemessungszeitraum), indem der entsprechende Betrag durch 360 geteilt wird. Eine Begrenzung auf das Nettoeinkommen ist nicht vorgesehen. Das Regelentgelt aus dem Arbeitseinkommen ist ggf. neben dem Regelentgelt aus erzieltem Arbeitsentgelt für die Ermittlung des Verletztengeldes zu berücksichtigen.[350]

---

[349] BSG, Urteil vom 23.7.2015, B 2 U 6/14 R

[350] Das Arbeitseinkommen wird durch einen Einkommensteuerbescheid nachgewiesen. Bis zu dessen Vorlage kann ein Vorschuss gezahlt werden (vgl. § 42 SGB I; BSG, Urteil vom 30.6.2009, B 2 U 25/08 R).

Die Begrenzung des Verletztengeldes auf das entgangene Netto-Arbeitsentgelt bezieht sich bei Versicherten, deren Regelentgelt sowohl aus dem Arbeitsentgelt als auch aus dem Arbeitseinkommen zu berechnen ist, ausschließlich auf das Arbeitsentgelt. Es sind mithin zwei Berechnungen anzustellen (vgl. Beispiel 84). Aus dem der Regelentgeltberechnung zu Grunde liegenden Brutto-Arbeitsentgelt ist zunächst das Verletztengeld zu ermitteln. Zu diesem (ggf. auf das entgangene Netto-Arbeitsentgelt begrenzten) Verletztengeld ist das Verletztengeld aus der Regelentgeltberechnung aufgrund des Arbeitseinkommens hinzuzurechnen.

Beispiel 84: Arbeitsentgelt und Arbeitseinkommen

Regelentgelt aus Arbeitsentgelt	50,00 Euro	
80 % des Regelentgelts	40,00 Euro	
Begrenzung auf das Netto-Arbeitsentgelt	35,00 Euro	
Verletztengeld aus Arbeitsentgelt		35,00 Euro
Regelentgelt aus Arbeitseinkommen	100,00 Euro	
80 % des Regelentgelts	80,00 Euro	
Verletztengeld aus Arbeitseinkommen		80,00 Euro
Zahlbetrag des Verletztengelds		115,00 Euro

3.4 Höchstregelentgelt

Bei der Berechnung des kumulierten Regelentgelts werden laufendes und einmaliges Arbeitsentgelt jeweils in voller Höhe berücksichtigt. Nachdem das kumulierte Regelentgelt ermittelt ist, ist es jedoch mit dem zu berücksichtigenden Höchstregelentgelt zu vergleichen und, wenn diese Grenze überschritten wird, auf das Höchstregelentgelt zu begrenzen. Das Höchstregelentgelt entspricht dem 360. Teil des Höchstjahresarbeitsverdienstes (vgl. § 47 Abs. 1 Satz 1 Nr. 1 SGB VII).

Hinweis:

Der Höchstjahresarbeitsverdienst ergibt sich aus der Satzung des zuständigen Unfallversicherungsträgers (vgl. § 85 Abs. 2 Satz 2 SGB VII).

3.5 Höhe des Verletztengeldes

Das Verletztengeld beträgt 80 % des kumulierten Regelentgelts; es darf das Netto-Arbeitsentgelt nicht übersteigen (vgl. § 47 Abs. 1 Satz 1 Nr. 2 SGB VII). Das Verletztengeld ist auf das kumulierte Netto-Arbeitsentgelt zu begrenzen. Der so ermittelte Zahlbetrag darf 100 % des aus dem laufenden Arbeitsentgelt ermittelten kalendertäglichen Netto-Arbeitsentgelts nicht überschreiten.

Hinweis:

De facto wirkt sich eine zu berücksichtigende Einmalzahlung durch die Begrenzung auf 100 % des laufenden Netto-Arbeitsentgelts nicht auf die Höhe des Verletztengeldes aus. Eine Einmalzahlung verändert allerdings die Berechnungsgrundlage für die vom Verletztengeld zu entrichtenden Beiträge.

3.6 Günstigkeitsvergleich und Neufestsetzung

Wenn der Versicherungsfall während einer Schul- oder Berufsausbildung eintritt, ist der Jahresarbeitsverdienst neu festzusetzen, wenn dies für den Versicherten günstiger ist (vgl. §§ 47 Abs. 8, 90 Abs. 1, 3 SGB VII).[351] Dies geschieht von dem Zeitpunkt an, in dem die Ausbildung ohne den Versicherungsfall voraussichtlich beendet worden wäre. Der Neufestsetzung wird das Arbeitsentgelt zugrunde gelegt, das in diesem Zeitpunkt für Personen gleicher Ausbildung und gleichen Alters durch Tarifvertrag vorgesehen oder sonst ortsüblich ist.

Eine Berufsausbildung dient der Vermittlung bzw. dem Erwerb von Kenntnissen und Fähigkeiten, die zur späteren Ausübung des Berufes benötigt werden. Daran anknüpfend hat die Rechtsprechung für

---

[351] Die Regelung ist im Zusammenhang mit dem Verletztengeld auch dann anzuwenden, wenn dieses nicht nach dem Jahresarbeitsverdienst, sondern z. B. nach einem Arbeitsentgelt bemessen ist (BSG, Urteil vom 7.2.2006, B 2 U 3/05 R).

die Anwendung des § 90 SGB VII eine geregelte, zu einem qualifizierten beruflichen Abschluss führende Ausbildung vorausgesetzt.

Dieses Begriffsverständnis deckt sich mit der im Berufsbildungsgesetz beschriebenen Aufgabenstellung, nach der die Berufsausbildung die für die Ausübung einer qualifizierten beruflichen Tätigkeit in einer sich wandelnden Arbeitswelt notwendigen beruflichen Fertigkeiten, Kenntnisse und Fähigkeiten in einem geordneten Ausbildungsgang zu vermitteln und den Erwerb der erforderlichen Berufserfahrungen zu ermöglichen hat. Nicht als Berufsausbildung gewertet wurde im Gegensatz dazu eine bloße berufliche Weiterbildung zur Erlangung eines bestimmten Status oder zur Verbesserung der Qualifikation und der beruflichen Chancen und Verdienstmöglichkeiten, und zwar auch dann nicht, wenn während der Weiterbildungsphase – vergleichbar einer Ausbildungssituation – die reguläre Berufstätigkeit unterbrochen und ein niedrigeres Entgelt bezogen wurde. Auch diese Abgrenzung findet ihre Entsprechung im Berufsbildungsgesetz, welches zwischen Berufsausbildung auf der einen und beruflicher Fortbildung auf der anderen Seite unterscheidet.

3.7 Bezieher von Leistungen nach dem SGB II und SGB III

Bezieher von Arbeitslosengeld I erhalten Verletztengeld in Höhe der Leistung nach dem SGB III, die zuletzt vor der Arbeitsunfähigkeit bezogen wurde (vgl. § 47 Abs. 2 SGB VII i. V. m. § 47b Abs. 1 SGB V). Einmalzahlungen werden bereits bei der Bemessung des Arbeitslosengeldes und des Unterhaltsgeldes berücksichtigt, sodass es keine unmittelbaren Auswirkungen auf den Verletztengeldanspruch gibt.

Bei Versicherten, die während des Bezuges von Kurzarbeitergeld arbeitsunfähig erkranken, wird das Verletztengeld nach dem regelmäßigen Arbeitsentgelt berechnet, das zuletzt vor Eintritt des Arbeitsausfalls erzielt wurde (vgl. § 47 Abs. 2 SGB VII i. V. m. § 47b Abs. 3 SGB V). Die Regelung kann dagegen nicht auf das Transferkurzarbeitergeld (vgl. § 111 SGB III) erstreckt werden.[352] Letzteres kann als Sonderleistung nur bei der Bewältigung einer langfristigen Umstrukturierung mit erheblicher Personalanpassung an Arbeitnehmer gezahlt werden, deren Arbeitsverhältnis gekündigt ist oder die entlassen werden sollen. Für diesen Personenkreis wird das Krankengeld nach § 47 SGB V berechnet, indem der letzte abgerechnete

352 BSG, Urteil vom 14.12.2006, B 1 KR 9/06 R

Entgeltabrechnungszeitraum vor dem Beginn der Arbeitsunfähigkeit herangezogen wird.

Bezieher von Arbeitslosengeld II erhalten Verletztengeld in Höhe des Betrages des Arbeitslosengelds II (vgl. § 47 Abs. 2 Satz 2 SGB VII). Bei der Bemessung des Arbeitslosengeldes II werden Einmalzahlungen nicht berücksichtigt, weil es sich nicht um eine beitragsfinanzierte, sondern um eine aus Steuermitteln finanzierte Leistung handelt.[353] Hat ein Bezieher von Arbeitslosengeld II einen Anspruch auf Verletztengeld, erbringen die Träger der Leistung nach dem SGB II die bisherige Leistung als Vorschuss auf die Leistungen der Unfallversicherung weiter (vgl. § 25 Satz 1 SGB II). Der Unfallversicherungsträger ist in diesem Umfang erstattungspflichtig (vgl. § 25 Satz 3 SGB II, § 102 SGB X).

Wenn ein Bezieher von Arbeitslosengeld II einer Beschäftigung nachgeht und in dieser Beschäftigung arbeitsunfähig wird, besteht neben dem Anspruch auf Verletztengeld in Höhe des Arbeitslosengeldes II auch ein Anspruch auf Verletztengeld aus dem Beschäftigungsverhältnis. Das Verletztengeld aus der Beschäftigung wird von der Krankenkasse ausgezahlt.[354]

3.8 Unternehmer

Ist der Versicherungsfall infolge einer Tätigkeit als

- Unternehmer,
- mitarbeitender Ehegatte oder Lebenspartner oder
- als gleichgestellte Person

eingetreten, wird Verletztengeld je Kalendertag in Höhe des 450. Teils des Jahresarbeitsverdienstes gezahlt (vgl. § 47 Abs. 5 Satz 1 SGB VII).[355] Die Satzung des Unfallversicherungsträgers bestimmt die Höhe des Jahresarbeitsverdienstes (vgl. § 83 Satz 1 SGB VII). Es besteht die Möglichkeit, sich höher zu versichern (vgl. § 83 Satz 2 SGB VII). Der persönliche Anwendungsbereich umfasst die kraft Satzung pflichtversicherten (vgl. § 3 SGB VII) und freiwillig versicherten (vgl. § 6

---

353 BSG, Urteil vom 4.11.1999, B 7 AL 76/98 R

354 Die Krankenkasse wird bei einer krankenversicherungspflichtigen Beschäftigung aufgrund der VV Generalauftrag tätig. In allen anderen Fällen ist ein Einzelauftrag des Unfallversicherungsträgers erforderlich.

355 BSG, Urteil vom 13.12.2005, B 2 U 25/04 R

SGB VII) Unternehmer sowie Unternehmer, die kraft Gesetzes versichert sind (vgl. § 2 SGB VII).

Zu berücksichtigen ist der bei Eintritt der Arbeitsunfähigkeit geltende Jahresarbeitsverdienst.[356] Ein Günstigkeitsvergleich ist anzustellen, wenn eine Berufskrankheit die Ursache für Arbeitsunfähigkeit ist (vgl. §§ 84, 9 Abs. 5 SGB VII).[357] Erkrankt der Verletzte im Laufe der Zeit wiederholt an den Folgen des Versicherungsfalls, so ist in jedem neuen Leistungsfall auf den im Zeitpunkt der Wiedererkrankung maßgebenden Jahresarbeitsverdienst abzustellen. Die Verhältnisse im Zeitpunkt der Wiedererkrankung sind vorbehaltlich einer abweichenden Regelung in der Satzung auch dann maßgebend, wenn der Jahresarbeitsverdienst nach Eintritt des Versicherungsfalls heraufgesetzt wurde und der aktuellen Einkommenssituation des Versicherten nicht (mehr) entspricht.[358] Ein freiwillig versicherter Unternehmer, dessen umgestaltetes Unternehmen zu einem anderen Träger der gesetzlichen Unfallversicherung überwiesen worden ist, hat wegen eines vor dem Trägerwechsel erlittenen Versicherungsfalles im Falle seiner Wiedererkrankung Anspruch auf Verletztengeld auf der Grundlage des mit dem entschädigungspflichtigen Träger zuletzt satzungsgemäß vereinbarten Jahresarbeitsverdienstes.

Neben dem Jahresarbeitsverdienst ist Verletztengeld auch aus erzieltem Arbeitsentgelt aus einer abhängigen Beschäftigung oder Arbeitseinkommen aus einer anderen Unternehmertätigkeit zu berechnen.

4 Mitgliedschaft und Versicherungspflicht in der Sozialversicherung

Der Versicherungsschutz in der Sozialversicherung bleibt während des Bezugs von Verletztengeld erhalten. Die Unfallversicherung trägt den vollen Beitrag zur Krankenversicherung, den durchschnittlichen Zusatzbeitrag in der Krankenversicherung sowie den Beitrag zur Pflegeversicherung. Den Beitragszuschlag für Kinderlose in der Pflegeversicherung trägt der Versicherte. In der Renten- und Arbeitslosenversicherung trägt der Versicherte den halben Beitrag, der vom Brutto-Verletztengeld berechnet wird. Den Rest trägt die Unfallversicherung.

---

356 Es handelt sich um einen „allgemeinen" Grundsatz; eine Rechtsgrundlage fehlt (BSG, Urteil vom 13.12.2005, B 2 U 25/04 R).

357 BSG, Urteil vom 13.12.2005, B 2 U 25/04 R

358 BSG, Urteil vom 4.12.2007, B 2 U 33/06 R

5 Anrechnung von Einkommen

5.1 Arbeitsentgelt oder Arbeitseinkommen

Auf das Verletztengeld sind gleichzeitig erzieltes beitragspflichtiges Arbeitsentgelt (vgl. § 14 SGB IV) oder Arbeitseinkommen (vgl. § 15 SGB IV) mit dem jeweiligen Netto-Betrag anzurechnen (vgl. § 52 Nr. 1 SGB VII). Dieser ergibt sich beim Arbeitsentgelt, indem vom Brutto-Arbeitsentgelt die gesetzlichen Abzüge abgezogen werden. Vom Arbeitseinkommen wird für die Anrechnung ein Betrag in Höhe von 20 % des Brutto-Arbeitseinkommens abgezogen.

5.2 Sozialleistungen

Wird während des Bezugs von Verletztengeld eine andere Sozialleistung bezogen (Mutterschaftsgeld, Versorgungskrankengeld, Kurzarbeitergeld, Arbeitslosengeld I oder Arbeitslosengeld II), ist diese auf das Verletztengeld anzurechnen (vgl. § 52 Nr. 2 SGB VII). Dies gilt auch, wenn Ansprüche auf Arbeitslosengeld wegen einer Sperrzeit ruhen.

Literatur

Becker, Konturen des Begriffs der Arbeitsunfähigkeit, SozSich 2004, 134–139

Blüggel, Kein Erstattungsanspruch des Jobcenters gegen den Rentenversicherungsträger bei rückwirkend bewilligter Rente wegen voller Erwerbsminderung?, SGB 2014, 61–68

Boerner, Das Krankheitsrisiko des Arbeitnehmers im deutschen Arbeits- und Sozialversicherungsrecht, ZESAR 2003, 266–271

Greimer, Krankengeld und Entgeltfortzahlung bei Organ- und Gewebespenden, NZS 2013, 241–247

Joussen, Krankengeld und Arbeitslosigkeit, ZfSH/SGB 2002, 458–463

Kamps, Arbeits(wieder)aufnahme trotz bescheinigter Arbeitsunfähigkeit, MedR 2011, 350–352

Keller, Die rechtzeitige ärztliche Feststellung des Fortbestehens von Arbeitsunfähigkeit als Voraussetzung für weiteres Krankengeld, KrV 2013, 141–144

Kießling/Jünemann, Dienstbefreiung, Entgeltfortzahlung und Kündigung bei Erkrankung des Kindes, DB 2005, 1684–1690

Knispel, Zur ärztlichen Feststellung des Fortbestehens von Arbeitsunfähigkeit bei abschnittsweiser Krankengeldgewährung, NZS 2014, 561–569

Koppenfels, Die Entgeltfortzahlung im Krankheitsfall an der Schnittstelle von Arbeits- und Sozialrecht, NZS 2002, 241–247

Marburger, Erhaltung der Mitgliedschaft in der gesetzlichen Krankenversicherung, Die Beiträge 2002, 577–581

Radüge, Dauer des Krankengeldanspruchs bei mehreren Erkrankungen, jurisPR-SozR 23/2011, Anm.3

Rieker, Umdeutung eines Rehabilitationsantrags in einen Rentenantrag, jurisPR-SozR 5/2013, Anm. 4

Rieker, Die eingeschränkte Dispositionsbefugnis eines Versicherten bei der Stellung eines Reha- oder Rentenantrags, rv 2013, 1–7

Rittweger, Sozialrechtliche Absicherung bei vorzeitigem Ausscheiden aus dem Erwerbsleben, 22. Sozialrechtliche Jahresarbeitstagung (Schriftenreihe des Deutschen Anwaltsinstituts) 2010, 193–226

Schlegel/Voelzke, juris PraxisKommentar SGB V – Gesetzliche Krankenversicherung

Voelzke, Ruhen des Anspruchs auf Arbeitslosengeld für die Zeit der Urlaubsabgeltung – keine Verschiebung des Ruhenszeitraums bei Zahlung von Krankengeld, jurisPR-SozR 5/2011, Anm. 1

Winkler, Krankheit bei Arbeitslosigkeit, info also 2000, 11–19

IV

Stichwortverzeichnis

Abbruch der Schwangerschaft 21, 22
Absenkung 175
Abzüge 116
Akkordlohn 59
Akkordtarif 153
Alleinerziehende 218
Altersgeld 215
Anlasskündigung 64
Anpassung 163, 180
Anpassungsfaktor 174
Antrag auf Leistungen zur Teilhabe 201
Anwesenheitsprämien 61
Anzeigepflicht 69
Arbeitseinkommen 119, 141, 157, 159
Arbeitsentgelt 141
Arbeitsentgelt nach Monaten 55
Arbeitserprobung 90, 234
Arbeitskampf 35
Arbeitslosengeld I 124, 169, 247, 250
Arbeitslosengeld II 90, 125, 248, 250
Arbeitsunfähigkeit 21, 84, 88, 97, 98, 228
Arbeitsunfähigkeit infolge Krankheit 20
Arbeitsunfall 222
Arbeitsverhinderung 30
Ärztliche Behandlung 31
Ästhetische Operation 215
Aufforderung 199
Aufrechnung 139
Aufschiebende Wirkung 208
Ausgleich 80
Ausland 75, 106
Ausschluss 197
Ausstrahlung 19

Behandlungsbedürftigkeit 98
Beitragsbemessung 157
Beitragsbemessungsgrenze 179
Beitragspflicht 179
Beitragspflichtige Einnahmen 219
Beitragssatz 182
Beitragszuschlag für Kinderlose 182
Bemessungsentgelt 179
Bemessungsgrundlage 180
Bemessungszeitraum 142, 146, 158
Beratung 109
Berechnungsfaktor 174
Berechnungsgrundlage 146
Berufsfindung 234
Berufskrankheit 222
Berufskrankheiten 226
Beschäftigungsverbot 32
Bestrahlungsbehandlung 31
Beweislast 51
Beweislastumkehr 41
Beweismittel 71
Bewilligungsabschnitt 111
Bezugsmethode 142
Blockfrist 194
Blutspende 19, 24, 86
Brutto-Arbeitsentgelt 116, 164

Darlegungs- und Beweislast 30, 38, 41, 66, 68
Dauer 62
Dauerzustand 22
Dispositionsbefugnis 210
Drittschuldnererklärung 140
Durchschnittsverdienst 59

Eigenwirtschaftliche Verrichtungen 223
Einheitliches Arbeitsverhältnis 46

Einmalig gezahltes Arbeitsentgelt 60
Einmalzahlungen 157, 179
Einstrahlung 19
Elternzeit 34, 120
Entgeltabrechnungszeitraum 142
Entgeltausfallprinzip 53
Entgeltfortzahlung 19
Entlassmanagement 106
Erblindung 22
Ereignistag 43
Erholungsurlaub 35
Ermessen 202
Erstattungsanspruch 198, 222
Erstbescheinigung 70, 105
Erwerbsfähigkeit 200
Erwerbsminderung 91, 181
Erwerbstätige 112

Feiertag 35
Feststellung 111
Folgebescheinigung 71, 105
Fortsetzungserkrankung 47, 70, 127
Freistellung 31, 220

Gebrauchsüberlassung 119
Gelegenheitsursache 224
Gemischte Tätigkeiten 224
Geringfügig Beschäftigte 20
Gesundheitsschaden 223
Gewebespende 19, 86
Gewinn 119
Gruppenakkord 59
Günstigkeitsvergleich 249
Gutachten 201

Haftungsausfüllende Kausalität 223
Heilbehandlung 229
Heimarbeiter 19
Heizung 119
Hinzugetretene Erkrankung 185
Hinzurechnungsbetrag 155, 165, 244
Hinzutritt 51
Höchstanspruch 191
Höchstregelentgelt 162, 243, 245

Jahresarbeitsverdienst 246

Kausalität 224
Kind 30, 228
Kinderpflege-Krankengeld 217
Kinderpflege-Verletztengeld 235
Kontinuität 144
Krankengeldberechnung 141
Krankengeldspitzbetrag 120, 198, 212, 237
Krankenhaus 84, 105
Krankheit 21, 88
Kündigungsschutz 64
Künstler 93, 111, 161
Kurzarbeit 170
Kurzarbeitergeld 120, 123, 170, 250
Kürzung 198, 212

Leibesfrucht 227
Leistungen zur Teilhabe 232
Leistungsablauf 192
Leistungsantrag 109
Leistungsausschluss 193
Leistungsdauer 186, 188, 193
Leistungsverweigerungsrecht 76, 78
Leitbild des gesunden Menschen 21
Lohnklage 80

Mehrarbeitsstunden 57, 150
Mehrfachbeschäftigte 171
Meldefrist 127
Mitgliedschaft 112, 214
Mittelbare Folgen 226
Mitwirkung 160, 216
Mitwirkungspflichten 200
Monatsgehalt 153
Monokausalität 30

V

Mutterschaftsgeld 124, 250
Mutterschaftsleistungen 80

Nachtarbeitszuschläge 60
Nachweis 72
Nachweispflicht 69
Naturalvergütung 119
Nebentätigkeit 40
Netto-Arbeitsentgelt 164
Nettolohnvereinbarung 59
Niederschrift 206

Obliegenheit 126
Organspende 19, 86

Pfändungsfreigrenzen 140
Pfändungs- und Überweisungsbeschluss 141
Pfändungsverfügung 141
Pflegeversicherung 182
Piercing 215
Prognoseentscheidung 238, 240
Provisionen 153
Prozessstandschaft 80

Rechtsbehelfsfrist 207
Rechtsmittelbelehrung 207
Referenzprinzip 59
Regelaltersrente 215
Regelentgelt 141, 147
Rehabilitation 61
Rehabilitationseinrichtung 105
Rente 91
Renten 157
Rentenantrag 215
Rentenantragsfiktion 210
Rentenversicherungsträger 101
Restleistungsvermögen 196
Ruhendes Arbeitsverhältnis 45
Ruhenswirkung 116

Sachbezüge 60, 119
Sachgüter 119
Schadenersatzanspruch 76
Schriftform 204
Schulbesuch 228
Schüler 228
Schutzfrist 32
Schwangere 33
Schwangerschaftsabbruch 84, 85
Schwerstkranke Kinder 219
Sechs-Monats-Zeitraum 48
Selbstverschulden 39
Sondervergütungen 60
Sonderzahlung 168
Sonntagszuschläge 60
Sozialversicherung 176
Spende von Organen oder Geweben 24
Sperrzeit 125
Sport 41
Stammrecht 213
Starre Blockfrist 186
Statuswechsel 29, 46
Sterilisation 21, 22, 84, 85
Steuerbescheid 119
Streik 35
Studenten 228
Studium 228
Suspensiveffekt 208

Tariföffnungsklausel 61
Tätowierung 215
Teil-Arbeitsentgelt 116
Teilhabe 161
Teilhabe am Arbeitsleben 90, 233
Tragung der Beiträge 183
Treu und Glauben 79
Trunkenheit 41

Übergangsgeld 101, 120, 122, 234, 238
Unbezahlter Urlaub 37
Unfallfolgen 223
Unmittelbarkeit 230
Unterhaltsgeld 169
Unterhaltspflicht 136
Unternehmer 236, 243, 248
Ursprungserkrankung 185, 229

V

Verkehrsunfall 41
Verletztengeld 222, 243, 246
Verrechnung 140
Verschulden 20, 39
Versicherungsfall 222
Versicherungsschutz 176, 222
Versicherungsverhältnis 88, 103, 112
Versorgungsbezüge 157
Versorgungskrankengeld 120, 121, 250
Verwaltungsakt 199
Verweisungstätigkeit 103
Verzinsung 134
Vollrente 181
Vollziehung 209
Vorerkrankungszeit 52, 189
Vorschüsse 132
Vorsorge 61
Vorsorgeeinrichtung 105

Wahlerklärung 92, 112, 130, 176
Wahltarif 92, 176
Wartezeit 24, 26
Wegeunfälle 225
Wegfall 212
Wehrdienst 45
Widerspruch 206
Wiederaufleben 213
Wiederholte Arbeitsunfähigkeit 45
Wirtschaftliche Sicherung 84
Wohnung 119

Zahlbetrag 183
Zumutbarkeit 99, 239
Zurückbehaltungsrecht 78
Zusatzbeitrag 249
Zweifel 73, 107
Zwischenbeschäftigung 22
Zwölf-Monats-Zeitraum 49